KB136677

한국의 문자사
김영욱
태학사

지은이 **김영욱**

1961년 부산에서 태어나, 현재 서울시립대학교 국어국문학과 교수로 재직하고 있다. 인도의 뉴델리에 있는 네루 대학교에서 인도 학생들에게 한국 문화사를 가르치기도 했으며(2004~2005년), 중국의 연길에 있는 연변 대학교에서 중국 학생들에게 한국어 문법을 가르친 적이 있다(2009년). 서울대학교에서 '국어문법 형태의 역사적 연구'로 문학박사 학위를 받았으며(1993년), 논저로는 '백제 이두의 연구'(2003년), '한글'(2007년) 등이 있다.

이 저서는 2015년 2학기부터 2016년 1학기까지 서울시립대학교 연구년 교수 연구비에 의해서 연구되었음.

한국의 문자사

초판 1쇄 인쇄 | 2017년 11월 10일
초판 1쇄 발행 | 2017년 11월 15일

지은이 | 김영욱
펴낸이 | 지현구
펴낸곳 | 태학사
등 록 | 제406-2006-00008호
주 소 | 경기도 파주시 광인사길 223
전 화 | 마케팅부 (031) 955-7580~82 편집부 (031) 955-7585~89
전 송 | (031) 955-0910
전자우편 | thaehak4@chol.com
홈페이지 | www.thaehaksa.com

값은 뒤표지에 있습니다.

ISBN 978-89-5966-873-1 93710

머리말

맞춤법 저항

한참 전 일이기는 하지만, 신문사의 기사 제목에 이런 게 있었다. "이제 중국집에서 마음 편하게 '짜장면 주세요'라고 주문해도 된다." 제목치고는 다소 늘어진 것이지만 여기에는 사연이 있었다. 이야기인즉, 국립국어원에서 '짜장면'이 맞춤법에 어긋난다는 판결을 내렸다.

당시 중국집 메뉴판에는 대부분 '짜장면'으로 적혀 있었고, 손님들은 으레 '짜장면요!', '짜곱!' 하면서, '짜~'하는 된소리로 주문했다.

짜장면 애호가들은 고개를 갸우뚱했다. 본래, '짜장면'이 아니었던가? 여태껏 사용해 온 맞춤법이 잘못됐다니? 하지만 그 판결에는 흔들림 없는 근거가 있었다.

외래어 맞춤법 1항: 외래어는 국어의 현용 24자모만으로 한다.

24자모 속에 '쌍지읒'이 없다. '짜장면'은 외래어인 만큼 된소리로 시작할 수 없었다. 그래서 '자장면'으로 쓰라는 것이다.

맞춤법은 조항대로 적용된다. [빠스]라 발음하더라도 맞춤법은 '버스'다. 프랑스 수도 Paris도 실제 발음은 [빠리]에 가깝겠지만 '파리'로 적어야 한다. 사람들이 대부분 [써비스]라 발음할지라도 맞춤법은 '서

비스'이어야 한다. 외래어를 예사소리로 적자는 원칙에 충실하다 보니 이러한 일들이 벌어졌다.

하지만 짜장면에 이르러서는 원칙에 저항하는 사람들이 나타났다. '짜장면'이라 부르면 뭐가 문제인가? 누구를 위한 맞춤법인가? 사람들이 편안하게 쓸 수 있도록 돕는 게 맞춤법이 아닌가?

곳곳에서 불만이 터져 나왔다. 이리하여 국립국어원은 당황스러운 사태를 맞이하게 되었다.

짜장면에는 특별한 그 무엇이 있었다. 가난한 날의 추억과 서민 정서다. 5일장이 열렸던 장터에 엄마를 따라온 아이들은 치맛자락을 끌어당기며 중국집으로 이끌었다. 돌밭길도 마다않고 새벽부터 엄마와 함께 나선 것은 오로지 짜장면의 유혹이었다.

진한 카라멜 빛 짜장에 수타면이 들어있는 그것을 입가가 새까매지도록 먹고 싶었다. 그리하여 '짜장면'의 '짜'하던, 된소리의 기억을 오래토록 간직하고 싶었다.

하지만 맞춤법은 사회적 약속이다. 정해지면 따라야 한다. 상식적으로 저항이 불가하다. 상상을 해 보라. 만일, 영국 시민 중 누군가가 night는 쓰기도 어렵고, 실제 발음에 맞지 않으니 nait로 바꾸자는 주장을 했다고 하자. 이게 용인될 수 있겠는가? night는 방방곳곳에 퍼져 있다. 그것을 일일이 nait로 교정하는 것은 불가하다.

그런데 웬일인가? 짜장면은 시민사회의 반향을 불러일으켰다. 유쾌하다고만은 할 수 없는 루머까지 돌았다. 특정 지역 출신의 대통령이 된소리 발음을 못한다는 풍문이다. 게다가 그 지역 출신들로 짜 맞추어진 맞춤법 위원들조차 '짜장면' 발음을 못해서, '자장면'이 됐다는 설까지 파다했다.

문인들도 저항에 가세했다. 안도현 시인이 그 중심에 섰다. '연탄재를 함부로 차지 말라'던 시인은, 중국집 배달원 소년의 성장기를 그린 '짜장면'을 쓰면서, 어떤 글에도 '자장면'이라고는 적지 않겠노라 선언했다.

시인의 맞춤법 파괴 선언은 실로 파격적이었다. 맞춤법을 받들어야 할 문인이지만 짜장면에서는 양보가 없었다. '짜'라는 된소리로 인해 우리의 기억 속에 배어 있는 그 냄새가 훨씬 그윽하게, 코를 자극한다는 것이다. '짜'를 '자'로 강요함이 우리의 소중한 기억을 지우는 일종의 '문자 탄압'이라 절규했다.

문자 탄압

어떤 이는 자장면이라 할 거면, 짬뽕도 '잠봉'으로 바꾸라 항의했다. 짬뽕은 그대로 두면서, 짜장면만 된소리를 못 쓰게 하냐는 외침이다. 음식차별, 다시 말해서 '짜장면' 차별이라는 것이다.

아무리 소리쳐도 국어원이 자장면을 고수하자, 누리꾼들은 '짜장면 되찾기 국민운동 본부'를 결성하기에 이르렀다. 저항 운동은 무려 25년이나 계속되었다.

국립국어원은 깊은 고민에 빠졌다. 그동안 자장면이라는 표기가 각종 교과서나 신문, 국가 표준 문서 등등에 사용되었고, 그렇게 씌어진 책들이 방방곳곳에 있는데, 일일이 검색해서 '자장면'을 '짜장면'으로 바꿔야 할 상황이다.

무엇으로 일일이 찾아낸다는 말인가? '자장면'과 '짜장면'을 동시에 인정할 수밖에 없었다. 이리하여 하나의 단어에 두 개의 표기가 공존하는 상황이 발생한다.

1단어 1표기가 상식적이다. 하지만 1단어 1표기를 고수할 수 없었다. 시민들의 저항 운동을 견디기 어려웠던 까닭이다. 그렇다고 원칙을 지킨 '자장면'을 버릴 수도 없었다.

이리하여 1단어 2표기로 되었다. 이러한 공존 상황, 즉 1단어 2표기가 역사적으로 유례가 없었던 것은 아니다. 옛날에 '바다'라는 단어와 '바ᄅᆞᆯ'이 있었다. 일례로 청산별곡(靑山別曲)을 보면, '살어리 살어리랏다 바ᄅᆞ래 살어리랏다' 하는 구절이 있다. '살고 싶다, 살고 싶다 바다에 살고 싶다' 정도로 해석될 텐데, 여기에 '바ᄅᆞᆯ'이 쓰였다. 바ᄅᆞᆯ은 오랜 세월 동안 바다와 경쟁하다가 소멸됐다. 자장면과 짜장면도 언젠가 하나로 남을 것이다. 무엇이 살아남을지는 언중들의 선택에 달렸다.

언중의 승리

기쁨의 글이 쏟아졌다. '무리한 강요의 종식'이라는 제하의 글이 신문 사설로 나갔다. '기념으로 짜장면을 먹었다'는 식의 이야기도 파다했다.

이것은 맞춤법 역사에 기록될 만한 사건이다. 저항 운동은 짜장면에 머물고 만 것이 아니었다. 맞춤법에 대한 보수적 태도에 변화를 일으켰다. 한글은 끊임없이 현실에 맞게 다듬어야 한다는 것이다.

다듬기가 시민운동의 차원에만 머무는 게 아니라, 그 과정과 결과가 정당하다면 국가기관이 노력해야 할 의무가 있다는 사실을 일깨웠다.

짜장면 사태 이후, 국립국어원에서는 매년 신조어를 조사하고, 표준어 사정을 새롭게 해 나가며, 새롭게 만들어지는 외래어들의 표기 방식에 대해서 표준 어형을 제시하기 시작했다.

이것은 신조어 조사 에피소드이지만, 한때 인구에 회자된 적이 있었다. 대통령을 풍자한 '놈현스럽다'라는 신조어를 국어원에서 조사하여 발표한 것이다. 엄격한 권위주의 시대에서는 상상키 어려운 일이었다. 이런 점에서 한글의 미래는 희망적이다. 저항은 한글에 대한 관심을 전제로 한다. 한글에 대한 사랑이 없었더라면, 'ㅈ'이냐 'ㅉ'이냐로, 시민 사회가 25년간이나 지속적인 관심을 기울이기 어려웠을 것이다.

도대체 이런 힘이 어디에서 온 것일까? 한국인에게는 수많은 유물, 유산, 전통들이 있다. 그 중에서 우리는 한글을 으뜸으로 받든다. 한민족의 독창으로 이루어졌을 뿐 아니라, 민족 언어를 쉽고도 합리적인 문자로 적어낼 수 있다는 자부심이다. 자국인이 발명한 가장 쉬운 문자로 누구든지 자국어를 자유롭게 표현할 수 있음은 그 민족이 문화민족임에 다름 아님을 뜻한다.

한글의 의미

중세 유럽에서는 왕족, 귀족이나 종교인들이 문자를 독점했다. 라틴 문자는 민중을 위한 문자가 아니었다. 정치적 도구였다. 지배를 위한 도구였다. 문자의 독점은 정보의 독점을 뜻한다. 중세 유럽이 변한 것은 이러한 독점 체제를 무너뜨린, 사람의 노력에 힘입은 바 크다.

구텐베르크는 알파벳을 유럽의 국민들에게 확산시켰다. 활자를 활용하여 성서를 자국어로 번역하여 출판하였다. 이것은 중세 유럽 사회를 근대 시민 사회로 전환시키는 계기였다. 책을 통한 지식의 확산이 종교 혁명과 시민 혁명으로 이어졌다.

중세 한국에서는 한자가 지배 도구였다. 그것은 백성들을 위한 문자가 아니었다. 정보를 독점하기 위한 지배 계급의 문자였다.

한글의 의미는 '문자의 민주화'에 있다. 세종은 세상에서 쉬운 글자를 만들어 농민들에게 보급했다. 똑똑한 사람이라면 한 나절에 익힐 수 있고, 다소 둔하다 할지라도 열흘 정도면 배울 수 있는 한글이다.

1446년 한글이 온 국민들에게 공표된 이후, 세상이 바뀌었다. 지식의 독점 체제가 무너지기 시작했다. 문자는 더 이상 지배 계층에만 머물지 않았다. 문자적 관점에서, 중세 시대에 세계 최고의 문식력을 지녔던 농민들은 단연 한국이다. 한글을 통해 농사짓는 법을 배웠고 한글로 된 의학서적들이 보급되었다. 일본, 중국은 물론, 유럽까지도 대부분의 농민들이 까막눈이었던 시절에, 문자가 지배층의 독점적 지위를 누리고 있을 때에, 한국의 농민들은 문자생활을 영위했던 것이다.

광화문 광장에 대왕의 동상이 우뚝하다. 거기에 한글 자음과 모음이 새겨져 있고, 한글 하나하나는 우리들의 머릿속에서 지워지지 않는 기억으로 각인되었다. 한글날을 국경일로 삼고, 한글 존중의 뜻이 담긴 세종시가 있다. 세종 상, 세종 고등학교, 세종 대학교도 있다. 유네스코 세종 상도 있다. 세계 곳곳에 한글학교도 있다.

쿠퍼티노를 방문한 적이 있었다. 캘리포니아 주에 속한 조그만 도시인데, 거기에 한글학교가 있었다. 학생수가 1,000명이 넘는다는 말을 듣고 깜짝 놀란 적이 있다. 교사들도 70명이 넘었다. 디지털 혁명이 일어나고, 4차 산업혁명을 선도한다는 실리콘 밸리 지역에서도, 우리가 모르는 사이에 한글학교가 번창하고 있었던 것이다.

한글은 이제 한반도를 넘어 지구촌으로 확산되고 있다. 한글을 가르치는 사람이건, 한글에 대한 글을 쓰는 사람이건, 한글 이야기를 듣고 즐거워하는 사람이건, 모두가 한글을 사랑하는 사람들이다. 한글을 사랑하는 모든 이에게 이 책을 바친다.

차례

첫째 마당, 문자 문화사란 무엇인가

둘째 마당, 한자가 들어오다

셋째 마당, 이두로 소통하다

넷째 마당, 구결이란 무엇인가

다섯째 마당, 향가를 해독하다

여섯째 마당, 한글을 이야기하다

일곱째 마당, 한글이 다시 태어나다

첫째 마당, 문자 문화사란 무엇인가

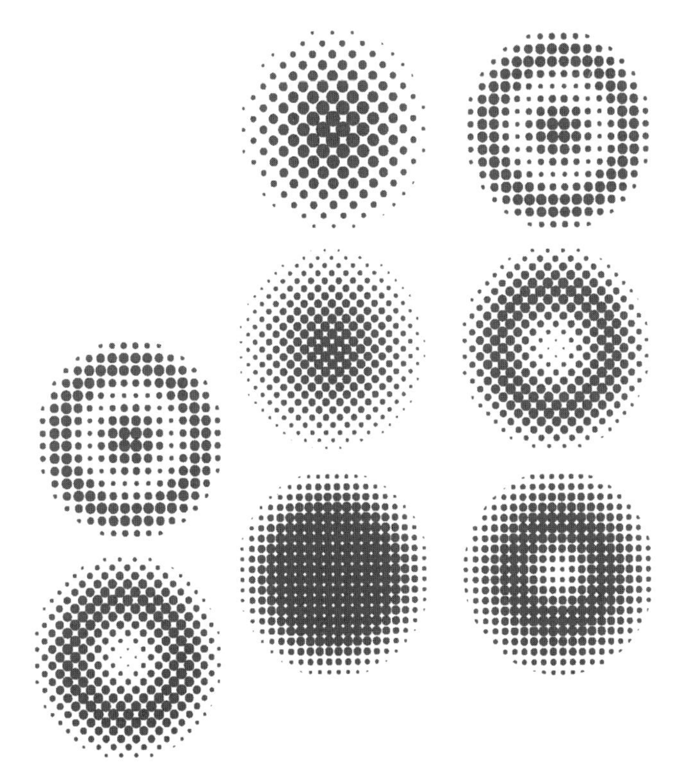

소크라테스의 경고

'문자문화사'라는 말이 우리에게 익숙하지는 않다. 하지만 독자들에게 그 가치를 말하고 싶다. 알다시피 21세기는 인터넷의 시대다. 문자로 소통하는 시대인 것이다. 직접적 대화보다 문자로 소통하는 것이 편한 사람들도 생겨났다.

그런 만큼 사회 문제도 새롭게 생겨난다. 떠도는 악플들, 가짜뉴스, '카더라'식의 음모론, 이 모두가 한번 퍼지게 되면 삭제하기 어렵다.

인터넷 공간에 퍼진 악성 루머나 거짓된 문자들은 영구히 사라지지 않는다. 우주의 폐기물처럼 한번 내던져지면 소멸하지 않는 것이다. 좋든 싫든 이러한 문자 시대를 피할 수 없다는 게 오늘날의 현실이다.

지워지지 않는 것은 두려움의 대상이다. 우리는 새롭게 등장한 문자 문제들을 살펴보고, 문자의 본질에 대해 성찰할 필요가 있다. 개별 학문 중심의 틀에서는 여러 가지 문제들을 효율적으로 해결하기 어렵다. 언어학, 문학, 역사학, 철학, 서예학 등, 종합적 진단과 협동 연구를 통하여 새로운 사회현상에 대한 통찰력과 진단법이 필요하다.

문자의 특성을 이해하고, 문자에 함의된 문화사를 검토해 봄으로써, 그 연구의 결과물들이 미래의 문자 문화에 대한 통찰력을 가져다 줄 것이다.

그렇다면 문자 문화 연구의 기초는 어디에 있는가? 어떠한 방법으로 문자 문화의 연구를 수행해야 할 것인가?

다소 충격적인 에피소드로 문자문화사를 풀어 보자. 지식인의 주

업무는 글쓰기다. 따라서 문자와 친할 수밖에 없는 것이 지식인의 숙명이다.

그런데 성인 반열에 오른 대표적 지식인이 문자 그 자체를 싫어했다면 여러분들은 믿을 수 있겠는가? 헤로도투스의 기록에 따르면, 소크라테스는 문자를 혐오했다고 한다. 그는 문자를 발명했다는 이집트의 신 토트에게 왕의 입을 빌어 다음과 같이 호소했다.

> 문자의 아버지시여,
> 당신은 사랑의 마음으로 인간에게
> 자신들이 진정으로 소유한 것과는
> 정반대의 힘을 주셨습니다.
> 당신은 기억의 묘약이 아니라,
> 꾸미는 묘약을 만드셨습니다.
> 당신의 제자들에게 진정한 지혜가 아니라
> 지혜의 모양만을 주셨습니다.
> 그들은 많은 것을 읽겠지만,
> 교훈을 얻지 못합니다.
> 많은 것을 아는 것처럼 보이겠지만 실제로는
> 아무것도 알지 못합니다.

문자가 아무런 지혜를 주지 못한다는 것이다. 게다가 거짓말을 사실처럼 꾸미는 나쁜 도구라고까지 폄하했다. 이러한 소크라테스의 말을 증명이라도 하듯, 그가 죽은 지 2500여 년 만에 '꾸미는 묘약'의 실체에 관한 놀랄 만한 사실이 밝혀졌다.

기원전 1285년, 당시의 절대강국이었던 이집트와 히타이트는 오리엔트의 패권을 두고 세계대전에 돌입했다. 여기에서 람세스 2세가 대승을 거둔 것으로 되어있다.

하지만 그는 패전국 히타이트에 아무 것도 요구하지 않았다. 다시는 시리아 지역에 침범하지 않겠노라고 맹세까지 하면서 신사적으로 철군했다. 이른바, 카데시 조약이다. 최근까지도 이것은 세계 최초의 국가 간 평화조약으로 기억되고 있다. 조약의 주인공이 람세스 2세이며 그는 이집트의 위대한 파라오로 숭앙받는다.

그의 위대함과 평화를 사랑하는 마음, 승리자의 자비심은 오늘날에도 룩소르 신전의 기둥과 벽에 신성문자(hieroglyph)로 새겨졌다. 이 위대한 기록은 이후로도 3000여 년 동안이나 인류문명사에서 의심할 수 없는 진실로 남았다.

하지만 히타이트의 수도 부가즈쾨이에는 카데시 전투와 관련된 히타이트의 문자 기록이 보존되었다. 워낙에 난해한 문자라 오랫동안 해독되지 못하다가, 20세기 중반에 이르러서야 비밀이 풀렸다.

결과는 놀랍게도 람세스의 신성문자와 정반대였다. '람세스가 전투에 패해서 군대를 철수한 것이며, 이 전투에서 히타이트가 대승을 거둔 것'이었다. 히타이트가 자국 영토의 끝에서 침략자 람세스2세를 물리친 것으로 되어있었다.

신성문자는 '꾸미는 묘약'에 지나지 않았을까? 문자는 언제든 인간의 탐욕에 의해 왜곡될 수 있다. 인더스 문명에서 출토된 수많은 인장들, 고대 중국의 수많은 검(檢)과 갈(楬), 한반도의 낙랑지역에서 발견된 봉니(封泥), 수많은 사실들을 검사하고 검토하고 꼼꼼히 살펴본 진실의 문자도 있었겠지만, 진실의 힘만으로는 탐욕에 물든 문자의 거짓을 덮을 수 없다.

거짓의 문자

소크라테스가 문자에 절망한 것도 거짓이 진실처럼 포장될 수 있다는 사실 때문이 아니었을까? 인터넷의 문자는 이집트의 신성 문자보다 더 지독하고 치명적이다. 심지어 거짓 뉴스가 구글이나 페이스북에 등장한다.

사람들은 진위 판정이 어렵다. 룩소르의 신성문자처럼 그냥 믿을 수 있다. 거짓 문자는 정치적으로 악영향을 미쳐, 대중 선동가들을 지도자로 선출하는 데에 힘을 보태기도 한다.

문자에 비해 말은 어떤가? 서구에서는 말을 중시한 경향이 있었다. 말은 변하지 않을 것이라는 믿음 때문이다.

> 태초에 말씀이 있었다.

이것은 요한복음에 보인다. 말씀이 진리다. 글보다는 직접 이야기하고 직접 듣는 것이 진리 전파의 핵심이다. 하느님의 말씀, 복음(福音)을 전하는 것이 전도(傳道)다. 불교에서도 마찬가지다. 불립문자(不立文字)라는 게 있다. 문자로는 진리가 성립되지 않는다는 뜻이다.

> 내가 들은 바는 이와 같다[如是我聞].

불경의 첫 문장은 대개 여시아문(如是我聞)으로 시작한다. 석가모니의 다문(多聞) 제자인 아난은 불경을 결집하였다. 부처님의 말씀을 가장 많이 들었고 기억력이 좋았던 아난 존자(尊者)가 "내가 부처님께 들은 것은 다음과 같다."고 해서 부처님의 말씀을 불법의 근원으로 삼았다.

종교의 세계에서는 왜 읽은 것보다 들은 것을 중시하는 것일까. 그것은 믿음 때문이다. 믿음은 직접적이다. 직접 들은 것에서 믿음이 생긴다. 아난의 제자들은 아난을 믿는다. 아난이 부처에게 직접 들은 말씀을 그대로 전하고 옮기며 행동으로 실천하였기 때문이다.

야만인과 오랑캐

말과 문자. 어느 것이 문명을 가늠하는 일차적 기준인가? 문자는 타락한 것이고 말이야말로 진리를 전하는 유일한 매개물일까? '야만인 barbaros'은 문명어였던 고대 희랍어를 말할 줄 모르는 사람이었다. 하지만 동양에서는 중국어를 못한다 해서 야만인이라 부르지는 않았다.

문자를 모르면 오랑캐[南蠻北狄]다. 동아시아인에게는 문자가 권위의 표상이었다. 소크라테스의 말과 달리, 동아시아의 지식인 사회에서는 문자가 "꾸미는 묘약" 따위로, 악의적으로 묘사된 적이 없었다. 오히려 문자야말로 문화의 영속성을 보장하는 최고의 발명품으로 받들어졌다.

1949년의 중국에서는 한자 문제로 개혁론자와 언어학자 사이에 대립이 있었다. 개혁가들은 한자가 복잡하므로 알파벳으로 바꿔야 한다는 것이다. 그들은 루쉰(魯迅)의 말을 인용했다.

> 한자를 없애지 않으면 중국은 망한다[漢字不滅 中國必亡].

한자는 배우기가 너무 어렵다. 먹고 살기 위해 밤낮으로 일해야 하는데, 노동자, 농민들이 한자를 배우기는 지난했다.

지배층들이 문자를 독점했다. 문자를 모르는 노동자 농민들은 수천 년 동안, 지식인들에게 착취를 당했다는 게 루쉰의 생각이었다.

공산혁명은 이론적으로 노동자와 농민을 위한 것이다. 그들이 더 이상 착취를 당하지 않으려면, 배워야 했다.

교육의 기본은 문자에 있다. 문자를 모르면 고등 교육이 불가능하다. 문맹률이 높으면 경제개발도 없다. 민중들이 쉽게 배울 수 있는 문자를 보급해야 조국이 부흥한다. 이에 마오쩌뚱[毛澤東]은 개혁론자의 손을 들어주었다.

하지만 절대 권력의 상징이었던 마오의 이런 생각에 중국의 언어학자들이 거세게 반발했다.

> 한자가 없어지지 않는 한, 중국은 망하지 않는다.

1956년에 '한자간화방안(漢字簡化方案)'이 발표된다. 언어학자들의 바람대로 중국이 한자를 버리지는 않았다. 그러나 한자의 획을 줄이고 '소리문자'의 특징을 대거 수용했다.

한자의 표음성

'이발(理髮)'은 '理发'로 바꾸었다. 髮과 发은 발음이 '발'로 같지만, 글자의 뜻이 서로 다른데도 '发'자로 통일되었다. 발(髮)에는 '머리털이 길게 드리워졌다'는 뜻의 '표(髟)'가 있다. 그런데 간화 사업으로 표(髟)가 사라졌다. 그리하여 출발의 '발(发)'이나 이발의 '발(髮)'은 글자가 같아진 것이다.

이발(理髮)은 길게 늘어진 머리카락을 정리하는 것이다. 길게 늘어진 머리카락[髟]이 사라져 버렸으니 이제 무엇을 이발한단 말인가?

그나마 다행인 것은 한자를 버리지 않았다는 사실이다. 중국은 간화로 문맹률을 낮출 수 있었다. 그때 중국이 한자를 버렸더라면 어떤 일이 벌어졌을까?

중국인의 정신세계는 한자로 새겨져 있다. 수정을 할지언정 어찌 한자를 버리겠는가? 개혁론자들이 조국 재건을 목청껏 외쳤지만 중국인들은 한자를 버릴 수 없었다. 이 점은 일본인들이 가나[假名]를 버릴 수 없는 것과도 같은 맥락이다.

가나와 국풍

일본은 9세기 무렵에 가나를 창안했다. 당시 두 종류의 문자가 발명되었지만 모두 한자와 관련이 있었다. 하나는 한자와의 '다름'에, 또 하나는 '같음'에 착목했다.

가타가나[片假名]는 '다름'이다. '가(加)'에서 'カ'를 만드는 방식인데 '더할 가(加)'라는 글자에서 표의성은 버리고 표음성을 취했다. 획이 복잡해지지 않도록 글자 전체에서 한 쪽[片]만을 따내서 거기에 일본어 음절을 주었다.

히라가나[平假名]는 '같음'이다. '안(安)'에서 'あ(아)'를 만들어 내는, 말하자면 초서(草書)의 지혜를 수용했다. 한자와 형태상의 동일성을 유지한 지점에서 우리는 히라가나의 특질을 확인하게 된다. 한자와 가나는 '같음'과 '다름'의 어울림이다. 여기에 일본 문자의 창의성과 미학이 존재한다.

한글은 한자와 '다름'에서 출발하였다. '나랏말쌋미 듕귁에 달아[國之語音異乎中國]' 이렇게 시작하는 유명한 글이 있다. 국어가 중국어와 다르기 때문에 문자도 달라야 한다는 뜻이다.

그러나 한글이든 가나든 한자든, 동아시아의 문자 문화에서는 소크라테스 식의 "꾸미는 묘약"이라는, 문자에 대한 부정적 묘사는 찾아보기 어렵다.

문자와 이데올로기

문자 학습서로 세계 최고의 베스트셀러는 단연 천자문(千字文)이다. 이 책만큼 천년 이상이나 널리 사랑받았던 문자 학습서를 알지 못한다. 여기에 다음과 같은 구절이 있다.

> 시제문자 내복의상(始制文字 乃服衣裳)

문자를 만든 다음에 옷을 입었다는 뜻이다. 사실 이것은 터무니 없다. 헐벗고 다니면서 어떻게 문자를 배운단 말인가? 그럼에도 불구하고 다시 한 번 생각해 보자. 의 · 식 · 주만큼이나 문자를 중시했다는 뜻이 아닐까? 여기서 동아시아인들에게 잠재했던 문자관을 생각해 본다. 문자가 왜 중요했을까.

말이 직접적이라면 문자는 간접적이다. 제왕(帝王)이란, 만리 제국을 통치하는 주군(主君)이다. 백성들은 주군의 얼굴을 쳐다볼 수 없다. 보는 것 자체가 불경이다. 그러니 어찌 다가가서 군주의 음성을 직접 들을 수가 있겠는가?

진시황제(秦始皇帝)가 문자를 통일한 까닭이 무엇인가? 황제의 권위를 표상하는 기호와 상징이 필요하지 않았을까?

문자는 제국 통치의 기본 도구다. 국가 표준의 상징이다. 문자를 통하여 황제의 명령이 전달된다. 일반 백성들은 황제의 음성을 직접 들을 수 없다. 천하의 백성들은 황제의 칙령을 담은 문자로 황제의 뜻을 받들었던 것이다.

티베트 왕국의 송첸캄포는 왜 티베트 문자를 만들었던가? 그는 7세기 티베트 왕국의 황금기를 이끌었다. 중국과도 당당히 맞서서 제국의 면모를 과시했다.

측천무후는 왜 무주신자(武周新字)를 만들었을까? 그녀는 중국 최초의 여자 황제다. 당나라를 없애고, 국호를 주(周)로 바꾸어 무주(武周) 시대를 열었다. 이때에 만들어 낸 새로운 문자들을 무주신자(武周新字)라 부른다.

천하를 통일한 원나라는 왜 파스파 문자를 창제했는가? 파스파는 몽골 왕실의 라마교 승려로, 쿠빌라이 칸의 스승이었다. 그가 티베트 글자들을 모방하여 만든 새로운 문자를 파스파 문자라 부른다. 티베트 문자는 또한, 인도의 소리글자인 데와나가리의 한 변종이다. 데와나가리는 인도에서 사용하는 문자다. '신의 문자'라는 뜻으로 고대로부터 전해지는 소리글자의 전통을 이었다.

하지만 유럽의 전통은 다르다. 비잔틴 제국 황제는 문자를 만들지 않았다. 프랑코 왕국의 황제, 신성로마제국의 황제들은 한결같이 왜 새롭게 문자를 창제하지 않았을까?

동아시아 사회에서는 문자가 "꾸미는 묘약"이 아니라, "제국의 권위"를 상징했다. 시황제(始皇帝)는 문자를 통해 자신의 명령이 제국의 곳곳에 전달될 것으로 믿었다. 목간(木簡)에 새겨진 황제의 명령문이 사라지지 않는 한, 황제의 권위는 아무리 구석진 제국의 영토에서도 살아 있을 것임을 의심치 않았다.

목간과 문서행정

목간은 나무에 글을 새긴 것으로 종이가 널리 퍼지기 이전에 종이 대신으로 문자를 기록하는 매체였다. 나무 대신 대나무를 가공하여 문자를 기록하기도 하였다.

이것은 죽간(竹簡)이라 부른다. 중국의 남방은 대나무가 좋다. 각종 생활 도구의 재료로 쓰일 뿐 아니라, 대나무를 가공해서 글씨 쓰는 재료로 활용하였다.

종이는 알다시피 한(漢)나라 이후에 채륜이라는 한 발명가가 기존의 종이 제조법을 개선, 문서 기록용으로 사용할 수 있게 만들었으니 목간이나 죽간 이후에 나타난 새로운 서사 재료였다.

이처럼 진(秦)나라에 의해 확립된 문서행정 지배 시스템은 한(漢)에 의해 계승이 되고 이것이 한반도로 전파되었다. 이리하여 문자는 동아시아 문명 세계의 특징적 전통으로 확립되었으며, 한반도에도 한자가 들어오기 시작하였다.

둘째 마당, 한자가 들어오다

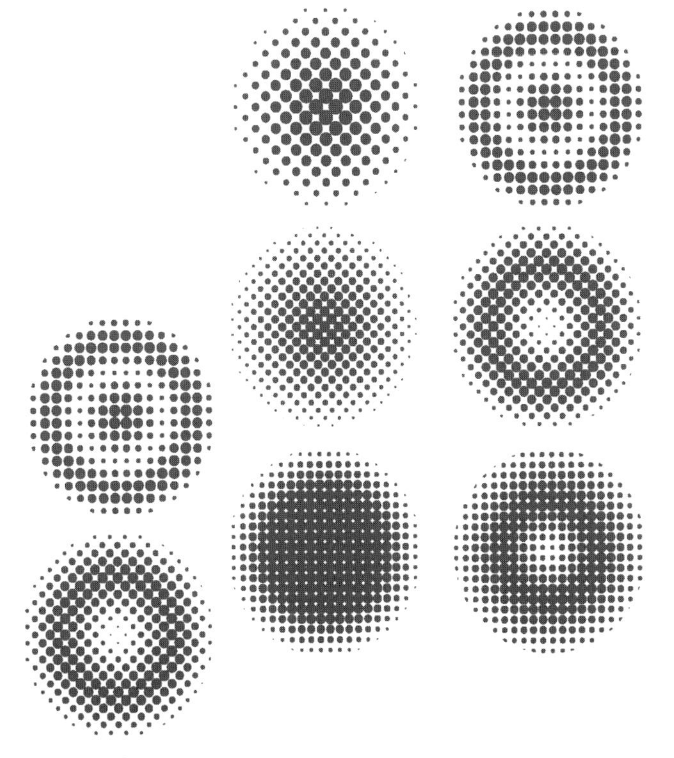

한자의 수용

우리 역사에서 문명 충돌 2가지를 들라면, 대륙의 충격과 서구의 충격을 꼽겠다. 대륙의 충격은 기원전 108년에 시작되었다. 낙랑으로 대표되는 '한사군 시대'가 열렸다. 한반도의 일부 지역에 지나지 않지만 기원후 313년까지, 400여 년이란 엄청난 세월이다. 문자사의 관점에서 이것은 한자 이식(移植)의 역사에 다름 아니다.

한(漢)은 문서행정 시스템에 의해 운영되었다. 철저한 호구조사와 문서전달 방식에 의해서 중앙의 정치권력이 변방까지 작동되도록 촘촘히 운영된 제국이었다.

우리 조상들도 한자를 수용하지 않을 수 없게 되었다. 시간이 지나자, 한국인끼리도 한자를 유통하였다. 이에 따라 한국식 한자, 말하자면 한자(漢字)의 한국식 변종인 이두(吏讀)가 점진적으로 발달하기 시작하였다.

중국인과 소통할 때에는 한문(漢文)이 어울리지만, 한국인끼리는 불편했다. 우리말 구조에 맞는 변형 한문이 적당하다. 한문이든 이두든, 한자(漢字)로 표기된다는 점에서 공통이지만, 이두는 한자를 이용하되, 우리말 구조에 맞게끔 변형된 모습으로 사용되었다.

문자 생활의 시작

그렇다면 한반도에는 문자 혹은 문자와 유사한 기능을 하는 그 어떠한 기호들도, 한자가 들어오기 전까지는 존재하지 않았을까?

대답은 '아니오'이다. 문자를 어떻게 정의하느냐에 따라 사정이 달라질 수 있겠지만 한반도에도 문자스런 기록물이 전혀 없었던 것은 아니다.

갑골문은 지금으로부터 3000년 전쯤 중국 은(殷)나라에서 시작된 것으로 알려져 있다. 이것보다 훨씬 이전인 신석기 시대 한반도에 부족 사회의 기록물들이 있었다.

울산에 가면, 태화강 상류 지역에 신석기 시대의 우리 조상들이 남긴 기록물이 있다. 바위에 새겨진 그림들이 그것이다.

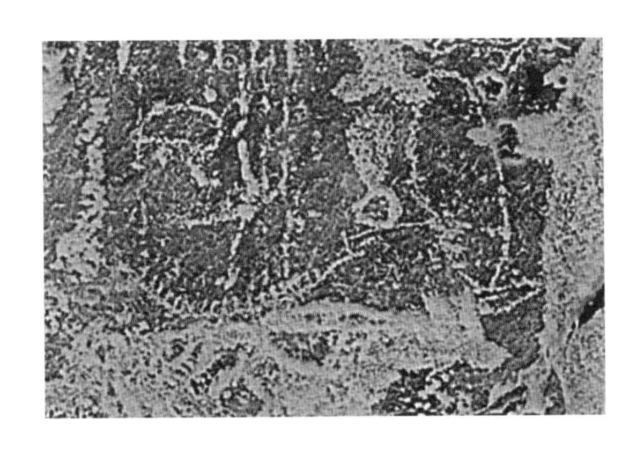

고래가 물 위로 솟아오르고 그 왼쪽에 고래잡이 배가 있고, 뱃머리의 어부가 창으로 고래를 잡는 장면이다. 태화강 상류의 반구대라는 암벽에 이것이 새겨졌다.

어부들의 모습이 역동적으로 묘사되었다. 몸보다도 수십 배나 더 큰 바다의 괴물을 잡는 용감한 사나이의 모습이다. 뱃머리에서 일어나 목숨을 걸고서 성난 고래에게 창을 던진 부족의 영웅 이야기다.

기호라 함은, 일정한 형태에 일정한 의미가 결합된 것이다. 고래잡이에는 형태와 의미가 있다. 이것은 신석기 시대 태화강 유역에서 살았던 우리 조상들의 이야기를 기호로 남긴 것이다.

너무나 구체적이어서 문자라 하기에 어렵다 할는지 모른다. 木, 日 등과 같이 추상화한 것이 문자이지 위의 그림은 아니라할 수도 있겠다. 하지만 바위 그림만큼이나 복잡한 것도 금문(金文)이라 하여 문자에 포함시킨다.

사각형의 제단 같은 곳에서 머리가 세 개쯤 되어 보이는 귀신이 위에서 내려오는 두레박 같은 것을 받드는 듯한 형상이다.

이것은 은주(殷周) 시대의 청동기에 새겨진 그림이다. 그림의 복잡도는 고래 그림과 별반 다르지 않다.

하지만 이 금문은 추(醜)라는 부족이 제사를 모시는 모습을 형상화한 그림으로, 오늘날 '醜'라는 한자의 기원에 해당한다. 복잡도로 본다면 醜보다 더 간단한 그림들도 있다. 울산 천전리에 아래와 같은 바위그림이 있다.

왼쪽의 동심원은 '태양'을 상징하고, 오른쪽의 그림은 '다산'이나 '생산성'을 의미한다. 이러한 바위 그림들은 울산에만 있는 것이 아니라 한반도 곳곳에 산재한다.

한자 수입 이전에도 한반도에 토착적인 문자가 있었을 것이다. 기원적 문자 형태들이 후세에까지 이어진 흔적들이 아직까지 발견되지 않았기에, 그 존재와 해석, 변화 과정을 추적하기에 어려울 따름이다.

문자사 연구 자료

한국 문자사의 기본 주제는 '한자의 수용과 한글의 창조'다. 한자의 수용과 변용 그리고 새로운 문자의 창조에 대한 연구를 통하여 문자가 어떠한 과정으로 발전하게 되었는지를 밝히는 것이다.

문헌 자료와 출토 자료가 연구 대상이다. 옛날부터 지금까지 전해지는 책들과 땅 속에서 찾아낸 고고학의 문자 유물이다. 문헌에 기록된 내용들을 분석하고, 이것들이 일차자료, 즉 목간(木簡), 금석문(金石文), 각필(角筆) 등 당대인의 기록에 보이는 내용과 일치하는

지를 검증해야 한다.

일차자료는 신라인이나 고구려인들이 직접 기록한 문자 자료다. 목간이란 나무에 문자를 새긴 것이며, 금석문(金石文)은 금속성 재료나 석재 등에 새겨진 유물이다.

각필(角筆)은 모필(毛筆)과 대비된다. 필기구의 끝이 붓처럼 부드러운 털로 된 것이 아니라, 뿔처럼 뾰족하고 단단하다. 주로 스님들이 사용한 필기도구였는데, 고려시대의 대장경에도 그 흔적들이 발견된다.

끝이 단단한 것으로써 두터운 종이에 글자를 꾹꾹 눌러 적었기에 얼핏 보면 안 보이지만, 비스듬히 보면 눌린 자국이 나타난다. 촛불이나 석양이 비스듬히 빛을 드리울 때에 서적에 파여진 홈으로 희미한 그림자가 생기면 각필을 확인할 수 있다.

한반도의 한자 전래

한반도에는 언제부터 한자가 전파되었을까? 중국 고전에는 아래와 같은 구절이 있다.

> 무왕승은계공자록부석기자수기자불인주지석주지조선무왕문지인이조선봉지(武王勝殷繼公子祿父釋箕子囚箕子不忍周之釋走之朝鮮武王聞之因以朝鮮封之, 尙書大傳)

주나라 무왕은 은나라에 승리하였다. (은나라의) 귀족들을 받아들이고, (그 중의 한 명인) 기자를 감옥에서 풀어주었다. (그러나) 기자는 주나라의 석방을 받아들이지 못하여, 조선으로 망명하였다. 무왕은 이 소식을 듣고, (기자를) 조선의 제후로 임명하였다는 내용이다.

이것은 상서대전에 기록된 바다. 고대 중국의 정사(政事)와 관련된 문서들을 모은 책으로, 상서(尙書)류의 책들은 후대에 과거 시험에서도 중요했다. 송나라 이후 경전의 의미를 더해 서경(書經)이라 불렀다.

이에 따르면 한자의 한반도 유입 시기가 기원전 12세기(주나라 무왕 16년, B.C. 1119)이겠지만 실증 가능한 증거가 없다. 사마천의 사기(史記)에 아래와 같은 기록이 있다.

> 무왕내봉기자우조선이왕신야(武王乃封箕子于朝鮮而王臣也)

무왕이 기자를 조선 왕으로 봉했다는 것인데 한서(漢書)의 기록은 구체적이다.

> 기자거지조선교기민이례의전잠직작낙랑조선민범금팔조(箕子去之朝鮮教其民以禮義田蠶織作樂浪朝鮮民犯禁八條)

기자가 조선으로 가서 예의로 백성들을 교화시키고 농사, 양잠, 직조 등을 가르쳤으며, 8가지 법률에 근거하는 통치하였다는 것이다. 이때의 범금팔조(犯禁八條)란 성문화된 법률이다. 그렇다면 이때에 한자가 사용되었을 것이다. 문자를 사용하지 않고서야 성문화된 법률도, 법률의 시행도 불가능하다. 하지만 이것을 실증적 증거라 하기에는 미흡하다.

고고학적 증거

고고학적 증거에 따르면 기원전 3세기 무렵에 한자가 한반도로 유입되었다. 기원전 3~4세기에 통용되었던 연(燕)의 명도전(明刀錢), 기원전 3세기경의 진과(秦戈)에는 한자가 새겨져 있다. 명도전은 청동으로 만든 돈이다. 춘추전국시대에 통용되었다. 한반도에서도 발견되었으니, 우리 조상들은 돈을 사용할 때 한자를 확인했을 것이다. 진과는 진나라의 창이다. 북한에서 발견된 것으로, 기원전 222년의 것으로 추정하며 거기에 한자가 있다.

명도전이나 진과가 우리 조상들의 한자 사용을 자동적으로 증명해 주는 것은 아니다. 한자의 사용 주체가 한상(漢商)이나 한반도에 임시로 이주한 한족에 국한되었을 가능성도 배제할 수 없겠기 때문이다.

한편, 경남 창원시 다호리(茶戶里)의 목관묘에서는 다섯 자루의 붓이 출토되었다. 1988년에 발견되었는데 붓대에는 칠(漆)이 발려지고 양 끝에 털이 부착되었다. 기원전 1세기로 추정되는 다호리 붓은 길이가 약 23㎝이다. 한(漢)의 도량형에 따르면 이것은 1척에 해당한다. 후한의 왕충이 쓴 논형(論衡)에 이런 구절이 있다.

지능지인수삼촌지설일척지필(知能之人須三寸之舌一尺之筆)

모름지기 세치 혀와 1척 붓이 있어야 지식인 구실을 한다는 것인데, 이것으로 당시에는 길이가 1척 정도였음을 짐작한다. 다호리의 모필(毛筆)도 1척이어서 당시의 붓 규격과 일치한다.

붓의 사용 시기가 후한의 채륜(蔡倫) 이전이었고, 그것이 삭도(削刀)와 함께 출토된 것으로 보아, 서사재료(書寫材料)는 목간(木簡)이었을 것이다. 붓과 함께 삭도(削刀)도 발견되어 그 붓이 그저 눈을 즐겁게 하거나 보관을 목적으로 하는, 관상용이나 부장품으로 만들어진 것이 아님을 알겠다. 무덤 널 아래의 바구니에서 발견된 붓과 삭도는 쇠도끼와 함께 있었는데 이것은 교역용(交易用)일 지도 모르겠다.

창원 지역에서 생산된 쇠도끼를 일본이나 한반도의 다른 지역으로 교역할 때에 문서가 필요했다. 문서가 실제로 발견된 것이 아니어서 이것은 추론지만, 출토된 붓과 삭도는 실제 사용된 것으로 여겨진다.

당시는 목간에 문자를 기록하였다. 나무에 새겨진 글을 지우고, 그 나무를 다시 쓰고자 할 때에 칼이 필요했다. 나무에 쓰인 붓글씨를 칼로 깎아내었다. 목간이 공책이라면 삭도는 일종의 지우개다.

하지만 붓과 삭도(削刀)의 발견이 한국인의 한자 사용을 담보하는 것은 아니다. 삭설(削屑, 삭도로 깎아낸 나무 부스러기)이 발견되지 않았고, 삭도의 사용 주체가 한국인이었음을 보장할 수 있는 문헌 기록이나 출토 근거가 없다. 다호리 유물의 주인이 한국인인지 중국인인지 일본인인지, 그것을 확인할 수 있는 형질 인류학적 증거도 불확실하다.

낙랑 목간

한편 북한에서 출토된 목간에 의미 있는 기록이 발견되었다. 평양시 낙랑구 정백동의 목곽묘에서 나왔는데 다음과 같은 구절로 시작된다.

낙랑군초원4년현별호다소(樂浪郡初元四年縣別戶多少)

낙랑군이란 평양 일대의 지역이다. 초원4년이 B.C. 45년이므로 식민지배가 시작된 지 63년이 경과한 시점이다. 현(縣)은 행정단위이며, 위의 목간에 인구 증감이 기록되었다. 기원전 1세기 평양 일대에 살던 낙랑 인구가 28만여 명이었다. 한족과 토착민의 비율은 14%와 86%라 하였다.

목간의 기록을 어떻게 해석할 것인가? 한족이 4만 명 이상이라는 뜻인데 과연, 중국인들이 한반도의 한 부분, 평양 일대를 지배하기 위해서 4만 명씩이나 한반도로 몰려왔을까? 식민 지배국 출신의 인구 비율이 14%라는 것은 지금도 믿기 어렵다. 기원전 1세기, 중국에서 수천리나 떨어진 한반도에 본토 관리들을 대량으로 파견한다는 것 자체가 불가능하다.

일례로 20세기 전반, 일제 식민지 시절을 생각해 보자. 한국과 일본의 거리는 중국의 장안이나 낙양 일대에 비해서 엄청 가깝다. 때문에 한국에 파견한 일본인 비율이 낙랑 지역에 파견한 중국인 비율보다 높을 것으로 예상된다.

하지만 일본인 비율은 1925년에 2.33%였다. 2%도 적은 것은 아니다. 일본은 한국을 경영함에 있어서 거의 총력전을 벌이다시피 해서 대량으로 파견한 것이 2% 수준이다. 식민지배가 절정에 달했던 1944년에도 일본인의 비율은 2.84%에 지나지 않았다.

또 다른 예를 보자. 중국은 1949년 티베트에 진출하였다. 고대에는 만주 벌판이나 발해만을 건너서 한반도에 들어오기가 지금의 티베트보다 더 힘들었겠지만, 논의의 편의를 위해서 중국의 중심에서 티베트까지의 거리나 낙랑 지역까지의 거리를 비슷하다고 가정해 보자.

1990년의 한족 비율이 3.68%이었다. 이후로 적극적 사민 장려 정책이 있었다. 그래도 2001년도의 한족 비율은 5.9%였다. 60여 년이 지난 다음에도 한족의 비율은 6%를 넘지 못했던 것이다.

그렇다면, 낙랑에서 발견된 목간이 잘못 기록되어 전래된 것일까? 결론부터 말하자면, 그럴 리 없다.

한나라는 철저하게도 문서 중심의 행정 체계를 갖춘 고대국가였다. 변방 식민지인들의 인구 증감까지도 상세히 기록했다. 인구의 증감이란 국력과 직결된 문제였으며, 세금 징수의 근거다. 원점으로 돌아가서, 낙랑의 '14 : 86'이란 비율을 어떻게 해석해야 할 것인지를 고민해 보자.

호한초별

낙랑 지배에 대한 일반적 인식은 삼국지 동이전(三國志 東夷傳)에 보이는 다음의 구절에 근거한다.

한무제벌멸조선분기지위사군자시지후호한초별(漢武帝伐滅朝鮮分器地爲四郡 自是之後 胡漢稍別)

무제가 조선을 정벌하고 그 땅을 4군으로 나누었는데, 이후로 오랑캐와 한족이 점점 구별되었다는 내용이다. '호한초별(胡漢稍別)'이란, 오랑캐 호(胡), 한나라 한(漢), 점점 초(稍), 다를 별(別)인데, 아마도 중국의 입장에서 한국을 오랑캐로 본 듯하다. 여기서 문제는 점점 초(稍)라는 부사어이다.

한국과 중국은 본래 다르다. 그런데, 점점 달라졌다니? 얼핏 이해가 난삽하다. 한국 사람이라면 한국 사람이고 아니면 아니다. 점점 구별이 되었다는 것은, 중국 사람이 한국 사람으로 점점 변했다든지, 아니면 한국 사람이 중국 사람으로 점점 변했다는 말이지만……

종족 융합의 관점에 서면, '호한초별'에 대한 이해가 가능하다. 한족과 토착민이라는 인종적 구별로 해석할 것이 아니라, 문화사적 관점으로 바라보자. 이것은 군현지배의 궁극적 목적이 적극적 통혼정책이나 사민 등을 활용하여 한족의 확대를 꾀했다는 점을 강조하는 관점이다. 다시 말해서, 낙랑군의 지배체제는 종족분리적 입장이 아니라, 종족융합적 입장이다.

무제 3년(B.C. 108) 낙랑군이 설치되면서 중국어를 모어(母語)로 하는 소수의 지배자들이 통혼이나 토착민의 지배층 편입 정책을 통해 지배층의 확대를 꾀했을 것이다. 이로부터 60여 년이 지난 초원 4년에는 식민지배층이 3세대쯤 지나게 된다. 순수한 한족이라 하더라도 본토에서 태어난 경우와 낙랑에서 태어난 한족들의 언어 환경은 엄연히 다르다. 그런 점에서 크레올(creole, 서로 다른 언어를 가진 사람들끼리 사회를 이루어 의사소통할 때 생겨남, 사람 또는 언어)이라는 개념이 유효하다.

중국인과 크레올이 식민초기에 지배계층을 형성했을 것이다. 토착민 중에서 소수 엘리트들도 지배층에 편입된다. 본국에서 태어난 한족들은 중국어가 모어(母語)였기 때문에 그들이 비록 한반도에서 장기간 생활을 했더라도 한국어의 영향이 그다지 크지는 않았을 것이다.

그러나 식민지에서 태어난 크레올은 부모가 중국인이라 하더라도 식민지 언어 환경에서 자유로울 수 없다. 게다가 부모 중 한 사람의 모어가 한국어인 경우, 그 자손들은 중국어를 쓰더라도 본토와는 달리, 한국어의 영향을 받은, 말하자면 섞인 중국어를 구사했을 것이다.

낙랑의 지배계층은 본국서 파견한 소수의 관리 외에 식민지에서 태어난 한족이거나, 한족과 한민족 사이에 태어난 혼혈인들이 다수였을 것이다. '14 : 86'은 융합적 관점에서 한문화에 동화된 낙랑인들의 비율을 의미했을 가능성이 있다.

예민작지

한반도는 중국의 관점에서 변방이다. 한나라가 직접 지배하기 어렵다. 식민 지배의 실상을 보이는 기록이 있다. 아래에 기록된 동옥저(東沃沮)는 토착민의 국가다.

옥저를 낙랑으로 귀속시켰다. 한(漢)은 땅이 넓고 멀어서 단단대령의 동쪽에 동부도위를 설치하고 불내성을 다스렸다.

영동 7현을 관할하였으며 옥저(沃沮) 또한 현(縣)으로 삼았다. 건무 6년에 성변군(省邊郡) 도위가 그만두었고, 그 후로는 현의 우두머리 「거수(渠帥)」들을 현후로 삼았다.

불내, 화려, 옥저 등 모든 현들은 후국(侯國)이 되었다. 동이가 다시 서로 공격하고 정벌하여 오직 불내의 예족인 현후가 지금에 이르러 오직 공조, 주부(主簿) 등 제조를 두었고 모두 예민(濊民)들이 직위를 차지하였다. 沃沮還屬樂浪 漢以土地廣遠 在單單大領之東分置東部都尉 治不耐城 別主領東七縣 時沃沮亦皆爲縣 漢建武六年省邊郡 都尉由此罷 其後皆以其縣中渠帥爲縣侯 不耐華麗沃沮諸縣皆爲侯國 夷狄更相攻伐 唯不耐濊侯至今猶置功曹主簿諸曹 皆濊民作之

"예민작지(濊民作之)"라는 구절에 주목을 요한다. 예(濊)는 종족명이고, 예민(濊民)은 토착민으로서 우리의 조상이다.

한(漢)이 동부도위를 파견해서 옥저를 직접 지배했다. 하지만 저항이 거셌다. 그래서 도위를 없애고 옥저 내의 거수(읍락의 우두머리)를 현후로 삼았다. 그리하여 예민, 즉 우리 조상들이 공조, 주부 등 중요 지위를 차지했던 것이다.

주부(主簿)는 관명(官名), 문서(文書), 장부(帳簿) 등을 관리한다. 한자를 모르면 주부 노릇 못한다. 주부였던 우리 조상들은 문자 사용자였다. 이때가 건무 6년이니 광무제 즉위 6년으로 서기 30년이다. 1세기부터 우리 조상들은 한자를 이용하여 문서를 작성하고, 장부를 정리했다.

이상을 요약하면, 한(漢)의 문서행정 시스템이 한사군 지역의 토착민 지배계층에 전파되었다. 문서 작성 양식은 한나라와 동일했다. 이것은 평양에서 출토된 목간 문서가 한나라의 양식과 일치한다는 점으로 증명된다. 이에 따라 우리 조상들은 문자생활이 순한문에 대한 모방에서 비롯되었지만, 결국에 한국인의 언어구조에 어울리는 한국식의 변체 한문인 이두(吏讀)로 진화하게 된다. 글쓴이도 한국인이요 읽는이도 한국인인 상황에서 비록 그 매개체가 한자(漢字)라 할지라도 세대를 거듭함에 따라 한국식의 한문 문체로 변화가 시작되었다. 이제부터는 한자의 수용과 변화 과정을 고고학적 유물, 즉 출토된 문자 자료를 통해서 하나씩 증명해 보자.

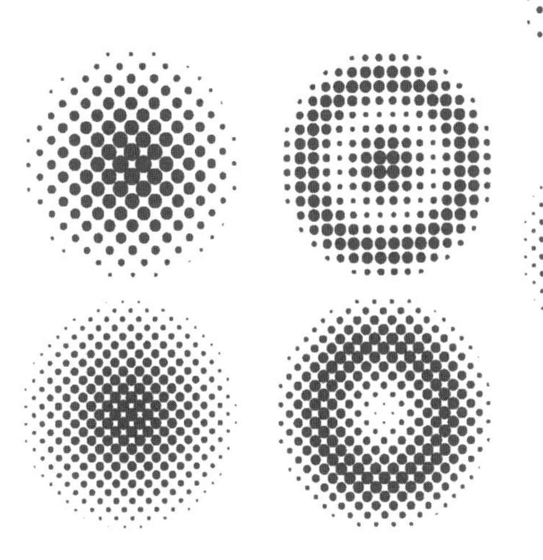

셋째 마당, 이두로 소통하다

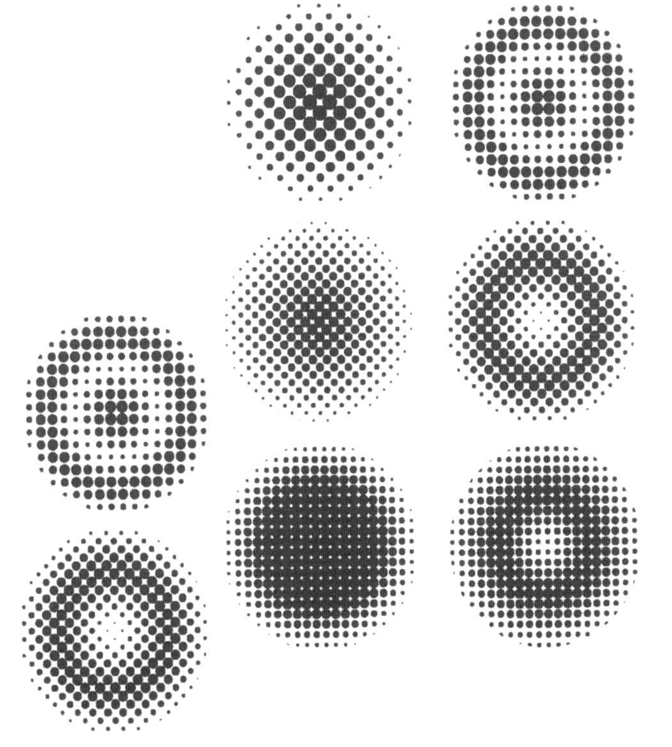

이두란 무엇인가

'이두(吏讀)'란 한국식 한자, 한문이다. 단어의 순서가 국어의 문장 구조에 맞게 배열되고, 명사에 붙는 조사(助詞)나 동사에 붙는 어미(語尾)들은 한자를 한국식으로 변형시켜 표기하였다.

이두(吏讀)를 글자 그대로 풀이하자면 이(吏)는 관리를 뜻하고 두(讀)는, 문자 두, 말하자면 관리가 사용하는 문자다. 행정에 필요한 문서를 작성할 때에 사용되었으므로 처음에는 이러한 명칭이 붙었겠지만, 광의(廣義)로 쓰일 때에는, 향찰(鄕札), 구결(口訣)뿐 아니라, 석독법(釋讀法), 고유명사 표기법(固有名詞 表記法) 등, 한글 발명 이전, 한자에서 파생된 우리말 표기들을 통칭하기도 한다.

향찰(鄕札)이란 말도 글자 그대로는, 시골 향(鄕), 나무 찰(札)이지만 여기서 향이란, 당향(唐鄕)의 대비적 의미가 있다. 당(唐)은 중국이고 향(鄕)은 한국이다. 찰(札)은 나무 중에서도 넓적하게 다듬어 글쓰기 좋은 것을 가리키지만 문자라는 의미도 있다. 향찰(鄕札)이란 '한국의 문자'라는 뜻이다.

석독(釋讀)은 한자를 우리말로 풀어서 읽는 것이다. '春'을 춘이라 읽지만 봄이라고 읽을 수도 있다. '春'을 우리말로 풀어서 '봄'이라 읽는 것을 석독이라 부른다.

석독은 훈독(訓讀)과 혼동할 여지가 있는데, 훈독 외에도 석독이라는 말이 필요한 까닭은 다음과 같다. '같을 여(如)'는 훈(訓)이 '같다'이고 음(音)은 '여'이다. 如를 '여'라 읽으면 음독(音讀)이요, '같다'로 읽으면 훈독(訓讀)이다. 그러나 如를 '다'로도 읽는다. 이것은 훈독이라 할 수도 없고 음독도 아니다.

'다'란 '답(다)'에서 받침인 ㅂ을 탈락시켜서 얻어졌다. '답다'도 '같다'는 뜻이긴 하다. '사람답다'고 했을 때 그 뜻은 '사람과 같다'이다. 이렇게 보면 답다의 '다'도 같다와 의미상 무관하다고 할 수는 없겠지만, '다'를 두고 훈독(訓讀)이라 할 수는 없는 노릇이다. 이처럼 한자는 음을 제외하고서도 여러 가지로 읽혔는데 그 각각을 '석독(釋讀)'이라 부른다.

훈(訓)도 석(釋) 중의 하나이다. 그렇지만 훈은 좀 특별한 석이다. 가령, 천자문을 읽을 때에 하늘 천(天), 따 지(地)처럼 한자에 딱 정해진 새김[釋]이 있다. 이를 두고 훈(訓)이라 부른다. 한마디로 말하자면, 훈(訓)은 표준지석(標準之釋)이다.

고유명사 표기법

고유명사 표기법은 인명(人名)이나 지명(地名)을 한국식으로 표기한 것을 일컫는다. 삼국유사(三國遺事) 권1에 신라시조인 혁거세(赫居世)를 '弗矩內(불구내)'로 읽었다는 기록이 있다.

한자로는 '赫居世'라 했지만, 신라인들은 이를 '弗矩內'로 읽었던 것이다. '*불구내'는 '붉다, 밝다'의 '불구'와 '세상'를 뜻하는 '내'가 합쳐진 이름이다. 赫居世란 '세상을 밝게 만든다'는 뜻으로, 신라어로 '*불구내'라 읽었던 것이다.

정리하자면, 한자를 이용하여 한국어를 표현한 문자 체계로는 '고유명사 표기, 석독법, 이두, 향찰, 구결' 등이 있었다. 이것들을 모두 아울러서, 한자와 한글과 비교될 만한 층위의 부류로 묶을 때, 이러한 차자표기(借字表記, 한자를 빌어서 우리말을 표기한 것)들을 대표할 만한 용어가 필요하다. 용어를 새롭게 창안하기보다 기존의 용어 중에서 전체를 대표할 만한 말을 선택해서 모두 아우르는 용어로 사용하는 것도 방법이다.

한자를 빌어서 사용했던 우리말표기법을 아울러서 말할 때 '이두(吏讀)'라 부르는 것이 편리하다. 말하자면, 이두에는 협의(狹義)의 이두(좁은 의미의 이두란, 우리말 표현을 위한 이두, 한문의 이해를 위한 구결과 대립항을 이룰 때의 이두를 가리킨다)와, 광의(廣義)의 이두(넓은 의미의 이두란, 이미 언급한바 한자를 활용한 우리말 표기를 모두 아우른다)가 있다.

문자사의 흐름

앞에서도 말했듯이 처음에는 식민지배로 한자가 강제 전파되었다. 행정문서 시스템이 한사군 지역에 작동된 것이다. 생존을 위해서, 혹은 지배층에 편입되기 위해서 토착민들은 문자 시스템을 익혀야만 했다.

하지만 '예민작지' 이후에 상황이 달라졌다. 토착민이 실권을 잡은 뒤 그들은 국가 운영을 위해 문서행정 시스템을 창의적으로 활용했다. 창의적 사용의 흔적들을 찾아내기 위해, 지금까지 전해지는 한반도 최고의 비문인 점제현 신사비(원화 10년, 元和十年, 기원 84년)부터 살펴보기로 하자.

이것은 '예민작지' 이후에 한반도에서 세워진 비석이므로, 변형된 한자나 한문의 흔적을 발견할 가능성이 있다. 비문의 내용은 다음과 같다. 풍우가 순조로워서 토지를 윤택하게 하고, 오곡을 풍성하게 하되, 도적이 일지 않도록 기원한 것으로, 드나드는 길리(吉利)에게 신의 은총을 내려주십시오 하는 내용이다.

> ○○○年四月戊午秥蟬長○○/○建丞屬國會○○○○○/○神祠刻石辭曰/○平山君德配代崇承天○○/○佑秥蟬興甘風雨惠閏土田/○○壽考五穀豊成盜賊不起/○○蟄臧出入吉利咸受神光

점제현이라 하면 평양의 서쪽으로 바다에 접한 지역이다. 신에게 제사를 지내면서 기원문을 돌에 새겼다. 당시의 지역 상황을 서술한 것이지만 여기에는 이두의 흔적이 보이지 않는다. 발견 당시, 점제현 비석을 찍은 판독문은 국립중앙박물관에서 2001년에 편찬한 "낙랑"이라는 제목의 도록(圖錄)을 참조할 수 있다.

다음은 4세기 낙랑지역 출토 벽돌에 새겨진 문자다. 1914년 황해도 봉산군 문정면 태봉리 1호분에서 명문전(銘文塼, 문자가 새겨져 있는 벽돌)이 출토되었는데 서기 348년으로 추정된다. 4세기 중반 이후이므로 낙랑 멸망(313년) 이후의 문자유물이다. 정치적으로 보자면 4세기 고구려 문자 유물이라고 할 수 있겠지만 문화적으로는 여전히 낙랑의 영향 아래 있는 유물 문자 자료로 봄직하다. 그 내용은 다음과 같다.

> 천생소인이 공양하는 군자 천인이 지은 벽돌로 장례를 치른다.
> 天生 小人 供養 君子 千人 造 塼以 葬

'낙랑(2001년, 181면)'의 해독에 따르면 둘째 행의 아홉째 글자는 '천(天)'이다. 이것은 재고(再考)를 요한다. 천생(天生)의 천(天)과 대조해 보면, 아래 획이 대(大) 자로 양옆으로 갈라져 있지만 '군자천인'에 보이는 '천'은 십(十)자 모양으로 아래 획이 수직으로만 내려 그어져 있기 때문이다. 따라서 문제의 '천'은 '천(千)'으로 판독가능하다.

이(以)의 후치적 용법을 보면, 우리말의 도구격 조사 '~으로'와 쓰임이 닮아 있고, 어순(語順)도 우리말로 배열되었다. '塼以 葬'은 '벽돌로 장례했다'는 식으로 해석된다. 한문의 한 변종으로 이것은 우리말의 문법 구조와 닮아있다.

이러한 문체(文體)가 한반도에서 유행했을 것으로 짐작하기란 어렵지 않다. 중국인들이 이해하기에도 문제없지만, 한자를 아는 한국인들도 한국어의 구조에 맞는 스타일이 실용적이다.

이두와 관련하여 또 주목할 만한 구절은 앞으로 소개할 자료에 보이는 '기지(記之)'의 '지(之)'이다. 이것은 평서형 종결형 어미 '-다'에 대응한다. 물론, 之라고 해서 한국적인 것으로만 규정하기는 어렵다. '塼以 葬'처럼 한문에서도 가능하다. 가령, 시경(詩經)의 규목(樛木)에 나오는 '낙지군자(樂只君子, 즐거운 군자여) 복리수지(福履綏之, 복됨으로 편안하다)'의 예를 보면, 이때의 '之'도 허사로 쓰여서 종결어미와 별반 다르지 않다.

지의 용법과 이두의 발달

'之'의 용법은 5세기 초 고구려 문자 자료에 이어진다. 덕흥리 고분 묵서(德興里古墳墨書)에 '기지(記之)'의 예가 있다.

단식염고식일경기지(旦食鹽鼓食一椋記之)

조직리고명기지(曹職吏故銘記之)

광개토왕 비문에서도 평서형 종결어미 '-다'에 해당하는 지(之)가 보인다.

제령수묘지(制令守墓之)

평양석각문에서 '-之'가 확인되며(西北行涉之). 중원 고구려비에서도 그 용례가 3번이다.(東來之, 建立處用者賜之, 敎跪營之).

이러한 지(之)의 용법은 신라에 전파되었다. 함안의 성산산성에서 출토된 281번(목간 자료의 구별을 위해 발굴 관계자들이 매긴 번호) 목간은 6세기 중반자료다. 여기에 보이는 '조철십지(殂鐵十之)'를 해석하면 '조철이 열 개다'로, 종결어미 '-之'가 확인된다.

단양적성비에 보이는 '합오인지(合五人之)'도 학계에 널리 알려진 예다. 천전리 석각문에 보이는 여랑삼지(如郞三之), 남산 신성비에 있는 교령서사지(敎令誓事之) 등도 있다. 효소왕 4(695)년에 작성된 신라의 촌락문서에서도 지(之)가 확인된다(馬於內 上○一具 上仕之). 신라는 5세기 이후에 고구려의 절대적 영향 아래 놓이게 되자, 문자

생활도 고구려로부터 영향을 받는다.

이표기의 중요성

고구려 유적에는 모두루 무덤이 있다. 무덤의 천장에 800字가 넘는 문자를 남겼다. 1935년 집안현 중학교(集安縣中學校)의 왕영린 교사가 무덤 안에 글씨가 있다고 제보함으로써 세상에 알려진다. 기록의 형식과 내용이 광개토왕비문과 흡사하며 묘지 조성 연대는 5세기 중반이다. 여기에 다음과 같은 구절이 있다.

국강상대개토지호태성왕(國罡上大開土地好太聖王)

광개토왕비문의 '국강상광개토경평안호태왕(國罡上廣開土境平安好太王)'과 대조해 보면, '광개토(廣開土)'가 '대개토(大開土)'에 대응됨을 알 수 있다. '광(廣), 대(大)'는 동일 인명 표기의 일부분이다.

이러한 이표기(異表記, 동일한 단어를 다르게 표기하는 것)의 해석이 중요하다. 동일한 인물의 이표기로는 다음의 예가 유명하다. 고구려의 영웅 연개소문이 일본서기(日本書紀)에는 달리 표기되었다.

연개소문(淵蓋蘇文) : 이리가수미(伊梨柯須彌)

동일 인물이니 '연(淵) : 이리(伊梨)'의 음가가 같다. 이때의 '淵'은 '*iri'로 석독된다.

그렇다면, '광(廣)'과 '대(大)'에서도 그럴 가능성이 있다. 이것의 음가를 '*han'으로 재구해 봄직하다. '대사(大舍) : 한사(韓舍)'의 대응 사례도 이를 뒷받침한다. 고구려인들이 '*han/한'을 '廣'으로 표시하거나 '大'字로 썼을 가능성을 생각해 보는 것이다.

고구려에서 신라로

중원고구려비문에 나오는 '五月中'의 '中'을 이기문 선생은 이두라 했다(五月中 高麗太王祖王令). 중(中)의 용법도 지(之)와 더불어 신라에 전파되었다. 서봉총에서 발견된 장수왕 3(451)년의 은합명문에 중(中)이 보인다.

법흥왕 26(539)년에 새겨진 것으로 추정하는 천전리 서석(川前里書石)에도 '中'이 있다(甲寅大王寺中安藏許作, 乙丑年九月中沙喙部干西, 辛亥年九月中). 명활산성 작성비(明活山城作城碑, 551년)에도 '辛未年十一月中作城也, 郡中上人烏大谷' 등의 예가 있다.

목간(木簡)에서도 이두가 확인된다. 함안목간의 '殂鐵十之'처럼 之가 보이고, 월성해자 목간 149호에도 '牒垂賜教在之'처럼 之가 있다.

신라 이두의 독창성을 논함에 있어서 주목할 만한 것은 선어말어미 표기다. 이것은 어간과 어말어미 사이에 있는 문법형태다. 예를 들어 '먹었다'의 '었'은 어말어미인 '-다' 앞에 있는 어미이므로 '선(先)어말어미'라 부른다.

선어말어미는 중국어 문법에 없는 형태다. 만일 선어말어미를 표시하는 문자가 있다면, 이것은 한문과 전혀 관련이 없는 것이다. 순수히 우리말 문법 형태를 표시하는 문자사용의 증거다.

신라의 이두

경주 황남동에서 출토된 목간 281번은 다음과 같다.

> (앞면) 五月卄六日椋食○内之下椋有……

7세기 자료로 추정되는데, 해석을 하자면 '5월 26일 창고에 먹을 것(식량)을 ○하였다.'이다. 이때의 '内'는 중세국어 선어말어미 '-ᄂᆞ-'에 소급할 만하다. 한국 고유의 문법형태를 표시하기 위해서 '내(内)'가 쓰인 것이 아닌가 한다. 다시 말해서 이때의 内는 한자의 용법에서 완전히 벗어난 것이다. 다음은 월성해자 목간 149호의 전문이다.

> 大鳥知郎足下万行白丨(대조지랑 족하, 만행이 사뢰닙니다.)
> 經中入用思買白不踓紙一二个(경에 들여 쓰기로 한 것인 백불유지를 1~2장 매입하였습니다.)
> 牒垂賜教在之 後事者命盡(첩에 내리신 명령이 있었습니다. 뒷일은 명대로 하였습니다.)
> 使内(시킨대로 처리하였습니다.)

교재지(教在之)의 재(在), 사내(使内)의 내(内)는 선어말 어미를 표기한 것이다. 이러한 표기법의 혁신은 신라인의 독창으로 보인다.

이두의 진화

제왕운기(帝王韻紀), 대명률직해(大明律直解), 세종실록(世宗實錄) 등에는 설총(薛聰)이 이두(吏讀)를 지은 것으로 되어 있다. 하지만 이 기록들은 믿기 어렵다. 이두는 한자에서 진화한 것으로 이해할 수밖에 없으며, 어느 한 개인의 창작물로 보기 어렵다.

이두는 신라 멸망 후에도 천년이나 이어졌다. 19세기 말까지 사용되었다. 이두가 서리(胥吏)들 사이에 깊은 뿌리를 박고 있었고 문자 생활의 상층부를 이루었던 한문의 후광을 입고 있었기 때문이다.

하지만 천년을 이어온 이두의 생명력이 한문이나 서리에 머무는 것은 아니다. 그 생명력은 실용성에 있었다. 천년이 지나도 없어서는 안될 만큼 조상들의 문자 생활에 꼭 필요했다.

이두에 대한 오해 중의 하나가 '보수성'에 대한 편견이다. 이두가 보수적임에는 틀림없다. 그러나 이것을 '이두의 불변성'으로 해석해서는 곤란하다. 이두야말로 시대에 따라 필요한 만큼씩 끊임없이 진화해 온 우리 민족의 문자 유산이다.

목간에 보이는 이두

中에 관한 이두사적인 논의는 경주 서봉총의 은합(銀盒, 은으로 만든 그릇으로 둥글넓적하며 뚜껑이 있음)에 새겨진 中에서 출발하였다. 우명(盂銘, 사발 그릇에 새겨진 글자)에 보이는 구절은 아래와 같다.

삼월중 태왕 경조(三月中太王敬造)

이홍직 선생은 이때의 '中'이 한문 용법으로는 어색하므로 이두적인 '中'과 관련이 있다고 주장하였다. 그 후로 이기문 선생이 이 주장을 지지함으로써 '-中'이 이두의 기원에 관한 논쟁의 중심에 섰다.

이기문 선생은 중원 고구려비에 나타나는 '五月中'의 中도 이두적 표현이라 하였다. 뿐만 아니라 '五月中'의 '中'이, 은합 우명의 '三月中'과 고구려성 석각문의 '十二月中'에 이은 세 번째 발견이라는 점을 강조하고 이것의 문법적 기능을 처격 표지(locative case marker)라고 밝혔다.

그러나 초기 금석문에 보이는 '中'은 그 날짜를 정확히 기억할 수가 없을 때에 쓰이는 한문의 실사이므로, 이두가 아니라는 견해도 있다. 처격인 '-中'의 용법은 화엄경사경조성기(755년) 이후에나 나타나기에 그 이전의 '中'들은 이두가 아니라는 것이다.

하지만 후지모토[藤本幸夫] 선생도 '五月中'의 '中'을 고구려의 이두 표기로 파악하고 이것을 'に(-에)'로 해석하였다. 선생이 쓴 논문에서는 中의 기원에 대한 광범위한 논의가 있었다. '中'의 용법이 한대(漢代)에도 사용되었고, 한반도에는 한사군이 설치됨에 따라 중국과 한국 간에 문서가 유통되었는데, 이에 따라 '中'의 용법도 한반도에 유입되었고, 이것이 고구려에 영향을 미쳤다는 것이다.

처격의 '中'은 백제 목간에서도 확인된다. 부여 쌍북리 출토 목간인 '좌관대식기(佐官貸食記)'의 '무인년 유월중(戊寅年 六月中)'과 나주 복암리 목간의 '三月中'에 보이는 '中'도 처격이다.

그런데 '-中'의 용례 중에서 새롭게 주목해야 할 이유가 있는 자료로 경주의 전인용사지 목간이 있다. 이것은 우물터에서 발견이 되었는데 일종의 주술적 성격을 띠는 목간이다. 가뭄이 계속된 탓에 용왕의 통로로 생각했던 우물에 이 목간을 묻었다. 용왕님께 비를 내려달라는 내용의 글이 이두로 적혀있다.

대룡왕중백 주민환차(大龍王中白主民渙次)

'대룡왕중백'은 '대룡왕께 사뢴다'는 뜻이다. 여기에서 '中'은 여격표지(dative case marker)로 사용되었다. 그 음가는 /긔/이다. 또한, 전인용사지 목간에서는 이전에 발견된 적이 없는 '-右如'라는 문법형태가 있어서 다시금, 필자의 눈을 사로잡았다.

이것은 신라 향가에도 나타난다는 점에서 중요한 의미가 있다. 〈安民歌〉에 2번, 〈祭亡妹歌〉에서 1번 나타난다. 한 번은 '-右如'로 표기되었지만, 한 번은 '-古如'이다. 그런 까닭에 기존의 향가 해독자들은 이것을 원전비판(原典批判)의 한 예로 삼았었다. '右가 틀리고 古는 맞는다'는 식이었다.

하지만 '右'와 '古'가 자형 상으로 통용가능했다는 사실이 이번에 발견된 전인용사지 목간으로 입증할 수 있었다. 이러한 사례는 고대국어 연구에 있어서 목간에 보이는 이두의 한 글자 한 글자가 얼마나 중요한 문자 유산인지를 깨닫게 만든다. 제망매가(祭亡妹歌)에서는 이것이 '古如'로 나타나는데, 이때의 '-古-'는 '원망(願望)'의 의미를 지닌 선어말어미(prefinal ending)다.

완벽한 이두

이두가 처음부터 우리말을 충분히 표현할 수 있었던 것은 아니다. 불구내(弗矩內)나 중(中), 지(之)처럼 고유명사를 순우리말로 풀어 읽거나 토씨를 표시하기 위한 것에 지나지 않았다. 그렇지만 단어나 어절의 범위를 벗어나자 문장을 표기하기 위한 장치로 발돋움하기 시작했다.

서기 552(혹은 612)년으로 추정되는 임신서기석(壬申誓記石)에는 문장 표기까지 확장된 이두의 모습이 확인된다. 거기에 보이는 한 구절을 인용하면 아래와 같다.

> 금자삼년이후(今自三年以後, 지금부터 삼년 이후)

한문이라면 으레 금자(今自)가 아니라 자금(自今)이었을 것이다. 한문을 우리말 순서로 바꾸어 '지금부터 삼년 이후'로 되었다.

이러한 한국식 문장이 785년의 갈항사 조탑기에서는 거의 완벽하게 표현되어 있다. 거기의 한 구절을 인용하면 아래와 같다.

> 남자매삼인업이성재지(娚姉妹三人業以成在之,
> 오라비, 누이, 누이동생 세 사람의 업으로 이루었다)

삼인(三人)은 세 사람이요, 업(業)은 업이고, 이(以)는 우리말의 도구격 조사 '-로'를 가리킨다. 성재지(成在之)의 成은 '이루다'는 뜻인데 이것이 고대국어에서는 '일-'이다. '在'는 고대국어에서 '-겨-'로 읽는다. 之는 '-다'이다.

한글이 현대국어를 표기하기에 부족함이 없듯이, 이두로 신라어를 완전하게 표기할 수 있었다. '娚姉妹三人業以成在之'는 고대국어로 해독하면 '남자매 삼인 업으로 일겨다'이다. 이처럼 신라 이두는 신라어 문장을 충분하게 표현할 수 있었다.

발달 과정에 대한 요약

이두는 진화론적 과정을 거쳐서 발달했다. 진화 과정은 다음과 같은 3단계로 구분된다.

모방 〉 선택 〉 변형

초기의 이두인 '-中, -之, -節' 등은 한국에서 독창적으로 만든 것이 아니라, 중국에서도 사용하였다. 한국인들이 처음에는 중국의 것들을 모방해서 문자 생활을 영위했다. 한사군의 설치와 강요된 문서행정시스템 아래에서 생존하기 위해서는 한자를 받아들여야만 했고 그 과정에서 창의성이란 허용되기 어려웠다. 잘 모방하는 자가 잘 적응한 자였다.

하지만 '예민작지' 이후에 상황은 변하였다. 한자 사용의 주도권이 한민족에게로 넘어왔다. 표현의 자유가 커진 만큼 문체에 대한 선택의 폭도 넓어졌다. 여러 종류의 문체 중, 한국어 구조에 알맞은 것들이 선택되었다. 이러한 과정에서 한자는 점차로 토착화 된다.

5세기의 고구려 금석문에 보이는 '之'의 용법이 그것이다.

買人制令守墓之(광개토왕비문, 414년)
守天東來之(중원 고구려비 495년)

앞에서도 말한 바 있듯이, 이기문 선생은 이러한 예들을 중국의 어법에 비추어 어색함이 있다고 판단해서 이것들을 한국적인 '之'라고 해석한 바 있다.

최근에는 한국의 목간과 중국의 간독에 대한 비교 검토가 이루어지면서 위와 같은 之의 용법이 중국에서도 쓰이고 있었음이 확인되었다. 진(秦)나라 시대에도 고구려 금석문에 보이는 之의 용법이 있었다.

금차영인안행지(今且令人案行之, 운몽수호지 진간雲夢睡虎地 秦簡)
이기가다자죄지(以其價多者罪之, 운몽수호지 진간雲夢睡虎地 秦簡)

이러한 지(之)의 용법이 존재했으므로, 고구려 금석문에 보이는 그것이 중국인의 어법에 비추어 어색함이 있다는 주장은 거두어 들여야겠지만, 그렇다고 해서 주체적 수용이 없었다는 결론에 이르지는 않는다. 문제의 핵심은 이러한 之의 용법을 고구려인들은 어떻게, 왜 선택했느냐에 있다.

진(秦)나라 행정체계가 한(漢)나라에도 이어졌다. 한사군은 행정문서 시스템으로 운영되었다. 400여 년 동안 지속된 낙랑도 한(漢)나라의 문서 행정에 따랐다. 이 점은 윤용구 선생의 논문에서 언급한

낙랑 목간의 분석을 통해서도 알 수 있다.

낙랑에서 사용되었던 문서의 어법이 고구려에 전승되었다. 다시 말해서 낙랑이 멸망한 4세기 이후로 고구려인들은 중국의 어법 중에서 고구려어 표기에 적절한 것들을 선택했다. 이런 점에서 진나라 시대 중(中)의 용법이 고구려 이두의 시스템 속에 포함된 점은 '표현의 어색함'이라기보다 '고구려인의 선택'이라는 관점에서 해석됨이 타당하다.

이두가 6세기 이후부터는 좀 더 한국적으로 변형된다. 선어말어미의 등장이 변형의 중요한 증거다. 여기에 해당하는 자료는 신라의 목간에서 확인된다. 월성해자 목간의 1면에 보이는 예가 대표적이다.

大鳥知郎足下 万拜 白丨

白丨에 보이는 '丨(之)'가 변형의 한 예이다. 丨는 之의 초서체가 변형된 것이다. 그것은 [다/da]로 석독되었다. 뿐만 아니라 문체적 변형도 있었다. '사뢰다'는 표현에 대해서 중국이나 일본에서는 대체로 白으로 끝나지만, 신라인들은 '白之'라는 표현을 사용했다.

월성해자에서 출토된 목간은 이두사에 있어서 중요한 자료인데, 최근에도 이곳에서 발굴 작업이 이어지고 있어서 귀추가 주목된다. 최근에는 월성해자에서 그 연대가 6세기로 추정되는 목간에서 爲在之(ᄒᆞ겨다), '白遣/숣견 혹은 숣고'이라는 이두가 발견되어 화제다. 고고학적 유물들이 잇달아 발견됨에 따라 신라 이두가 6세기에 완성 수준에 이르렀음이 의심의 여지가 없는 사실로 굳어진다.

가리킴 글자

1은 아라비아 글자다. 영어권에서 이것을 차용했다. 1은 여러 가지로 읽힌다. 문맥에 따라 '원(one)' 또는 '퍼스트(first), 프리미어(premier)' 등으로 읽힌다.

최소한 3가지로 읽을 수 있기에, 원으로 읽어야 할지 퍼스트로 읽어야 할지가 고민이다. 그래서 1 뒤에 st, er 등을 붙여서 구별한다. 1^{st}는 퍼스트(first)로 읽는다. 1^{er}은 프리미어(premier)이다. 이처럼 글자 뒤에 st, er 따위를 표시해 줌으로써 앞 글자를 어떻게 읽어야 하는지를 가리키는 글자들이 있다. 이런 글자들을 '가리킴 글자'라 부르기로 하자.

신라 사람들에게도 이와 같은 글자가 있었다. 가령, 春은 2가지 방식으로 읽힌다. 문맥에 따라 '춘'으로 읽을 수 있고 '봄'도 된다.

그런데 '春音'이라 적으면 '봄'으로만 읽어야 한다. 이때의 音은 /ㅁ/이라는 받침 발음을 표시한다. '春音'을 한글로 표현하면 '봄+ㅁ'이다. 音이 뒤에 있으니 춘으로 읽을 순 없다. 音/ㅁ/과 받침소리가 다르기 때문이다. 신라인들은 영리하게도 받침 글자들을 이용해서 이두를 한자어(漢字語)로 읽을지 고유어로 읽을지를 표시했던 것이다.

雲도 마찬가지다. 이것을 '운'으로 읽을지, '구름'으로 읽을지 고민이다. '雲音'처럼, 가리킴 글자인 音이 있으면 이것은 구름으로 읽는다. 신라인들의 독창적인 '가리킴 글자'는 한글이 발명된 이후에도 이어진다.

제주도에 가면 '오름'이라는 게 있다. 큰 화산의 주 분화구 등성이에는 작은 화산들이 생기기도 한다. 지반이 약한 곳을 마그마가 뚫

고나와 언덕 같은 것을 만드는 것이다. 그러니까 오름은 산봉우리의 일종이다.

이런 오름을 '岳音'으로도 표기한다. 산이니까 岳(악) 자를 쓰는 것이 이해되지만, 音이 무엇이냐는 것이다. '春音, 雲音'을 어떻게 읽는지 이해한 독자들은 '岳音'의 음(音)도 신라인의 표기법에 닿아있음을 눈치챘을 것이다.

'白遣'도 그 의의가 자못 크다. 遣은 '보낼 견'이지만 신라인들은 이것을 /고/로도 읽었다. '먹고 마신다'처럼 동사 어간 뒤에 연결되는 어미 '-고'를 이두(吏讀)로 표현한 것이다.

'-고'가 붙으면 어간은 반드시 고유어이어야 한다. '먹고, 마시고, 놀고' 등, '-고' 앞에 보이는 '먹-, 마시-, 놀-'은 모두 고유어이다. 만일 한자어가 되려면 '공부하고, 행복하고'처럼, '하-'가 붙어야 한다. 문법적으로 표현하자면, 한자어 어근(語根)에는 파생접사인 '하-'가 붙어야 어간(語幹)이 된다.

이런 점에서, '遣/고/'는 그 앞의 어간이 고유어, 즉 우리말로 읽으라는 가리킴 역할을 한다. 따라서 '白遣'의 白은 '백'으로 읽는 것이 아니라, '사뢰다'처럼, 신라어 '숣'으로 읽어야 하는 것이다. 따라서 '白遣'은 '숣고'로 해독된다.

가리킴 역할을 하는 글자들이 풍성할수록 한국적 문자생활이 발달했음을 증거한다. 경주에서 귀중한 이두 자료가 출토(出土)된 것은 경축할 일이다.

이두가 일본 문자에 끼친 영향

신라 이두가 일본 가나의 형성에 영향을 미쳤다는 증거가 발견되어 학계의 주목을 받았다. 원효대사가 55세에 지은 판비량론(判比量論)이라는 책이 일본에 전한다. 671년에 쓰여진 것인데 원본이 오타니 대학 박물관에 보관되어 있다.

불교학자인 후키하라[富貴原章信]의 '판비량론의 연구(判比量論の硏究)'라는 논문에 의해서 학계에 알려졌는데 원소장자는 칸다(神田喜一郞) 선생이었다. 선친(先親)인 향암거사(香巖居士)의 정토 귀환 오십주년 기념(淨土歸還五十週年記念)으로, 부친의 애장 고사경(父親愛藏古寫經) 중, 판비량론을 선정하여, 불은보사(佛恩報謝)로 영인(影印)할 당시, 유식학(唯識學)의 대가(大家)였던 오타니 대학[大谷大學]의 후키하라 교수에게 해설을 부탁했다.

칸다는 1984년에 사망, 유족들이 칸다 소장서들을 오타니 대학에 기탁함으로써, '판비량론(判比量論)'은 오타니 대학 장본[大谷大學藏本]으로 되었다.

이후, 판비량론은 문화재로서의 가치를 인정받아 1988년 6월, 일본 중요 문화재(日本重要文化財)로 지정된다.

판비량론의 불교학적 · 철학적 연구는 한국에서 활기를 띠었다. 기존의 해독을 종합하고 새로운 해석을 가한 김성철 교수의 '원효의 판비량론'에 이어 '원효의 판비량론 기초 연구'라는 단행본이 나왔다. 김상일 교수는 논리철학의 관점으로 원효철학을 서양의 지적전통과 비교하였는데 '괴델의 불완전성 정리로 풀어본 원효의 판비량론'이 그것이다.

불교학적·철학적 연구에 문외한이어서, 필자는 판비량론을 문자사적 관점에서 살펴보았다. '판비량론'에 새겨져 있다는 신라인의 각필이, 확실한 것인지에 대한 검증이 필요했다.

2003년 2월에 고바야시 교수의 협조와 오타니 대학 박물관의 키무라[木村宣彰] 관장, 키바[木場明志] 교수, 오자키[尾崎政治] 사서의 후의로 '판비량론'을 조사할 수 있었다.

오전부터 조사가 시작되었지만 성과는 없었고 점심 식사를 하러 가는 길에 이승재 교수(서울대 언어학과)가 오전의 관찰 결과와 소감을 필자에게 이야기하였다. 각필이 잘 보이지 않는다며, 근(根)자의 오른편에 각필로 새겨져 있다는, 'ㇷ 刂(부리)'라는 각필자가 '불휘(〉뿌리)'에 대응된다는 고바야시 선생의 주장은, 한국의 차자표기 용법에 비추어 볼 때에 그 가능성이 희박하지만, ㇷ는 '部'가 아니라 '火'라면 가능성이 있다고 조언했다.

오후에는 각필 스코프 2대로, 빛의 각도와 광도를 미세하게 조정하면서 '根'자의 오른쪽을 집중적으로 관찰하였다. 한참 후, '根'의 오른쪽에 새겨져 있는 흔적이 일정한 모양으로 눈에 잡혔다.

그 순간을 포착하여, 옆에 있던 정재영 교수(한국기술대 교수)에게 확인을 요청하였다. 각자 보이는 것을 서로 간에 협의 없이, 있는 그대로 그려본 후, 서로 대조해 보자고 제안했다. 고바야시 선생과 정재영 교수, 필자는 각자의 관찰 결과를 펜으로 그려서 대조했다.

두 개의 각필자가 '根'의 오른쪽에 비스듬히 새겨져 있었다. 그러나 문제는 관찰의 결과가 상이하다는 데에 있었다. 둘째 글자인 刂에 대해서는 관찰 결과가 같았지만 첫째는 차이가 있었다. 둘째인 '刂는' 고대국어 차용(借用) 글자인 '是'에 대응하며 /이/로 읽는다.

첫째는 무엇인지 알 수 없었다. 하지만 고바야시 선생의 주장과는 달리, '部'가 아닌 것은 분명해 보였다. 이것이 백제목간에서 용례가 확인된다 했지만, 그 필획이 백제 목간의 경우와 차이가 있었다. 무엇보다도 이것을 부(部)로 판독할 경우에 근(根)과의 연관성을 찾을 수 없다는 데에 문제점이 있었다.

관찰된 각필자의 각입(刻入) 각도가 수직이 아닌 점은 중요한 단서가 되었다. 10~15° 정도의 경사가 바깥쪽으로 있는데 이것은 한국의 각필문헌인 유가사지론(瑜伽師地論)이나 화엄경(華嚴經), 법화경(法華經) 등의 각필 구결자가 각입되는 각도와 유사했다. 둘째 글자인 ㅣ의 경우도 첫 획이 짧고 두 번째 획이 긴 점이 한국 각필자와 일치하였다.

이로써 판비량론에 신라인의 각필자가 있음을 확인할 수 있었는데, 이 문제는 완전히 해결된 것이 아니라, 여전히 한일 학자들 간에 논의가 진행 중이다.

한편 삼국시대 후반, 한국에서 이두가 한참 진화하고 있을 무렵, 일본에서 통용되었던 목간이 발견되어 7세기 당시 일본의 문자 문화를 엿볼 수 있다.

도래인과 문자 문화

도래인(渡來人) 지역이었던 일본 시가켄[滋賀縣]의 모리노우찌[森ノ內] 유적지에서 발견된 '경직(椋直)'으로 시작되는 7세기 후반 일본 목간이 있다. 여기에는 "椋直傳之(경직전지)", "我者反來之(아자반래지)" 등의 용례가 있다. 이두 문법과 크게 다르지 않다. 전문의 해석은 다음과 같다.

> 경직전지(椋直傳之, 창고지기가 전한다.)
> 아지왕도자(我持往稻者, 내가 가지고 간 벼는)
> 마부득고(馬不得故, 말을 얻지 못한 까닭에)
> 아자반래지(我者反來之, 나는 되돌아왔다.)
> 고시여복부(故是汝卜ア, 그러므로 너 卜部(복부)가)
> 자주인솔(自舟人率, 스스로 뱃사람을 이끌고)
> 이가행야(而可行也, 가야 한다.)
> 기도재처자(其稻在處者, 그 벼가 있는 곳은)
> 의지평평류50호(衣知評平留五十戶, 의지평 평류리의 50호)
> 단파박사가(旦波博士家, 단파 박사 집이다.)

경직(椋直) 선지(傳之)에서 보이는 지(之)의 용법은 고구려 초기 이두나 이것이 전해진 신라 이후의 지(之) 용법과 일치한다. 한국식으로 풀자면 평서형 종결어미 '-다'이다. 그리고 어순도 중국식이 아닌, 한국어 어순이다. 이것이 일본에서 발견되었지만, 신라인들이 읽더라도 해석에 전혀 지장이 없는, 다시 말해서 신라 이두를 아는 사람이라면 위의 목간을 해독할 수 있었을 것이다.

1991년 일본 오사카 시의 쿠와즈(桑津) 유적지에서 아스카 시대의 목간이 출토되었다. 여기서 '-之'가 발견되었다. 별자리 그림이 나오고 그 다음에 아래와 같은 문장이 있었다.

앞면: (별자리 그림) 欠田里 寡之年 道章白 加之

뒷면: 各家客 等之"

이때의 之도 종결사의 용법이다. 해석하자면, "흠전리의 (수확이) 부족한 해에 도의 문장을 사뢰어 더한다.(加之) 각각 집과 손님은 같다.(等之)

'之'의 문법이 고구려에서 신라로 이어져 이두 문법이 정착되고 그것이 일본에까지 전파된 양상을 자료를 통해 확인할 수 있었다.

그런데, 여기까지 책을 읽다보면, 독자 여러분들이 다음과 같은 의문을 품을 수도 있겠다. 고구려에서 이어진 신라의 이두가 일본 열도에도 영향을 미쳤다는데, 백제는 이두와 관련하여 어떠한 이야기를 지니고 있는가? 하는 의문이다.

삼국 중에서 백제의 문자 문화가 우수하였음은 두 말할 나위 없다. 무령왕릉 지석에 새겨진 한자, 사택지적비 등에 보이는 서체는 6~7세기의 동아시아를 통틀어 우수한 것으로 평가받는다. 이두의 발전 과정에서 백제의 역할은 무엇이었던가? 백제에는 이두가 있었던가?

결론부터 말하자면, 백제에도 이두가 있었다. 신라와 다를 뿐이다. 지정학적 위치로 보아 신라보다 중국에 가까이 있었고 당시의 중국과 한국 그리고 일본 간의 해상무역에 있어서 백제가 중심 국가였던 만큼, 한자 문화의 수입도 신라보다 빨랐다. 남북조 시대 중국이란, 문자를 예술의 경지로 끌어올릴 만큼, 서예의 성인이라는 왕희지를 비롯하여 수많은 문필가들이 등장하여 찬란한 문자문화를 꽃피웠던 시절이다.

이런 맥락에서 백제식의 이두란 중국식과 한국식의 중간에 머문 것으로 보인다. 말하자면, 백제는 신라처럼 선어말어미 표기 등, 한문과 완전히 결별한 수준의 이두가 아니라, 중국인의 눈으로도 이해될 수 있고 한국인의 표현 방식도 스며있는, 이른바 '이중적 이두'의 길을 걸었던 것이다.

백제의 이두

백제는 알다시피 7세기경 나당 연합군(羅唐聯合軍)에 패망하였다. 이로 인해 백제 기록은 중국의 사서(史書)나 삼국사기, 삼국유사, 일본서기 등에서 단편적으로 전할 뿐, 그 상세한 기록은 사라졌다.

문자 생활에 관한 일차자료가 희한(稀罕)하여, 백제 이두에 관한 연구가 어려운 것도 현실이다. 하지만 지석(誌石)의 명문(銘文), 와문(瓦文), 전문(塼文), 목간(木簡), 장신구(裝身具) 명문 등등의 문자 유물들을 하나하나 수집하다 보면 연구가 불가능한 것만은 아니다.

고흥 박사(高興 博士)에 관한 기록은 백제의 문자사에 의미가 있다. 삼국사기 24권, 백제본기 제2에 실려 있는 근초고왕 30년 기록에 다음과 같은 내용이 있다.

고기운 백제개국 이래(古記云 百濟開國以來)
미유 이문자기사(未有以文字記事)
지시 득박사 고흥(至是 得博士高興)
시유서기(始有書記)

'득박사고흥 시유서기(得博士高興始有書記)'라는 구절에 주목할 필요가 있다. 이것을 지지하는 유물자료가 발견되지는 않았지만 기록의 가치는 '신라의 설총'에 비견할 만하다.

설총에 관한 기록은 신라의 문자문화 연구 출발점이라고 해도 좋을 만큼 의미가 있다. 고흥의 시대가 이것보다 더 아득하기는 해도 기존한 자료들을 모으고 정리하다 보면 백제의 문자사에 관한 연구도 열릴 것이다.

무령왕릉 지석의 언어학적 검토로부터 논의를 시작해 보자. 1971년 7월 공주에서 발견된 이래 성주탁(1971) 선생과 이병도(1972) 선생이 명문을 해독하였다. 하지만 완전히 해독된 것은 아니다. 지금까지도 해독되지 못한 문자가 있으며 오독(誤讀)한 문자도 있다. 이견이 분분한 구절도 있다.

필자는 국어사의 관점에서 무령왕릉 출토 지석의 명문들을 하나씩 해독해 보았다. 미리 말해 두지만, 지석의 명문에는 한국식 한문과 순수한 한문이 혼재한다. 또한 충남 부여의 능사(陵寺) 유적지에서도 여러 가지 백제 목간들이 출토되었다. 그 중에 사언사구체(四言四句體)의 백제 시가도 있다. 그것은 민요풍의 가요로 백제인의 인생관과 불교적 정서가 짙게 배어 있다. 이것의 국문학사적 중요성은 두말할 나위 없지만, 여기에 백제 이두의 흔적이 배어 있다는 점에서 주목할 이유가 충분하다.

무령왕 지석

왕과 왕비의 지석(誌石)이 무령왕릉에서 발견되었다. 세로 35.2㎝,

가로 41.5㎝, 두께 4㎝의 장방형(長方形) 청회색(靑灰色) 각섬석(角閃岩)으로 이루어졌다. 전문(全文)은 7행 53자이며 자경(字徑)은 평균 2.5㎝ 정도이다.

잘 다듬어진 평판 마석(平板 磨石)의 명문에는 남조 풍(南朝風)의 유려(流麗)하고도 우아(優雅)한 글자들이 새겨져 있다. 명문의 전반부는 한국식 어순으로 되어 있고 후반부는 한문이다. 각 행의 글자 수는 일정하지 않다. 6행까지는 짝수로만 되어 있고 7행만 홀수다. 1, 2, 3, 6행은 8자이고 4, 5행은 10자이며 7행의 1자까지 합하면 명문의 자수는 53이다.

시마왕 지석 판독문(斯馬王 誌石 判讀文)

1행: 영동대장군백제시(寧東大將軍百濟斯)

2행: 마왕년62세계(麻王年六十二歲癸)

3행: 묘년오월병술삭7(卯年五月丙戌朔七)

4행: 일임진붕도을사8월(日壬辰崩到乙巳年八月)

5행: 계유삭12일갑신안초(癸酉朔十二日甲申安厝)

6행: 등관대묘입지여좌(登冠大墓立志如左)

7행: 인(印)

판독문은 내용상으로도 두 부분으로 나누어지지만, 형식적인 면에서도 두 부분으로 나뉜다. 판독문을 전반부와 후반부로 나누어 번역하면 아래와 같다.

(전반부) 영동 대장군인 백제 시마왕은(斯를 여기서는 '시'로 읽음) 나이 예순 두 살로 계묘년 오월 병술삭 칠일 임진에 붕하였다(崩은 임금의 사망을 가리킴). 寧東 大將軍 百濟 斯麻王 年 六十二歲 癸卯年 五月 丙戌朔 七日 壬辰 崩

(후반부) 을사년 팔월 계유삭 십이일 갑신에 이르러 등관대묘에 안초하니 입지는 여좌하다. 到乙巳年八月癸酉朔十二日甲申安厝登冠大墓立志如左

印(인)

전반부는 한국식 어순이다. 명문에 각입(刻入)된 한자들을 순서의 변동 없이 문맥에 부합하는 조사와 어미만 첨가하여 번역하였다. 이렇게 해도 손색이 없는 한국어 문장이다.

후반부에서 주목할 만한 것은 '초(厝)'이다. 厝는 용례가 희한하여 오독하는 사례가 있었다(厝는 '置'의 意味로 사용될 때에는 그 음가가 반절로 보자면 倉故切(音 醋)임, 반절에 대한 설명은 뒤에서 상술함) 따라서 '안초(安厝)'는 '안치(安置)'로 해석하고자 한다.

번역문을 통해서도 알 수 있듯이, 지석 명문은 한국식 어순과 한문이 혼재(混在)한 발생 초기의 이두다. 왕비 지석, 백제 시가, 전문, 은천문 등을 분석하게 되면 백제 이두의 존재가 확인된다.

이제 어휘를 중심으로 몇 가지 사항들을 살펴보자. '영동 대장군(寧東大將軍)'은 중국사서(中國史書)에 기록되어 있다. 이것은 양나라 고조(高祖)의 조칙(詔勅)에 의해 무령왕에게 부여된 것이다. 시마왕

(斯麻王)의 시호(諡號)인 무령왕(武寧王)의 '寧'도 영동대장군의 '寧' 자와 관련이 있다.

'시마(斯麻)'는 무령왕의 휘(諱)인데 '斯' 자의 음가를 기존의 연구에서 '사/sa'로 추정하였다. 하지만 '시/si'가 옳다. 삼국사기에서 '斯羅'와 '尸羅'가 동일한 음으로 표시되었다. 칼그렌(Karlgren)의 책에서도 '斯'가 *sie로 재구(再構)되었다. 시마(斯麻)가 어디에서 유래했는지는 일본서기(日本書紀)에서 찾을 수 있다.

> 무령왕립(武寧王立, 무령왕이 옹립되고)
> 휘시마왕(諱斯麻王, 이름을 시마왕이라 했다.)
> 시곤지 왕자지자(是琨支王子之子, 이는 곤지 왕자의 아들인데)
> 즉말다왕 이모형야(則末多王異母兄也, 곧 말다왕의 배다른 형이다.)
> 곤지 향왜시(琨支向倭時, 곤지가 왜국을 향해 갈 때에)
> 지축자도(至筑紫嶋, 축자도에 이르러)
> 생시마왕(生斯麻王, 시마왕을 낳았다.)
> 자도환생(自嶋還送, 섬으로부터 환송하되)
> 부지어경(不至於京, 서울에 도착하지도 못한 채)
> 산어도(産於嶋, 섬에서 낳은 것이다.)
> 고인명언(故因名焉, 그런 까닭으로 이름이 유래하였다.)
> (日本書紀 卷第十六, 일본서기 권 제16)

'*시마(斯麻)'는 그 의미가 '섬[島]'이다. '시마'가 일음절로 축약되어 '셤'으로 변했다. '고마'가 곰으로 변하듯, '거우루'가 '거울'로 되듯이, 고대국어의 다음절(多音節) 단어들이 한 음절의 단어로 축약된 경우는 국어사에서 더러 발견된다.

'癸卯年五月丙戌朔七日壬辰崩'에서 계묘년은 서기 523년이다. '崩'은 예기(禮記)의 기록에 의하면 천자(天子)의 사망 시에 사용하였다. '到乙巳年八月癸酉朔十二日甲申'에서 을사년은 525년이다. 다시 말해서, 왕이 사망한 후, 2년 3개월여 빈(殯)하였다가 등관대묘에 안초(安厝)하였다. 등관대묘란 '관(冠)을 올린 큰 무덤'인데 무령왕릉을 높여서 일컫는다.

'입지여좌(立志如左)'의 '좌(左)'는 왼쪽이라는 뜻이지만 왼쪽에는 더 이상 글이 없고 뒷면에는 무덤 속에 놓여진 지석의 방위가 표시되어 있으므로, 그것을 가리키는 말이다. 말하자면, 입지여좌란 지석을 세운 지점이, 뒷면의 내용과 같다는 정도로 해석된다.

왕비의 지석

왕비 지석은 왕의 지석과 재질 및 제작 연대가 동일하다. 명문은 후일 왕비의 합장 시에 새겼다. 다음은 성주탁 선생의 판독문이다.

1행: 병오년 12월 백제왕태비 수(丙午年十二月百濟王大妃壽)

2행: 종 거상 재유지 기유년2월 계(終居喪在酉地己酉年二月癸)

3행: 미삭 12월 갑오 개천장대묘 입(未朔十二月甲午改遷葬大墓立)

4행: 지여좌(志如左)

판독은 처음이 중요하다. 수정하는 사람은 최초의 업적에 힘입은 바 크다. 여기에서 제 3행의 아홉 번째 글자, 열 번째에서 실수가 있었다. '개천장(改遷葬)'이 아니라 '개장환(改葬還)'이다.

명문은 두 부분으로 나눌 수 있다. 전반부는 왕의 지석과 마찬가지로 한국식 어순이다. 번역문은 다음과 같다. '병오년 12월에 백제 왕의 태비가 수(壽)를 종(終)하였다.' 병오년은 성왕 4년으로 서기 526년이다. 무령 왕비를 태비라고 표현한 것은 왕비가 성왕의 모후(母后)였기 때문이다. 수종은 사망했다는 뜻이다.

후반부는 한문이다. '居喪 在酉地 己酉年 二月 癸未朔 十二日 甲午 改葬 還大墓 立志如左'의 번역문은 다음과 같다. '거상(居喪)은 유지(酉地)에 있고 기유년 2월 계미삭 12일 갑오에 개장(改葬)하여 대묘(大墓)로 돌아왔다. 입지여좌.'

거상은 망자를 빈소에 모시는 것을 뜻한다. 유지는 유방(정서방)을 가리키며 빈이 위치하였던 장소이다. 왕비 지석 명문도 왕의 경우와 같이 백제식 표기가 반영되었다.

목간에 보이는 백제인의 노래

이상에서 무령왕릉 출토 지석의 명문이 백제식의 이두임을 확인하였다. 어학적 분석을 토대로 한국식 어순과 한문이 혼합된 점을 볼 수 있었다. 한문 구성에 속에도 백제식 표현이 있었음을 밝혔다. 앞에서도 언급한바, 백제인의 서사양식이란 중국과 신라의 중간쯤에 해당하는 '이중적 이두'였다.

다음으로 논의할 자료는 부여 능사(陵寺) 유적지에서 발굴된 백제 목간이다. 능사 유적지에서는 다량의 목간이 발견되었다. 목간의 형태도 다양(多樣)하고 내용도 다종(多種)하여 백제사 연구의 중요한 일차자료들이다.

문제의 목간은 다행히도 완형(完形)으로 발굴되었다. 유물 연대의 하한(下限)은 7세기 중엽으로 추정한다. 부여 능사지는 백제 패망 이전에 존재하였으며 그 이후로 매몰되어 망각의 세월을 지난 후, 최근에야 비로소 빛을 보았다.

길이 12.7㎝의 판목에는 붓으로 쓴 소박한 글씨가 비교적 선명하게 남아 있었다. 다음은 판독문이다.

1행: 숙세결업 동생일처 시(宿世結業同生一處是)

2행: 비상문 상배백래(非相問上拜白來)

국립부여박물관에서 도록을 발간하였다. 판독문을 검토한 결과, 오류가 발견되지 않았다. 하지만 판독문 이외, 문제의 목간에 대해서 밝혀진 바가 거의 없었다.

문자와 관련된 의문점들을 하나씩 짚어보기로 하겠다. 제2행의 '白'자와 '來'자 사이에는 글자 하나가 들어갈 정도의 공백이 있다. 목간은 제1행이 9字이고 제2행이 7자이다. 제2행의 마지막 글자인 '來'는 옆의 글자보다 1.5배 정도 길게 서사되어 있다.

공백(空白)의 의미가 무엇인지, 각행의 자수가 왜 다른지, '來'는 왜 길게 썼는지 등의 의문이 꼬리를 물었다. 장방형의 판목은 완형이 그대로 보존된 것인데 서사된 글자들은 크기가 서로 비슷하므로 각행에 8字씩 배치되어 균형을 이루어야 할 것으로 기대되었기 때문이다. 자간(字間)의 공백도 납득할 만한 이유로 설명하지 않으면 안 된다. 문장이 이어지는 상황에서 아무런 이유 없이 중간에 공백을 남기는 법이 없다.

목간의 형태를 검토한 결과, 위에서 제기한 세 가지의 의문이 한 가지 이유에서 비롯한 것임을 알게 되었다. 문제 해결의 단서는 목간의 눌린 자국에서 찾을 수 있다. 제2행 제6자인 '白'字와 '來'字 사이에는 눌린 자국이 있었다. 이것이 원래부터 눌려진 판목이었는지, 서사가 된 이후에 매몰된 상태에서 눌려졌는지가 문제다.

白의 획(劃)이 눌린 자국에까지 흘러내렸지만 중간에 필획(筆劃)이 끊어졌거나 눌려진 흔적이 없었다. 이것은 처음부터 눌려진 상태의 판목에 글씨가 씌어졌음을 뜻한다. '白'과 '來' 사이의 공백이 생긴 이유도, 눌려진 목간으로 글을 쓰려고 하다 보니, 白의 아래 부분은 너무 눌려지고, 울퉁불퉁하여 글을 쓰기가 어려웠던 것이다. 아래 부분의 마지막 글자를 쓸 때에는 다른 글자에 비해 1.5배 가량의 공백이 있었기에 제법 길게 꼬리를 내린 것이다.

이상의 관찰과 추리에 따라, 필자는 목간의 16字가 중간에 끊어짐이 없는 하나의 텍스트임을 알게 되었다. 16字를 하나의 텍스트로 보게 되자 이것을 내용상 4부분으로 나눌 수 있었으며, 각 부분들은 4字로 이루어진, 말하자면 사언사구(四言四句)의 형식을 지닌 텍스트임을 깨닫게 되었다. 필자의 번역문을 제시하면 아래와 같다.

백제 목간의 번역문

1구: 宿世結業(숙세/宿世의 결업/結業으로)

2구: 同生一處(동생일처/同生一處하니)

3구: 是非相問(시비/是非를 상문/相問하여)

4구: 上拜白來(상배/上拜하고 백래/白來하져)

백제 목간의 해석문

前生의 因緣으로

現世에 함께 하니

是非를 서로 물어

上拜하고 사뢰져

이렇게 배열하고 보니, 이것이 짐짓 백제인의 마음을 담은 소박한 가요가 아닌가 하는 생각을 하게 되었다. 노랫말의 내용은 물론이려니와 목간의 외양조차 완전하고도 호사스러운 것이 아니라, 서민적인 느낌이 흠씬 젖어있으면서, 그것도 찌그러지고 울퉁불퉁한 판목 위에 새겨진 정겨운 글씨라는 점에서 필자의 마음을 더욱 사로잡게 되었던 것이다.

우선, 목간 내용의 기본적인 해석과 관련된 사항들을 점검해 보겠다. '숙세결업 동생일처(宿世結業 同生一處)'에서 '宿世'는 과거세를, '同'은 현세를 뜻한다. '동생(同生)'의 의미도 여러 가지로 해석될 수 있다. 현세에 같이 태어난 사람, 불도를 함께 수행하는 도반, 부부, 형제, 이웃 등등. '시비(是非)'는 세속적인 시비의 의미로도 해석할 수 있지만 시비지심(是非之心)의 의미로 '진리' 혹은 '사실을 밝히다'는 것으로 해석할 수도 있다. 상배(上拜)의 경우, 上은 존경의 대상과 관련된 것으로 보인다. '백래(白來)'는 '사뢰러 오다'로 해석할 수 있겠다.

다음은 텍스트의 형식을 중심으로 논의해 보겠다. 숙세결업은 불교적 표현이며 순수한 한문 표현이다. 동생일처는 한문이지만 시비상문이나 상배백래는 한국식 한문으로 해석할 수 있다. 말하자면, '이중적 이두'로서 백제식 표현에 한문이 섞인 것이다. 가령 시비상문에서, 이것이 전형적 한문이라면 '상문시비'가 적당했을 것이다.

'시비상문(是非相問)'은 한국식 한문인 '선석득조(善石得造)'와 마찬가지의 구조이다. '좋은(善) 돌을(石) 얻어서(得) 만들었다(造)'처럼, '시비(是非)를 서로(相) 물어서(問)'로 해석이 되는 것이다.

목간에 서사된 이 글을 실용문으로 간주하기는 어렵다. 이것을 서로 간의 서신(書信) 혹은 약속과 관련된 문서의 일종으로 간주하여 화해를 목적으로 한 실용문으로 이용되었을 가능성도 배제할 수는 없다. 그렇다손 치더라도 정보 전달의 기능만을 가진 통보 기능의 밋밋한 산문이라 할 수도 없다. 이 글의 내용 속에는 불교의 윤회 사상이 짙게 배어 있고 사언사구의 일정한 형식으로 구성되었기 때문이다. 향가의 풍요를 연상케 하는 '白來' 등의 표현이 노정된 점도 감안할 필요가 있다.

필자는 다음과 같은 네 가지 이유로 이것을 백제 시가로 판정한다.

> 첫째, 필사된 문장이 사언사구라는 일정한 운문 형식을 갖추었다.
> 둘째, 국어 어순과 한문이 혼재한 백제 고유의 문체가 확인되었다.
> 셋째, 정서적인 표현이 있다.

넷째, 불교적 내세관을 담고 있다.

작품의 제목은 처음 구절을 따서 '숙세가(宿世歌)'로 정한다. 우리는 숙세가를 통하여 백제인의 화해 정신과 깊은 신앙심을 알 수 있다. 백제인의 인간적인 여유와 미소를 느낄 수 있다. 백제의 전승가요로 정읍사(井邑詞)가 전해지고 있다. 그러나 이것은 구비 전승되어 후대의 문헌에 정착된 것이다.

'숙세가(宿世歌)'는 당대의 백제인이 창작한 백제 시가다. 현재까지 발견된 백제 시가 중에서 최고(最古)의 작품이다. 내용면에서도 어디에 빠지지 않는다. 공무도하가(公無渡河歌)에서 느낄 수 있는 세속적인 인연의 애절함과는 달리, 세속에서 벗어난 듯한 초탈함을 느낄 수 있다.

또한 넉넉함과 여유도 느낄 수 있다. 마치 게송(偈頌)을 연상케 하는 숙세가를 통하여 백제인의 의식 저변에 흐르는 불교적 정서를 우리는 읽어낼 수가 있는 것이다. 요컨대, 숙세가(宿世歌)는 탈속(脫俗)과 여유(餘裕)의 미학이 배어 있는 백제 최고(最古)의 시가다.

이두에서 한글로

삼국 시대에 발달한 이두는 통일 신라 시대를 거쳐서 고려, 조선에 이어진다. 가령, 고려시대의 책 중에는 향약구급방(鄕藥救急方)이라는 게 있다. 우리나라에서 가장 오래된 의학 서적이라고 할 수 있는데 13세기 중엽, 몽골의 고려 침입이 한창일 때에 고려대장경을 찍었던 대장도감(大藏都監)이라는 곳에서 출판했다.

약재로 사용된 180종의 식물, 동물 등에 대한 설명이 있는데 이두(吏讀)로 되어있다. 가래, 기침, 코막힘 등에 좋다는 '도라지'는 이미 고려시대에도 우리 조상들이 애용한 약초인데, 이것을 '桔梗鄕名道羅次(길경 향명 도라차)'로 기록하였다. 한문을 아는 사람도 이게 뭔가 할 터인데, 도라지의 효능이 필요한 농민들은 이해하기가 쉽지 않았을 터이다.

길경(桔梗)은 향명(鄕名)으로 '도라지/道羅次'다. 그러니까 도라지를 한문으로는 길경이라고 한다. '도라지'라는 말은 중국말이 아니므로 한문으로 표현할 길이 없었다. 그래서 한자를 이용하여 우리말로 표현했다.

길 도(道) 벌릴 라(羅)를 이용하였는데 이때 한자의 뜻은 필요 없다. 음(音)만 빌려서 道는 우리말 /도/를 표기하기 위함이고, 羅로 /라/를 나타낸 것이다. 次가 지금은 /차/로 읽지만, 고려시대에는 /ᄌᆞ, 지, ㅈ/ 등으로 읽혔을 것이다.

'桔梗俗云刀亽次'라고도 하였다. 道는 뜻과 상관없이 발음만 사용하는데 道의 획수가 너무 복잡했다. 道를 刀로 바꾸어 쓰도 좋다. 도(道)든 도(刀)든 뜻에서 해방된 문자다. 그렇다면 복잡하게 道로 쓸 이유가 없다. 그래서 간단한 刀가 선택된 것이다.

문자가 뜻에서 해방이 되면 그 획수가 극적으로 줄어든다. 이 점이 중요하다. 한자의 원 글자에 비해서 이두의 획수가 극적으로 줄어든 것은, 한문의 원뜻으로부터 벗어난 이두가 소리글자로 진화했기 때문이다.

'羅'든 '亽'든 /라/를 나타낸다는 점에서 그 기능이 동일하므로 당연히 '亽'가 쉽다. 이러한 변화과정은 초기의 이두가 원래 한자의 모습을 보이다가 점차로 간결한 형태로 바뀌게 되는 과정을 잘 보여준다.

'뜻으로부터 자유'가 문자 단순화의 본질이다. 세상의 그 어떤 문자일지라도 뜻글자보다는 소리글자가 단순할 것이다. 道는 12획이지만, 한글로 쓰는 '도'는 4획이다. 3배나 간단하지만 기능은 같다. 단순 계산으로도 변형된 문자의 생산성이 원래 글자보다는 세 배나 높다. 한 음절도 이런데, 문장 단위, 텍스트 단위로 가면 '문자의 생산성'은 상상을 초월할 정도로 크다.

뜻에서 해방이 되니, 소리를 표기하는 데에 지장이 없는 한에 있어서 이두는 극도로 획수가 줄어들기 시작했다. 진화하면 할수록 원래 한자와 그 형태가 멀어지고, 멀어진 만큼 토착화의 정도가 커졌다.

이두의 간단함은 亽/라/에서 멈추지 않았다. 소리글자로 쓰이기 시작하고 언중들에게 亽가 /ra, 라/를 표기하는 소리글자로 자리를 잡자, 이후로도 이것은 더욱 진화한다.

亽도 이제는 복잡하다는 것이다. 그래서 이 글자 위에 있는 삿갓 모양의 ㅅ도 아예 떼어내 버리고 남은 점 하나인 丶로 /라/를 표시하였다.

다시 한 번 정리해 보자. 19획이나 되는 羅가 오로지 /라/라고 하는 발음만을 표시하기 위한 소리글자의 기능만을 수행하게 되자, 뜻에서 해방된 羅는 첫단계로 8획의 罖로 단순화 한다. 무려 11획이나 줄이고도 /라/라는 소리를 표시하는 데에 있어서는 19획의 羅와 동일한 기능을 수행하였으니, 후세 사람들이 羅와 罖 중에서 어떤 글자를 선택했겠는가?

이리하여 8획의 རྒ라 쓰이게 되었는데, 그 다음 단계로는 이것이 진화하여 3획의 ᄼ가 등장하였다. ᄼ는 아예 토착화 된 문자다. 이런 식으로 배우기 쉽고 쓰기 쉬운 쪽으로 한자가 점점 변해가기 시작했다.

이리하여 19획의 羅는 점점 더 단순화하였는데, 나중에는 아예 단 1획의 ､로 /라/를 표현하기에 이른다. 고려인들이 한자 대신, 이두를 사용함으로서 얻는 시간적, 경제적 이득이란 계산 불가할 정도로 엄청났을 것이다.

처음엔 이두도 한자처럼 복잡했었지만, 사용을 해 감에 따라, 한자의 원뜻에서 자유를 얻게 되었고, 자유를 얻은 만큼이나 점점 더 단순해져서, 이두는 완전한 소리글자로 향해 나아가게 되었던 것이다.

신라와 고려를 거쳐 15세기에 이르게 되면, 이두가 세종의 문자의 혁명에 영향을 주게 된다. 세종은 한글을 만들기 전에 이두를 연구했다. 당시의 학자였던 최만리는 한글반대 상소로 유명했는데, 상소문을 보면 세종이 이두에 깊은 관심이 있었음을 알 수 있게 된다. 최만리의 글을 일부 인용하면 아래와 같다.

> 혹 (임금께서) 말씀하시기를, 형살의 옥사를 이두문자로 쓴다면 (若曰如刑殺獄辭 以吏讀文字書之) 문리를 알지 못하는 어리석은 백성이(則不知文理之愚民) 한 글자의 착오로 혹 원통함을 당할 수도 있겠으나(一字之差, 容或致冤) 이제 언문(한글)으로 그 말을 직접 써서 읽어 듣게 하면(今以諺文直書其言, 讀使聽之) 비록 지극히

어리석은 사람일지라도(則雖至愚之人) 모두 다 쉽게 알아들어서 억울함을 품을 자가 없을 것이라고 하셨사오나(悉皆易曉而無抱屈者, 최만리의 한글반대 상소문 중에서)

세종은 사람들이 문자를 알지 못해서 억울한 일을 당하는 사례를 듣고서 안타까이 여겼다. 이두가 있었지만, 세종의 눈으로 보기에는 이두가 복잡했던 것이다. 농민들이 배우고 익히기에는 너무 어렵다고 생각했다.

그래서 세종은 이두보다 더 쉽고도 완전한 소리문자를 만들고 싶었다. 사실, '桔梗鄕名道羅次' 따위의 표기가 백성들에게는 너무 어려웠다. 이것은 도라지라는 하나의 단어 표기에 지나지 않지만 문장으로 넘어가면 더욱 복잡해진다. 15세기 초, 농업을 위한 책으로 양잠경험촬요(養蠶經驗撮要)라는 책이 있었다.

우리나라의 농업 관련 서적으로는 가장 오래 된 것인데, 이것이 이두로 되어있다. 양잠(누에를 기르는 것)하는 방법을 요약한 것인데, 그 일부를 소개하자면 다음과 같다. 한문의 원문으로는 '蠶陽物大惡水故食而不飮'인데, '누에는 양물이어서 물을 싫어하니 먹이되 마시게 하지는 말라' 하는 정도로 해석된다. 이것은 누에를 키우는 지침서였다. 한문이 어려우니 이두로 번역하였던 것이다.

(원문)蠶陽物大惡水故食而不飮(잠양물대오수고식이불음)

(이두)蠶段 陽物是乎等用良 水氣乙 厭却 桑葉叱分 喫破爲遣 飮水不冬(잠단 양물시호등용량 수기을 염각 상엽질분 끽파위견 음수부동)

잠(蠶)은 누에다. 그 오른편의 단(段)은 '딴'으로 읽히는데 蠶段은 '누에란 것은' 정도로 해석된다. 陽物(양물)은 사물을 음양으로 나누는 전통에 기인한 것으로 누에는 양의 성질을 지닌 동물로 분류되었다.

'是乎等用良(이온ᄃᆞᆯ쓰아)'는 중세국어의 문법형태다. '이온ᄃᆞᆯ쓰아'의 '이(是)'는, 현대국어에서 '나는 학생이다' 할 때의 '이'에 해당하는 것으로 명사가 서술어임을 표시하는 '이-'이다. '온(乎)'은 오늘날의 관형사형 어미 'ㄴ'에 해당한다. '양물인 것'을 중세식으로 하면 '양물이온 것'으로 된다. 'ᄃᆞᆯ(等)'의 'ᄃᆞ'는 현대국어의 형식 명사 '것'에 해당된다. 중세어의 'ᄃᆞᆯ쓰아(等用良)'는 현대국어의 '것으로서'이다. 따라서 '陽物是乎等用良(양물이온ᄃᆞᆯ쓰아)'는 '양물인 것으로서'로 해석된다.

水氣乙(수기을)은 '물기를'에 해당하며, 厭却(염각)은 '싫어하여', 桑葉(상엽)은 '뽕잎'이고 叱은 'ㅅ'을 표시하므로 叱分은 'ᄲᅮᆫ'이다. 현대국어의 '뿐'에 해당하는 중세어이다. 끽파(喫破)는 '먹이다'는 뜻이고 爲遣은 'ᄒᆞ고'로 읽는다. 음수(飮水)는 '물 마시는 것'이며 不冬은 '안ᄃᆞᆯ'로 읽으며 '안된다'는 뜻이다.

이렇게 하여서 이두문인 '蠶段 陽物是乎等用良 水氣乙 厭却 桑葉叱分 喫破爲遣 飮水不冬'을 현대어로 풀이하자면 '누에란 것은 양물인 것으로서 물기를 싫어하여 뽕잎뿐 먹이고 물마시는 것은 안된다' 이두문을 직역하다시피 하여서 현대어로는 다소 어색하지만, 그래도 이두의 느낌이 독자들에게 전달되길 바란다.

이두문인 '蠶段 陽物是乎等用良 水氣乙 厭却 桑葉叱分 喫破爲遣 飮水不冬'이 현대인의 눈으로는 몹시 까다롭게 느껴져도 중세인의 입장에서는 한문인 '蠶陽物大惡水故食而不飮'보다는 훨씬 쉬웠을 것이다.

하지만 세종은 여기에 만족하지 않았다. 한문의 어려움은 쓰기에 복잡한 한자를 하나하나 익히는 것이고 천신만고 끝에 한자를 익혔다 하더라도 그것이 문장으로 쓰이게 되면, 끊어 읽기가 문제다. 끊어 읽기를 잘못하면 한자를 모두 알고 있어도 문장 전체의 뜻은 엉뚱한 방향으로 흘러간다.

게다가 한문은 '食而不飮', 이런 식이라 아는 사람만 알지, 도대체 무엇을 먹고 무엇을 못 마시는지, 목적어가 보이질 않는다. 문맥상황과 배경지식이 없으면 해독불가능하다. 지식을 새롭게 배우려는 입장에서는 당연히 배경지식이 없게 마련이다. 읽어야 배경지식이 쌓이는데, 배경지식이 없으면 못 읽어 내니, 순환논리도 유분수지, 이러한 한문 설명서들을 읽는 것보다 더 답답한 노릇이 어디에 있겠는가?

이두문은 일단, 끊어 읽기의 고민이 없다. 그것만 해도 엄청난 것이다. 한문은 끊어 읽기가 반이다. 이것만 제대로 되면 해석은 거의 다 된 것이나 진배없다. 게다가 이두문에는 목적어도 친절하게 제시하였다. '뽕잎'을 먹이고 '물'을 마시게 하지 말라는 내용이다. 그러니 한문과 비교하자면, 이두문은 요즈음 말로, 반은 접고 시작하는 것이나 마찬가지다.

하지만 독자들도 이미 눈치를 챘겠지만, '是乎等用良(이온ᄃᆞᆯ쓰아)' 따위의 문법이 농민들에게 얼마나 얼마나 까다로웠겠는가? 그럼에도 불구하고 누에를 잘 키워야 먹고 살 수 있는 농민의 입장에서는, '蠶陽物大惡水故食而不飮'식의 한문보다는 '이온ᄃᆞᆯ쓰아'의 이두가 훨씬 나았다.

세종은 농민의 입장에서 문자생활의 어려움을 해결하고자 하였다. 백성의 문자생활을 고민하고 해결해 준 임금님은 역사상 어디에도 세종 대왕 이외에는 알지 못한다. 세종은 어떡하든 백성들이 쉬운 문자로 지식을 획득하여 생활수준을 향상시키기를 열망하였다. 고민과 열망이 쌓여서 한글이라는 위대한 업적이 나온 것이다.

한글 발명 이후에 구급방언해(救急方諺解, 1466)라는 책이 간행되었다. 이것은 한글 의약서(醫藥書) 중, 가장 오랜 것이다.

상하 두 권으로 되었는데 중풍, 화상, 동상 등 민간인들이 흔히 발생하기 쉬운 질병이나 응급 상황을 36가지로 분류하여 세세하게 설명한 책이다. 가령, 동상(凍傷)과 관련하여 얼어서 죽기 직전의 사람에게 어떠한 응급처치를 해야 하는지를 설명한 부분을 읽어보자.

> 어러 주그닐 고티ᄂᆞᆫ 方방애 큰 그르세 ᄌᆡᄒᆞᆰ 만히 봇가 덥게 ᄒᆞ야 주머니에 녀허 가ᄉᆞ매 노햇다가 ᄎᆞ거든 즉재 ᄀᆞᆯ라 ᄆᆞᅀᆞ미 더워 氣킝分분이 通통ᄒᆞ며 누니 돌면 이비 ᄯᅩ 열리니 어루 다ᄉᆞᆫ 수를 머기며 粥쥭 므를 漸쪔漸쪔 ᄉᆞᆱ기면 곧 사ᄂᆞ니 ᄒᆞ다가 그 ᄆᆞᅀᆞᄆᆞᆯ ᄃᆞᆺ게 아니코 곧 블로 그 모ᄆᆞᆯ 뾔면 ᄎᆞᆫ 氣킝分분이 블와 서르 사화 ᄉᆡᆼᄅᆞ면 곧 사디 몯ᄒᆞᄂᆞ니라

앞의 한문과 이두문을 한글과 비교해 보라. 이것이 비록 15세기 중엽의 중세국어로 씌어 있지만, 현대인이 읽기에도 이두문보다 훨씬 쉽고 구체적이다.

농민들도 한글을 아는 사람이면 여기에 쓰인 글대로 해서, 동상

에 걸려서 거의 죽게 된 사람을 구해낼 수 있는 응급처방이다.

> 얼어 죽을 사람을 고치는 방법. 큰 그릇에 재를 많이 볶아서 덥게 만들어 주머니에 넣어 가슴에 놓았다가 (재가) 차가워지거든 즉시 갈아

옛날에(조선 시대에) 외딴 산골 동네 사람이 이웃 마을 찾아가다가 도중에 눈이 많이 내려, 길을 헤매다가 구덩이에 빠져 정신을 잃는 경우가 많았을 것이다.

지나가던 행인이 발견하고 가 보니 거의 죽기 직전으로 몸이 얼어 있었다. 이를 어찌할 것인가?

만일, 한글을 깨우쳐서 구급방언해를 읽은 사람이라면, 그 생명을 구할 확률이 높았을 것이다. 응급 환자를 가장 가까운 집으로 업고 가서 눕힌 다음, 재를 구해다가 재를 데운다.

옛날에는 아궁이로 불을 때던 시절이라 재를 구하기 쉬웠다. 더운 재를 주머니로 싸서 가슴을 먼저 따뜻하게 만들라는 처방이다. 의학에 문외한인 필자로서는 더 나은 방법이 무엇인지를 알지 못하지만, 구급방은 동상에 걸린 사람을 살린 사례를 바탕으로 쓴 글이었을 것이다.

> 마음이 더워 기운이 통하며 눈이 돌면

마음이 덥다는 말이, 이 문맥에서 무엇인지 의아해 할 독자들도 있을 것이다.

아마도 15세기 사람들은 마음을 심장과 관련하여 생각했던 모양이다. 현대인의 상식으로는 마음이 머릿속에 있다고 생각하기 때문에 '마음이 덥다'는 표현이 이상하게 들릴지 모르겠다. 중세어로는 '가숨'이 흉부(胸部)를 가리키고 '마숨'은 심장(心臟)을 뜻한다. 그러니까, '마숨'이 마인드(mind)보다는 하트(heart)에 가까웠다. 아무튼, 마음이 더워지면 기운이 통한다고 하였다. 그렇게 되면 최초의 회복 증상으로 눈이 돈다는 것이다. 환자의 눈이 돌면 이것이 회복의 신호다.

> 입이 또 열리니, 어느 정도 따뜻한 술을 먹이며, 죽물을 조금씩 조금씩 삼키게 하면 곧 살아날 것이니

눈이 돈 다음에 입이 열린다는 순서에 대해서는, 필자로서는 동사 직전까지 갔다가 깨어난 사람을 직접 본 적이 없어서 알 길이 없지만, 추리컨대, 눈 다음으로 입이 열린다는 것은 사실일 듯하고, 또 따뜻한 술을 마시게 한다는 것과 같은, 구체적 처방으로 사람을 살릴 수 있었다는 것이 감동적이다. 옛날의 시골에는 농주(막걸리)라 하여 먹고 살만 하면 집에 있었을 것이다. 죽도 그 자체가 아니라 죽물을 조금씩 먹이라는 이야기는 참으로 구체적 처방이다.

이것은 진실로 한글의 고마움이다. 한문 시대나 이두 시대에는 상상도 할 수 없을 만큼 그 설명이 구체적이고 자세하다. 게다가 그 처방은 농촌의 현실에 맞게, 쉽게 구할 수 있는 재, 막걸리, 죽물 등으로 죽어가는 사람을 살려내는 방법을 보였다. 의사가 있을 리 만무한 시골에서, 한글만 읽을 수 있는 정도의 지적 능력을 가진 사람이라면

누구든지 할 수 있도록 만들었으니, 이것이 한글의 인간다움이다.

> 만약 그 마음을 따뜻하게 하지 않고 곧 불로 그 몸을 쬐면 찬 기운이 불과 서로 싸워서 빠르면 곧 살지 못하니라

여기에 이르러서는 감탄을 금할 길이 없다. 몸이 얼어붙은 사람은 더운 재로 가슴을 서서히 덥혀서, 눈이 돌아오고 입이 열리면, 더운 술을 조금 삼키게 한 다음에, 죽물을 조금씩 먹여서 살게 만들어야지, 마음만 바빠 가지고, 차가운 몸을 빨리 덥히려고 불가에 가까이 두게 되면, 찬 기운과 불이 서로 싸운다는 것이다.

구급방언해(1466년)란 책이 얼마나 명쾌하고 지혜로운가. 모르는 사람들이 환자를 위할 마음으로 급히 서둘렀다가 오히려 죽게 만드는 어리석음을 범하지 않도록, 경계의 말도 빠뜨리지 않고 적어놓았다.

한글이란 한나절만 배워도 익힐 수 있으며, 아무리 둔해도 열흘 정도면 배우는 글자다. 선조들은 양반이든 농민이든 천민이든, 누구든지 중세시대에서부터 한글의 보급으로 말미암아, 이런 민간 처방들을 한글로 알게 되고 의사가 없는 산골에서도, 눈에 갇혀 얼어 죽게 된 사람들을 응급처치해서, 살려낼 정도로 방방곡곡에 기초적인 의료 지식이 널리 퍼졌다.

이러니 세종대왕을 한국인들이 존경하지 않을 수 있겠는가. 광화문의 동상도, 한글날이 국경일인 것도, 이 모든 것들이 외국에서는 흔치 않은 일이겠지만, 이 땅에서는 아주 자연스러운 전통으로 이어지고 있는 것이다.

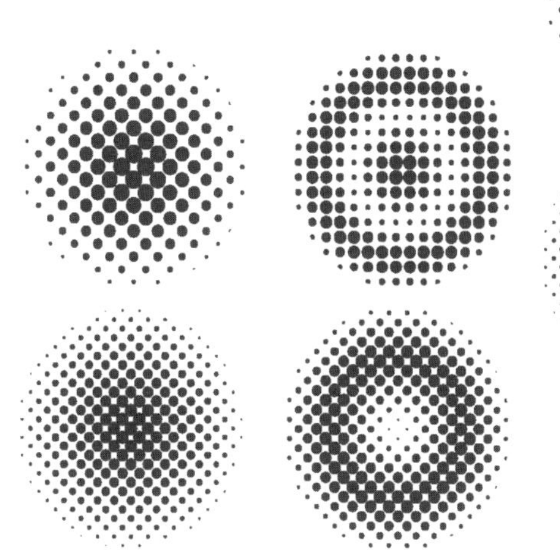

넷째 마당, 구결이란 무엇인가

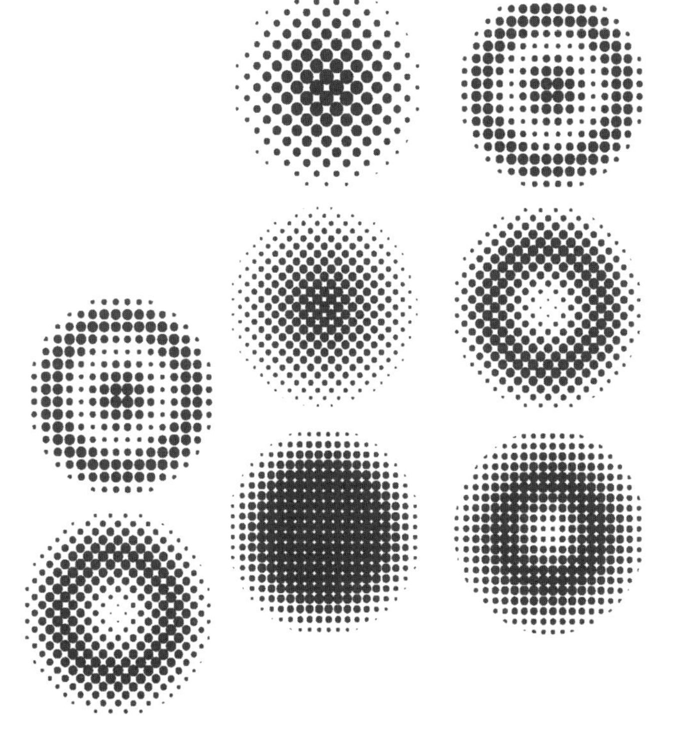

구결이 한문 해석에 필요한 까닭

구결(口訣)은 '토'를 가리킨다. 토라 함은 조사나 어미처럼 문법형태들을 말하는데, 이것이 단어들을 연결시켜 문장이 이루어진다.

토는 말본(문법, 文法)의 뼈라 할 정도로 중요하지만, 일반 사람들의 인식은 다른 듯하다. 가령, '토 달지마' 하는 표현이 있다. 말을 하는데 누군가가 내 말에 딴지를 거는 듯한 인상을 지울 수 없을 때, 다소 예민하게 반응하는 말이다. 내용도 없는 것을 가지고 부연 설명하면서, 말의 흐름을 방해하는 듯해서 못마땅하다. 애써 쓴 글을 평가할 때에도 내용보다 문법을 따지고 맞춤법, 발음 등등을 가지고 꼬집는 사람들이 밉다.

이건 월운 스님으로부터 들은 이야기이지만, 만약 이 글에 잘못이 있다면 그것은 모두 필자 탓이다. 스님은 28년생으로 장단에서 태어났다. 49년에 운허 스님을 은사로 깨달음을 얻었으며, 65년부터 역경 위원을 지냈는데, 93년에는 역경원장이 되었다. 83년부터 봉선사에 불경서당을 열어 능엄학림의 학승들을 가르쳤다.

2006년 2월 성신여대 강당에서 구결(口訣)과 관련한 강설이 있었는데, 말씀이 어찌나 구수하고 자재(自在)하시던지 스님의 말속으로 흠뻑 빨려서, 멍하니 듣고 있다가 나중에 정신을 차려서 생각나는 대로 말씀을 수습하였다.

내가 들은 스님의 이야기는 이와 같다. 우리말이나 일본어, 만주어는 토가 있어야 하는데 한문(漢文)을 읽을 때에 토에 따라 뜻이 달라지니 이것이 토의 조화라 하겠다. 토란 것은 끊어 읽는 것과 끊어진 한문에 문법형태들을 덧붙여 글의 해석을 돕는다.

'아버지가 방에 들어간다'와 '아버지 가방에 들어간다'가 뜻이 달라지듯 우리말에도 끊어 읽기가 중요한데 한문도 어디서 끊어야 하며 여기에 어떤 토를 다느냐가 중요함은 물론이다.

토를 보면 해석 방법을 알 수 있고, 토에 따라 해석이 달라지니 같은 경전이라도 여러 번 번역된다. 가령, '점등명래(點燈明來)'라는 구절이 있는데 이것은 두 가지로 해석이 된다. '불을 밝히는 목적'이 '밝음'이냐 '어둠을 쫓기 위함'이냐로 갈라진다. 서술의 초점이 어디에 놓이느냐에 따라 그 뜻이 달라진다.

'불을 밝히니 밝음이 온다'고 해석되거나 '불을 밝힘은 밝음을 오게 함이다'로도 가능하다. 이것은 토로써 구별된다.

點燈하니明來라.

點燈은明來라.

토를 단다는 것은 경전의 해석을 굳혀 놓는다는 것을 뜻한다. 경전에 토를 달 때, 신중해야 하는 이유다. 글을 잘 읽는 학인(學人)에게는 토가 흠집일 수도 있다. 깨끗한 책에 점을 꽉꽉 찍어서 책을 버려놓기도 한다. '파리똥學人'이라는 말이 있다. 점(·)도 토인데 '라(羅〉羅〉罖〉ㅅ〉、)'로 읽는다.

사미승(정식 승려가 되기 전의 어린 스님)이 한여름에 강원(講院)서 공부하다가 졸음에 겨워 꾸벅꾸벅 조는 사이 파리가 날아들었다. 파리는 갈아 놓은 먹을 어찌나 먹었던지 똥도 먹처럼 까맸는데 하필이면 '如'와 '來' 사이에 점을 찍었다. 졸던 사미는 문득 깨어나 다시 경을 읽는데, '如來'에 이르러서는 '여라래'라 읽었으니, 승(蠅, 파리 승)이 승(僧)을 가르친 것이라 하여 '파리똥學人'이 유래했다.

꽤 유명한 한시에 '야래풍우성 화락지다소(夜來風雨聲花落知多少)'라는 구절이 있는데, 토가 무엇이냐에 따라 그 뜻이 달라진다. '夜來風雨聲하니 花落知多少라' 하고 토를 달면, '밤에 비바람 소리가 들리니 꽃이 다소 떨어짐을 알 수가 있겠구나'로 해석된다. '夜來風雨聲을 花落으로 知多少라' 하면 '꽃이 떨어짐으로 밤에 비바람이 있었다는 것을 다소 알 수가 있겠구나'이다. 이처럼 토를 어떻게 다느냐에 따라 사건의 인과 관계가 달라지고 문장에 대한 느낌도 확연히 달라진다.

월남인(越南人)은 한자를 쓰지 않는다. 불란서(佛蘭西) 신부가 만든 알파벳을 쓰다 보니 소리는 전승되었지만 어원을 알 길이 없고 어원에 녹아있던 그들의 전통도 단절되었다. 구결(口訣)은 한문을 우리말로 번역하고 해석하는 전통이 이어짐을 의미한다. 전통이 단절된 곳에서는 고유하고 유서 깊은 인문학의 전통이 유지되기 어려운 법이니, 구결이란 인문학의 파수꾼이 아니고 무엇이겠는가.

어떤 부자가 일흔에 아들을 보고서는 이내 세상을 떠났다. 세상을 뜨기 전, 유서를 남겼는데 다음과 같더란다.

칠십생남비오자 전지가장진부서타인불범
七十生男非吾子田地家藏盡付壻他人不犯

사위가 재산에 탐을 내어 유언을 이렇게 해석하였다.

七十에 生男하니 非吾子라

田地家藏은 盡付壻하니
他人은 不犯이라.

칠십에 생남을 하니 나의 자식이 아니다. 밭, 대지, 집과 거기에 있는 것들은 모두 사위에게 주니 타인은 범하지 말라. 그리하여 과부와 어린 아들은 돈 한 푼 받지 못했다.

그녀는 억울한 사정을 과객(過客)에게 말하였다. 그는 유서를 읽고서 사위의 해석이 잘못되었음을 알려주었다. 유서에 있는 어른의 뜻은 아들에게 있지 사위에게 있는 것이 아니라는 것이다. 과객은 다음과 같이 토를 달았다.

七十에 生男한들 非吾子이랴?
田地家藏을 盡付하되,
壻는 他人이니 不犯이라.
(현대역: 칠십에 아들을 낳았다 한들 어찌 나의 아들이 아니랴? 전지가장을 모두 물려주되 사위는 남이니 (재산을) 범하지 말라.)

과객은 토로써 과부의 한을 풀었다. 스님의 이야기는 에피소드에 불외하다. 하지만 거기서 구결의 향기가 느껴진다. 구결의 역사는 실로 오래다. 우리 민족이 가장 오랜 동안 사용해 온 우리 글자는 구결이었다.

설총과 구결

삼국사기(三國史記)는 1145년에 편찬된 역사책인데, 거기에는 신라(新羅)의 설총(薛聰)에 관한 설명이 있다.

이방언독구경(以方言讀九經)

설총이 방언으로 구경을 읽었다. 이때의 방언(方言)이란 우리나라 말을 가리킨다. 말하자면, 한문 경전들을 우리말로 풀어서 읽었다는 뜻이다. 방언이 지금의 뜻으로는 '지역어, 지방 사투리'쯤으로 이해되겠지만, 조선 초기까지만 하더라도 방언을 '우리말, 혹은 국어(國語)'라는 뜻으로 사용했었다. 월인석보(月印釋譜) 서문(序文)에 다음과 같은 구결문(口訣文, 구결이 달린 문장)이 있다.

觀者ㅣ 猶難於讀誦커니와
方言이 騰布ᄒᆞ면
聞者ㅣ 悉得以景仰ᄒᆞ리니

이 구절은 15세기 중세국어로 언해(諺解, 우리나라 말로 번역)되었다.

봃 사ᄅᆞ미 오히려 讀誦ᄋᆞᆯ 어려ᄫᅵ 너기거니와
우리나랏말로 옮겨 써 펴면
드ᄅᆞᇙ 사ᄅᆞ미 다 시러 키 울월리니

이것을 현대국어로 번역하면 다음과 같다.

> 볼 사람이 오히려 독송을 어렵게 여기거니와
> 우리나라 말로 옮겨 써서 펴면,
> 들을 사람이 다 능히 크게 우러를 것이니

여기에서 방언(方言)이 '우리나랏말'로 언해되었음을 본다. 이미 언급한바, 경전을 읽을 때는 한문의 구절을 끊어서 토를 달았다. 한문은 끊어 읽기가 중요하다. 어떻게 끊느냐에 따라 해석이 달라진다. 보다 정확하게 읽고 해석하기 위해서 우리 조상들은 구결(口訣)이 필요했다.

전통은 오늘날에도 이어진다. 구결은 그 형태가 한자(漢字), 한자 약체자(略體字)자, 한글 등으로 시대에 따라 달라졌지만, 시작으로부터 지금까지 천 년을 훌쩍 넘겼으니 한국 문자사에서 구결을 빼놓을 수 없다.

해동 유학의 할아버지로 설총을 받드는데, 선생은 한문 경전에 대해 우리말로 토를 달아서 해석을 해 내고, 그것들을 후학에게 가르쳐, 오늘날까지 유학의 전통이 이어지도록 만들었다.

삼국사기(三國史記)의 '이방언독구경(以方言讀九經)이란 실상엔 설총이 우리말로 토를 달아서 구경(九經)을 읽었다는 뜻이다. 넓은 의미로 이두를 정의할 때에 구결도 그 속에 포함되므로 설총이 이두를 지었다는 해석이 완전히 틀렸다고는 할 수 없겠지만, 구결과 이두를 대비하여 설명이 필요한 상황에서는, 즉 협의의 이두에서는, 설총이 이두를 지었다는 설(說)의 근거를 '이방언독구경(以方言讀九

經)'에서 찾아볼 수는 없다.

신라인의 구결

현재까지 발견된 자료 중에서 가장 오래된 것은 화엄문의요결(華嚴文義要訣)에 보이는 신라 구결이다. 신라인들의 구결이 점(點)과 선(線) 혹은 여러 가지 부호 형태로 기록되어 있다. 이것은 9세기 자료인데 이후로도 오늘에 이르기까지 구결의 전통이 이어지고 있으니 그 역사는 천년이 넘는다.

장구(長久)한 세월만큼이나 구결의 종류도 다양하다. 조선시대의 음독구결(音讀口訣)을 비롯하여 고려 중기의 석독구결(釋讀口訣), 고려초기의 각필구결(角筆口訣) 등이 있으며 최근에는 무어라고 정의하기도 쉽지 않은 신라시대의 각필 자료들이 새롭게 발견되어 학계의 주목을 받고 있다.

고바야시[小林芳規] 선생의 도다이지[東大寺] 자료 조사에 따르면 혜원(惠苑)의 화엄경간정기(華嚴經刊定記)에 신라 각필(新羅角筆)의 흔적이 있으며 오타니[大谷] 대학에 보관 중인 원효(元曉) 대사의 판비량론(判比量論)에서도 각필을 발견했다는 보고가 있다. 여기에서, 독자들에게는 다소 생소해 보이는 각필(角筆)이 도대체 무엇이고, 그것이 신라인의 구결과 어떠한 관련을 맺고 있는지에 대해서 잠깐 설명을 해 두고 이야기를 이어나가기로 하자.

각필과 문자 문화

각필은 사라진 옛날의 필기도구다. 상아(象牙)나 나무 혹은 연철(鉛鐵)이나 대나무 따위를 재료로 삼아 그것을 연필처럼 길쭉하게 다듬고 그 끝을 뾰족하게 깎아 만든 것이다.

그 뾰족한 끝을 종이 위에 눌러서 글을 쓰거나 그림을 그릴 수 있다. 각필로 씌어진 글자는 지면에 오목한[凹] 흔적을 남기지만 붓「毛筆」과는 달리, 묵서(墨書)나 주서(朱書), 백서(白書)처럼 색이 묻어나지 않아 육안으로는 글씨가 쉽사리 확인되지 않는다.

각필은 모필(毛筆, 붓)을 사용하기 시작한 이후에도 한참동안 사용되었다. 각필로 쓰면 글씨가 쉽게 드러나지 않아서 사용자 간의 비밀을 유지할 수 있다는 점과, 벼루나 먹과 같은 부대도구 없이도 펜 하나만으로 언제 어디에서든 쉽게 기록할 수 있다는 장점이 있었기 때문이다.

한국에서는 2000년에 각필 문헌이 발견되었다. 이것은 고바야시 교수가 고안한 각필 스코프 덕분이다. 스코프는 고서(古書)에 손상이 가지 않도록 자외선이 덜 발광되는 전구와 그것을 둘러싸고 있는 반사 렌즈, 그것의 전면에 자외선을 이중으로 차단하는 특수 유리를 부착한 것이다.

스코프의 빛을 고서(古書)의 상단(上端)에서 40~50센티미터 정도 떨어지게 하여 서책(書冊)에 비스듬히 비추면 각필이 새겨진 지면(紙面)의 오목한[凹] 부분에 희미한 그림자가 생긴다.

그 부분을 관찰하거나 볼록렌즈로 확대해서 보거나 카메라로 근접촬영(近接撮影)하면 각필 문자를 확인할 수 있다.

각필로 새겨진 부호나 문자에는 한문 경전을 해독하기 위한 훈독, 성조, 구두, 토, 해석 순서 표시, 사경의 교정부호, 후시아카세(節博士, 불경 낭송을 위한 범패의 악보) 등이 있다.

일본에서는 1960년대에 처음으로 발견된 이래, 현재까지 3,200여 점이 확인되었다.

중국에서는 2천여 년 전의 한나라 목간에서 오목하게[凹] 패인 각필이 확인된 바 있고, 종이에 새겨진 것으로는 돈황문서(敦煌文書)에서 확인된 바 있다.

한국에서는 나무에 칼로 문자를 새긴 백제시대 목간이 있고 종이에 새겨진 것으로는 가장 오래된 책이 성암고서박물관(誠庵古書博物館) 소장(所藏)의 금강반야바라밀경(金剛般若波羅蜜經)인데 여기서 교정부호에 해당하는 각필 부호가 발견되었다.

이 책은 간행 시기가 7세기경으로 추정된다. 필자는 성암 선생의 후의로 박물관에서 보았지만 그 후로 지금까지 다시 한 번 확인할 길이 막연하다.

한국의 각필 자료는 백제시대부터 조선 후기까지 확인된 바가 있다.

각필에 관한 기록으로는 대각국사 의천의 신편제종교장총록(新編諸宗教藏總錄)에서 의상대사의 전교 과정(傳教過程)을 기술한 내용에 각필과 관련된 것으로 보이는 구절이 있다.

실물의 확인이 쉽지 않은데 제주도에 있는 태고종 계열의 사찰에서 사슴뿔로 만든 것으로 짐작되는 각필이 제주도에 전하고 있다는 보고가 있었다.

한편, 각필학의 대가인 고바야시 교수는 2002년 6월에, 각필에 관한 놀라운 발표를 하였다. 오타니[大谷] 대학장본(大學藏本)의 판비량론(判比量論)에 성조부(聲調符), 합부(合符), 절박사(節博士), 문자(文字) 등이 각필로 새겨져 있다는 것이다. 이것은 8세기의 것이며 여기에 새겨진 문자는 신라어임이 분명하다는 주장이다.

여기에 한자(漢字)의 생획자(省劃字)로 만들어진 신라 문자(新羅文字)가 있는데 이것은 일본 가타가나[片假名]의 기원을 밝힐 수 있는 단서이다.

고바야시 선생은 "일본 훈점(日本訓点, 훈점이란 구결처럼, 해석을 위해 한문경전 원문을 끊어 읽기 하고 그 사이에 가타가나를 새겨서 일본의 조사, 어미들을 표시한 것으로 그 기본 발상이나 형식이 한국의 구결과 흡사함)의 발상은 신라에서 기인한 것이 일본에 전해졌을 가능성을 시사"한다고 발표하였다.

각필의 기능

헤이안 시대(平安時代, 794~1185)에 살았던 한 남자가 이복 동생에게 연심을 품었다. 이 사실이 아버지에게 알려지면 몹시 곤란했다. 그래서 편지를 보내되 붓으로는 학생 신분에 맞게, 학문적인 글을 썼지만, 이면에는 각필(角筆)로 사랑의 글을 썼다.

붓에 찍힌 글씨는 선명히 보이므로, 남들 눈에는 남매간에 공부를 열심히 하는 것으로 보였겠지만, 각필로 눌러 쓴 연서(戀書)는 종이에 눌러진 자국들을 자세히 들여다보아야 알 수 있었기에, 둘만의 비밀한 사랑 이야기를 나눌 수 있었다.

비밀한 내용을 전하는 기능이 있어서 각필은 묵필(墨筆)이 쓰이기 시작한 이후에도 사용되었다. 일전에 수덕사에 있는 조선시대 법화경을 조사한 적이 있었다. 거기서 각필의 흔적을 발견했다. 고려시대의 점토구결(點吐口訣, 각필로 점, 선을 그려서 표현한 구결) 이후에도 조선 시대에 각필이 이어졌음을 알았다.

보이지 않는 문자

모르는 사람은 각필을 읽어낼 수 없다. 그래서 각필문자를 '보이지 않는 문자'라 부르기도 한다. 억울하게 감옥살이를 하는 사람이 있었다. 아무리 기다려도 석방 소식이 없었다. 그래서 바깥 친척들에게 편지로 호소했다.

감옥편지는 검열을 받는다. 붓으로 자신의 잘못을 반성하며 내가 감옥에 갇혀 죗값을 치르는 것은 당연하다고 썼다. 하지만 그 뒷면에는 각필로 진심을 털어놓았다. '나는 너무 억울하다. 아무 잘못이 없다. 감옥에서 빼내어 다오' 하면서 절규했던 것이다.

일전에 스톡홀름을 방문한 적이 있었다. 그때가 노벨상 100주년 기념 때여서, 그곳에서는 임시 기념관을 열었다. 노벨상 수상자들 중, 유명 수상자들을 선별하여 특별 기념관을 만든 것이다.

그중, 김대중 대통령 특별 전시관도 있었다. 관련 물품들이 여러 가지 전시되었는데, 민주화 투쟁으로 투옥되었을 때의 유품들도 보였다. 거기에는 대통령이 부인에게 보내는 편지가 있어서 필자의 눈길을 사로잡았다. 볼펜의 잉크가 다 떨어졌던지, 편지지가 볼펜 끝으로 꾹꾹 눌러진 채 자국으로 남아있었다.

편지를 보는 순간, 소름이 돋았다. 저게 바로 현대판 각필이구나. 볼펜 잉크가 없어서 남들이 알아볼 수 없도록 꾹꾹 눌러 쓴 흔적은 아닐 게다. 대통령은 아내에게 보내는 편지를 검열당하고 싶지 않았다. 보이지 않는 문자로 둘만의 이야기를 나누고 싶었던 것이다.

2000년 여름, 성암 고서박물관에서 각필 문자가 한국 최초로 발견되었다. 초조대장경 유가사지론 권8에서 발견되었다. 각필은 여간 주의해서 보지 않으면 발견이 어렵기에 대장경에 새겨진 후, 천 년을 기다려 이제야 그 모습을 드러내었다.

일본에서는 이 사실을 대대적으로 보도했다. NHK 기자들이 서울로 와서 직접 취재했으며, 일본 공영방송 저녁 뉴스 시간에 15분 이상이나 한국의 고대문자에 대하여 상세히 보도했다. 대장경에 보이는 각필 문자가 일본의 고대 가타가나와 너무도 유사했기 때문이다.

발견 이후, 고대 한일 문자 교류에 대한 실증적 연구가 본격적으로 시작되었다. 그 즈음 일본의 총리였던 모리가 아세안 회의 때에 김대중 대통령을 만나서 담소를 나누다가, 한국에서 고대 문자가 새롭게 발견된 사실을 아느냐 물어보았다고 한다.

박학다식하기로 유명한 김대중 대통령도 각필문자의 존재는 몰랐다. 모리 총리에게 그 말을 전해 듣고서 귀국한 후, 성암고서박물관으로 전화를 걸었다.

당시에 필자와 구결학회 관계자들은 성암 선생과 함께 박물관에서 조사에 몰두하고 있었다. 성암 할아버지께서 빙그레 웃으면서 청와대의 전화 이야기를 전해주셨다.

구결과 토

구결은 그 형태들도 다양할 뿐 아니라 기능도 시대에 따라 차이를 보인다. 한글토(吐)에서부터 한자토(漢字吐), 뿐만 아니라 점토(點吐)와 선토(線吐), 게다가 역독점(逆讀點), 지시선(指示線), 교정부호(校正符號), 합부선(合附線) 등등이 있다. 이에 따라 구결을 설명하기 위한 용어들도 복잡다단할 뿐만 아니라 구결을 한마디로 정의하기도 어려운 상황에 놓였다.

최근의 구결 연구에 대한 상황을 한마디로 말하자면 '새로운 도전에 직면'해 있다고 할 것이다. 새로운 자료들이 대량으로 발견되기 전까지만 하여도 구결의 기능을 정의하기란 그다지 어렵지 않았다. 가령, 김수온이 쓴 능엄경언해(楞嚴經諺解)의 발문(跋文)에는 "친가구결 정기구두(親加口訣 正其句讀)"란 구절이 있다. 세조(世祖)가 직접 구결을 달아서 구두(句讀)를 바로잡았다는 뜻인데 이에 따라 구결은 '구두(句讀)' 즉, 끊어 읽기의 역할을 하였음을 알 수가 있다.

또한 구결이라는 말이 '입겿'으로도 언해(諺解)되었다. 제법 잘 알려진 용례를 들자면 "재(哉)는 입겨체 쁘는 자(字)ㅣ라(월인석보 서문 9장)"인데 이것을 통하여 우리는 '입겿'이 한문의 허사에 대응됨을 안다.

세종 실록에는 "석태종 명권근 착오경토(昔太宗 命勸近 著五經吐)"라는 구절이 있다(1428년, 세종 10년). 태종 임금이 권근이라는 신하에게 명령하여서 오경의 토를 붙이라고 한 것이다.

또한 '토(吐)'를 풀이하기를 "범독서 이언어 절구두자 속위지토(凡讀書 以諺語 節句讀者 俗謂之吐)"라 하였다.

'절구두(節句讀)'는 '정기구두(正其句讀)'와 그 의미가 상통하므로 구결이 토와 유의어 관계에 있었음을 알 수 있게 한다.

이러한 용례들을 근거로 구결의 뜻을 풀이하자면, 구결이란 '입겿'이라고도 할 수 있고 '토'라고도 할 수 있겠다. 말하자면 구결은 한문의 구두 기능과 허사의 기능에 대응하는 우리말의 조사나 어미로서 한문을 우리말로 이해하기 위한 표기 수단이다.

구결과 비슷하게 쓰인 토라는 말은 현대국어에서 문법 용어로 정착이 되어 조사나 어미를 아우르는 말로 사용하고 있거니와 '입겿'이라는 말도 구결과 거의 동의어 수준으로 사용하는 경향이 있다. 이에 나아가 구결의 어원을 '입겿'으로 간주하기에 이르렀는데 구결은 순우리말인 '입겿'을 한자로부터 차자하여 표기한 것에 지나지 않는다는 뜻이다.

여기에는 그만한 이유가 있기도 하겠지만 고민해야 할 대목도 없지 않다. 사실 구결이란 말 자체를 입겿의 한자어라고만 보기는 어렵다. 구결이라는 말을 중국에서도 사용했었기 때문이다.

구결과 구수비결

선종의 육조(六祖)인 혜능(慧能) 조사(祖師)가 구결을 지었다는 기록이 있다. 금강반야바라밀경 오가해 서설(金剛般若波羅密經 五家解序說)에는 다음과 같은 구절이 있다.

의의실재 전시자 구결 부재 소중 부득 단이초소 이위강야

(義意悉在 傳示者 口訣不在 疏中不得 但以銷疏 而爲講也)

의의(義意)는 다 있으나 전(傳)하여 보이는 것은 구결(口訣)이 없으므로 소(疏) 중(中)에서 얻지 못하니 소(疏)를 녹임으로써 강(講)으로 삼으니라' 정도로 풀이할 수 있다.

이때의 '口訣'은 차자(借字)가 아님이 명백하다. 차자로서의 구결이라는 말이 중국에 있을 리도 만무하려니와 이 글의 마지막 부분에는 쌍림전대사(雙林傳大士)가 본문을 짓고 육조대감 선사는 구결을 지었다는 후기(後記)가 있기 때문이다.

이때의 구결은 한자어(漢字語)임에 틀림이 없다. 그렇다면 혜능(慧能, 육조대감선사)이 지었다는 구결의 실체가 무엇이었는지가 궁금하지 않을 수 없다. '傳示者 口訣不在'라고 했으니 그 실체를 직접 알기는 어렵고 다만 문맥으로 그 뜻을 풀이하자면 이것은 '법문을 이해하기 위한 구수비결(口授秘訣)의 일종이었을 것으로 짐작된다. 우리나라도 초기의 구결일수록 '법문(法文)을 요해(了解)하기 위한 비결(秘訣)'의 경향이 있었다.

우리 조상들은 한문의 허사에 대응하는 국어의 조사나 어미들을 점이나 선 등을 이용하여 국어로 풀이하였고 한문의 어순을 국어의 그것으로 변환하는 장치를 창안하였다. 가령, 신라시대나 고려시대 구결 자료들을 보면 자간(字間)이나 획간(劃間)에 기입된 점이나 선들은 우리말의 토에 대응하고 역독점(逆讀點, 원문에서 거꾸로 올라가서 읽으라는 지시 부호)이나 역독선(逆讀線) 등은 한문의 어순을 우리말에 맞게 바꾸는 구실을 하였다.

구결의 전승 방식도 '비전(秘傳)에서 현전(顯傳)'으로 서서히 바뀌었다. 한문을 국어로 해석해 내기 위한 초창기(신라~고려초기)의 표기 방식에는 점이나 선들이 쓰였다. 이러한 방식은 경전의 종류나 시기, 지역에 따라서 달랐으며 그 해석에 있어서도 상당한 차이가 있었다. 후대로 내려가면서 묵서(墨書)로 기입된 석독구결 자료들이 나타나는데, 이때부터 구결(口訣)의 표준화가 시작된 것으로 보인다.

구결의 표준화

각필로 새겨진 토는 육안으로 잘 보이지 않을뿐더러 같은 형태일지라도 각입(刻入)된 위치에 따라 그 기능이 다르다. 이에 비해서 붓「毛筆」의 그것은 글자가 같으면 대체로 동일한 음(音)으로 읽혔고 그 기능 또한 비슷했다. 물론, 석독구결(釋讀口訣)만 하더라도 이른바 좌토(左吐), 우토(右吐)라 하여 토의 위치에 따라 읽는 순서가 다르기는 했지만 각필구결에 비해서 표기 방식이 명시적이었다.

한글이 창제된 이후에는 구결을 한글로도 표기할 수 있게 되어서 '구결의 표준화'는 가속화 될 수밖에 없었다. 이 시기에는 아예 인쇄토(손글씨로 한문 구절 중간에 가필한 것이 아니라, 아예 목판(木版) 인쇄를 할 때에 처음부터 나무에 토를 새겨 놓은 것을 말한다)도 등장한다. 구결의 특징을 네 가지로 정리하면 아래와 같다.

첫째, 전승의 방식이 '비전(秘傳)에서 현전(顯傳)'으로 점변(漸變)하였다.

둘째, 표기의 수단으로 '각필(角筆), 모필(毛筆), 인쇄(印刷)' 등이 있었다.

셋째, 표기 하는 문자로는, 한자나, 한자 생획자, 약체자, 한자 초서체의 변용(草書를 더욱 간략하게 한 것이니, 예를 들면 '亽'라는 국어의 발음을 표시하기 위하여 'ソ(爲, 할 위의 초서약체자)로 적는 것)', 구결문자(넓은 의미에서 이두 문자에 포함), 한글 등이 있었다.

넷째, 구결의 기능에는 '구두(句讀), 말음첨기(末音添記, 이것은 앞에서 예시한바 봄을 春音이라 표기할 때 音을 말음첨기자라고도 한다. 봄의 ㅁ자를 확인해 주는 표기이기 때문이다), 접사(接辭), 조사(助詞), 어미(語尾), 어순재배치(語順再配置)' 등이 있었다.

구결은 한문을 국어로 해석해 내기 위한 것이라는 면에서 향찰 및 협의의 이두와 구별된다. 鄕札이나 吏讀(협의의 이두)는 구결과 비슷한 점도 있지만 이것들은 국어를 표현(表現)하기 위한 표기수단이라는 면에서, 이해를 위한 구결과는 다르다고 할 수 있겠다.

이미 언급한바, 구결은 문자 이외에도 점이나 선, 지시부호 등을 사용하여 한문을 우리말로 해석하고 번역할 수 있도록 고안된 고유의 '언어학적 장치'이다. 언어문화사적인 관점으로 말하자면, 구결은 '한문의 국어화' 과정에서, 우리 조상들이 중국어와 한국어의 차이를 인식하고 이것을 극복하기 위한 '대조언어학적인 인식의 소산'이었다고 평가한다.

고려 시대의 문자

신라인들이 고안한 구결이 고려시대에도 이어진다. 고려의 석독

구결(釋讀口訣) 자료가 그것이다. 여기에서는 신라인들의 받침표기나 모음표기가 더욱 발달된다. 다음은 12~13세기경, 고려시대의 석독 구결 자료이다.

過失乙/과실을(乙은 '새 을자'로 우리말 목적격 조사 '을'을 표시하는 구결로 쓰임)

皆七/닷(개(皆)는 '다 개 자'로 석독하여 '다'로 읽으며, 七은 질(叱)의 한자 약체자로 우리말 자음 시옷ㅅ을 표기하는 구결, 일종의 음소문자/

清淨ソ3 1 入ㅛ/청정ᄒᆞ안ᄃᆞ로(ソ는 'ᄒᆞ'로 읽으며 위(爲)의 초서 약체자에서 유래한 구결. 음절문자, 3는 '아'로 읽으며 양(良)의 초서에서 유래, 1은 '은 또는 ㄴ'이며 은(隱)에서, 入은 'ᄃᆞ', ㅛ는 '로')

是故ㅛ/시고로

二地乙/이지를

說尸/닐올(尸은 우리말 자음 'ㄹ'를 표시하는 음소 문자인 구결)

名下/일하(下는 '하'로 읽힘, '일하'는 '잃+아'로 형태소 분석이 되며, '이름하여'로 번역할 수 있다. 고려시대 국어에서는 '이름하다 혹은 이름 부르다'에 해당하는 동사어간으로 '잃-'이 있었다.)

無垢地亠ノ禾ㅅ/무구지여 호리며(亠는 역(亦)에서 ノ는 호(乎), 禾는 리(利), ㅅ는 미(彌)에서 유래하였다)(금광명경6장21행)

여기에 보이는 문자들은 신라인들의 문자를 더욱 세련되고도 간결하게 발전시켰다. 고려 시대에 사용되었던 소리글자들인데, 대부분 음절문자이지만, 자음과 모음을 표기하는 음소 문자들도 신라에 비해서 훨씬 발전하게 된다.

음절문자의 예를 들자면, 이(以)의 초서(草書)에서 비롯된 ⺀는 /로/로 읽혔다. 위의 예문에서 우리말 조사 '-로'를 표기하고 있음을 본다. 한나라 시대의 후치적 이(以)가 기원전 1~2세기경 한반도에 유입되어, 수백여 년의 진화를 거듭한 끝에 고려시대에 이르러 우리말 도구격 조사 '-로'를 표시하는 한국의 고유의 문자로 재탄생했음을 위의 문자사 자료가 증언한다.

음소 문자들의 예를 들자면, ㇕(ㄴ), 𠃉(ㄹ), ㇋(아) 등이 있다. ㇕은 隱자에서 비롯했는데 우리말 /ㄴ/을 표기한다. 한글 '니은'에 비추어도 그 간결함이 손색없다. 비록 그 모습은 한글과 다르지만, 한글이 발명되기 수백 년 전부터 이 땅에는 자음과 모음을 표시하는 문자들이 존재했던 것이다. 尸는 /ㄹ/을 표기할 때에 사용되었고, ㇋은 良의 초서체에 발달한 구결인데 모음인 /아/를 나타내었다.

고려 후기로 오게 되면, 석독(釋讀) 구결에 이어 음독(音讀)구결이 발달하게 된다. 석독 구결이란 말 그대로, 한문을 우리말로 새겨서 읽는 구결이란 뜻인데, 앞에서 언급한바, '名下'를 한자 발음대로 '명하'라고 읽지 않는다. '이름을 부르다'에 해당하는 고려시대 국어의 동사는 '읾다'이다. 그래서 읾다의 어간인 '읾-'에 연결어미 '-아'가 붙으면 '일하'가 되는데, 이것을 '名下'로 표기하되 명(名)을 음독(音讀)하지 않고 석독(釋讀)하여 '읾/名'로 새겼던 것이다.

그러나 14세기 이후부터는 이러한 새김들이 점차 사라지고 한자(漢字)를 음(音)으로만 읽는 경향이 나타났다. 구결의 한자를 음으로 읽는 구결을 음독구결이라 한다. 14세기 음독구결 자료로 대표적인 것에는 범망경 보살계(梵網經 菩薩戒)라는 책이 있다. 거기에 음독

구결이 있다. 한 구절을 인용하면 아래와 같다.

聽佛刂 誦一切佛七 大乘戒ソニ又ㄱ入ソホ亽(범망경 8면)

여기에 보이는 刂은 /이/로 읽고, 七는 /ㅅ/, ソニ又ㄱ入ソホ亽는 'ᄒᆞ시논ᄃᆞᆯ ᄒᆞᄃᆞ라'이다. 이것은 제법 긴데, 하나의 동사에 붙는 단일한 어미가 아니라, 여러 개의 어미가 연결된 '어미복합체'이다. 14세기 음독구결에는 어미복합체들이 많은데, 그것은 한문의 구조가 복잡한 것에 기인한다.

가령 '聽佛誦一切佛大乘戒'에서 동사는 하나가 아니다. 청(聽), 송(誦)이 모두 동사이니 여기에 어미가 붙는다. 그런데 음독구결에서는 어미가 문장의 마지막 위치에 나타난다. 그래서 문장의 끝에는 여러 가지 어미가 동사 수만큼이나 다닥다닥 붙는 것이다.

게다가 복합문인 경우, 내포문(內包文, 문장 속에 포함된 문장)과 상위문(上位文, 내포문을 포함한 문장) 간의 문법적인 관계를 표시하기 위한 문법형태들도 나타나게 된다.

'聽佛刂 誦一切佛七 大乘戒ソニ又ㄱ入ソホ亽'를 간략하게 구문 분석을 하면 다음과 같다.

[聽[佛刂[誦[一切佛七 大乘戒]ソニ又ㄱ]入]ソホ亽]

가장 안쪽의 묶음을 보면, [一切佛七 大乘戒]는 '일체불, 즉 모든 부처의(七) 대승 계(를)'이다. 대승 계 뒤에 붙어있는 ᄒᆞ시논/ソニ又ㄱ은 일체불 앞에 있는 동사 송(誦)에 걸리는 어미다. 동사 誦의 주어는 '佛刂'이다.

여기까지를 정리하면, '佛刂[誦[一切佛七 大乘戒]ソ二又ㄱ'은 '부처가 일체불의 대승계(를) 誦하시는'으로 해석할 수 있다.

'ソ二又ㄱ' 뒤에 붙어있는 ᄃᆞᆯ/亽은 내포문과 상위문과의 문법적 관계를 표시하는 형태다. 따라서, [佛刂[誦[一切佛七 大乘戒]ソ二又ㄱ]亽는 '부처가/佛刂 일체불의 대승계(를) 송하시는 것을'로 해석된다. ᄃᆞᆯ/亽은 앞의 [佛刂[誦[一切佛七 大乘戒]ソ二又ㄱ]은 상위문에서 목적어에 해당하는 성분임을 표시한다.

상위문(내포문을 포함한 문장)의 동사는 聽이며, 여기에 붙는 토가 ᄒᆞᄃᆞ라/ソホ𠃍이다. 聽의 주어는 여기에 보이지 않는데, 문맥상으로 '십육 대왕'이다.

이상을 정리하면, [聽[佛刂[誦[一切佛七 大乘戒]ソ二又ㄱ]亽]ソホ𠃍]는 '부처가 일체불의 대승계(를) 암송하는 것을 (십육 대왕이) 들더라'로 해석된다.

다소 복잡해 보이지만, 고려시대의 승려들은 이러한 복합어미체를 이용해서, 불교 경전의 원문을 우리말로 정확하게 옮겼다.

그 외에도 붓을 사용하지 않고 각필을 이용하여, 종이에 점 또는 선을 그려서 구결을 표시한 경우도 있다. 이러한 것들을 점토구결이라고도 하는데, 11세기 고려시대에 간행되었던 초조대장경(현재의 팔만대장경은 13세기경 두 번째 만든 것인데, 이보다 앞선 11세기 무렵 한국에서 처음 간행한 대장경을 가리킨다)에서 점토 구결이 다수 발견되었다.

예를 들어, 초조대장경유가사지론 제3권에는 글자 안과 밖에 여러 가지 점(點)이 찍혀있는데, 그것은 구결을 표시한 것이었다. 설명의 편의상, 한자(漢字)를 네모라 표시하고 한자에 찍힌 점들을 좌표로 표시해 보면 아래와 같다.

유가사지론 권3 점토의 위치표시도(해독표)

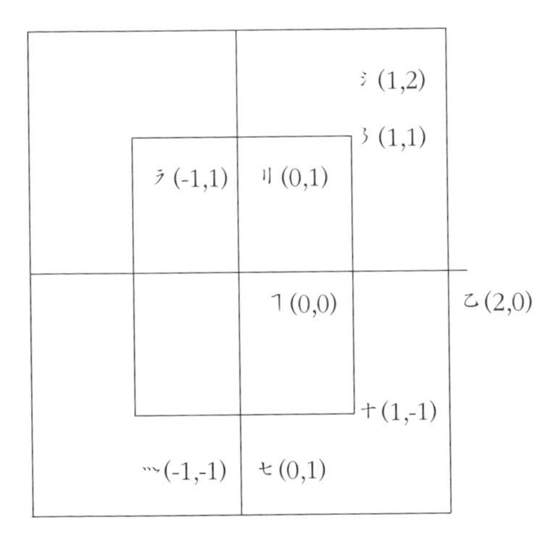

물론, 위의 해독표는 실제 존재하는 것이 아니다. 필자가 점토구결이 보이는 자료들을 검토한 결과, 귀납적으로 만든 해독표이다.

위의 점 표시 중에서 ㄱ(0,0)을 제외한 8개는 각필자를 이용하여 확인한 것이다. 유가사지론 권3에는 점에 대응하는 구결자(口訣字)를 표시해 놓은 경우가 있어서 이것을 바탕으로 해독표의 정확을 기할 수 있었다.

이러한 점토구결은 신라시대에도 있었으며, 이것을 고려가 계승한 것이다. 유사가사지론 계통이나 화엄경, 법화경 등에서 점토 구결들이 발견되었다.

조선 시대의 구결

고려시대의 구결은 신라의 전통을 이어받아, 음절문자의 수준으로 체계화 하였다. 이것이 조선 시대에 와서는 한글의 발명과 이어지면서 새로운 한글 문체를 발전시키는 산파(産婆)가 되었다.

조선은 유교 국가인 만큼, 관리(官吏)로 출세하려면 수많은 유서(儒書)들을 읽어야만 했다. 그래서 조선에서 태어난 아이들은 철이 들자마자 어려운 한문책을 끼고 살았다. 한문은 끊어 읽기가 힘들고, 어렵게 끊어 읽었다 하더라도 문장 속에서 끊어진 구절이 앞뒤 문맥에서 어떠한 문법적 역할을 하는지에 대한 인지능력이 없으면 해석이 빗나가기 일쑤였다.

이러한 어려움의 구원자가 바로 구결(口訣)이었다. 구결문은 한문과 달리, 끊어 읽기가 되어있고, 끊어진 구절들이 문맥상황에서 어떠한 역할을 하는지는 토(吐, 조사와 어미)가 달려있어서 그것을 보고 원문의 완벽한 해석에 도달하였다.

그래서, 조선의 선비들은 어릴 때에 구결을 철저히 배웠다. 가령, 당시의 아동들이 필수적으로 읽어야 할 책 중에서 동몽선습(童蒙先習)이라는 게 있었다. 동(童)은 아이라는 뜻이고 몽(蒙)이란 여기서 '어리다(어리석다)'는 새김인데, 글자를 깨우치지 못한 아이들을 가리키니, 동몽선습이란 제목 그대로 '아이들이 먼저 익혀야 할' 책이다. 여기서 일절을 인용해 보면 다음과 같다.

天地之間萬物之中匡 唯人伊 最貴爲尼 所貴乎人者隱 以其五倫也羅

아이들이 이렇게 복잡한 글부터 읽어야 한다는 것이 슬프지만 당시의 공용어가 한문이었기 때문에 어쩔 수 없었다. 그나마 구결이 있어서 다행이었다.

만일 구결이 없고 한문만 있었더라면, 불쌍한 아이들은 해석을 하기 위해서 끊어 읽기부터 했어야 했다.

天地之間萬物之中唯人最貴所貴乎人者以其五倫也

다닥다닥 붙어있는 한자들을 보면서 아이들은 숨부터 턱턱 막혔을 것이다. 그나마 구결이 있어서 끊어읽기의 어려움이 해소되었고 끊어진 구절이 문맥 상황에서 어떠한 역할을 하는지 알게 되었다.

천지지간 만물지중애(天地之間萬物之中厓)에서 애(厓)는 언덕이라는 뜻이 아니다. 구결로 사용되었는데 처소격 조사 '-에'에 해당한다. '하늘과 땅 사이의 만물 중에'라는 뜻이다.

유인이 최귀ᄒᆞ니(唯人伊 最貴爲尼)에서 이(伊)는 주격 조사 '-이'이다. 爲尼는 'ᄒᆞ니'로 읽는다. '오직 사람이 가장 귀하니'라는 뜻이다.

소귀호인자은(所貴乎人者隱)에서 隱은 '숨는다'는 뜻으로 쓰인 것이 아니다. '-은/는'을 표시한다. '-은(隱)'의 이러한 쓰임은 신라시대부터 있어왔으니, 구결의 전통이 얼마나 뿌리 깊은지 알겠다. '사람에게 귀한 바는'이라는 뜻이다.

이기오륜야라(以其五倫也羅)에서 라(羅)도 구결이다. '그 오륜이니라'는 뜻이다.

오륜(五倫)이란 다섯 가지 윤리를 일컫는다. 전통적으로 중시하는 인간관계가 다섯 가지다. 반드시 지켜야 할 윤리 지침을 하나씩 밝힌 것이다. 부모와 자식의 관계, 임금과 신하의 관계, 남편과 아내의 관계, 어른과 아이의 관계, 친구 관계 등과 같이 꼭 필요한 덕목을 다섯 가지로 정했다.

중요한 것은 부모와 자식의 관계다. 부모는 생명을 준 존재다. 고마움을 알아야 인간 구실을 한다. 그래서 부자유친(父子有親)이 중(重)한데, 친(親)이라 함은 서로에게 사랑을 느끼면서 친하게 지내는 것을 이른다. 부모에게 연락도 하지 않고 고립해서 산다는 것은 조선의 윤리에 벗어난다.

지금은 무의미하지만, 조선시대에는 군신유의(君臣有義)가 있었다. 신하는 의리를 지켜야 했다.

부부 생활을 함에 있어서는 다름을 중시했다. 부부유별(夫婦有別)이 그것인데, 남녀의 구별은 자연의 이치겠지만, 무엇을 하고 무엇을 하지 말아야 할지에 대한 역할 규정은 시대에 따라 다르고 상황에 따라 해석이 달라지므로 이러한 것을 두고 논란은 진행형이다.

사회생활에는 질서가 필요하다. 장유유서(長幼有序)가 그것인데, 순서의 기준이 나이에 있었다. 중세 시대에는 젊은이가 어른을 모시는 것이 당연했겠지만, 현재의 다민족 사회에서는 이것이 옛날처럼 적용되기 어렵다. 나이로 대접받는 시대는 지나간 것이다. 그럼에도 불구하고 장유유서(長幼有序)가 무의미한 것만은 아니다. 노인을 보호하고 연륜에 따른 지혜를 젊은이들이 이어받는, 그런 사회가 아름답다.

친구 관계에서는 믿음을 중시했다. 붕우유신(朋友有信)인데, 붕(朋)은 뜻을 같이 하는 동지요, 우(友)는 어릴 적부터 사귀었던 친구다. 믿음이 사라지면 갈라서는 게 동지요, 친구다.

조선의 아이들은 철들자마자 오륜부터 배웠다. 인간이란 무엇인지에 대한 이해가 선행되지 않으면, 어떠한 실용적 지식도 악용될 소지가 있겠기 때문이었다. 이런 점에서 조선 시대 교육의 보편성이 인정되지만, 문제는 한문이 너무 어렵다는 데에 있었다. 문자와 문법을 익히는 데에 평생을 보낼 운명이었다. 그나마 구결이 있어서 한문보다는 끊어 읽기나 해석의 문제가 쉬워지기는 했지만, 여전히 길은 험했다.

구결에서 한글로

세종대왕이 1443년에 한글을 발명한 후, 3년이 지나서 1446년 10월 9일에 한글을 온 국민들에게 공표했다. '훈민정음(訓民正音)'이라는 책을 만들어서 사람들에게 나누어 준 것이다. 그러니까 '한글날'은 한글을 발명한 날을 기념한 것이 아니라, '훈민정음'이라는 책을 만들어서 사람들에게 나누어 준 날을 기념한 것이다.

여기에 대해서 사람들은 의구심을 가질 수 있다. 한글날이란 으레 한글을 만든 것을 기념해야 하는 게 옳지 않겠느냐는 생각이다.

아무리 좋은 것이라도 발명은 개인에 머문다. 그것을 일반 사람들에게 널리 알려서, 누구나 편리하게, 그것도 완전 무료로, 영원히, 차별 없이, 평등하게 쓸 수 있음을 선언한 날이 민족적으로 더 큰 의미가 있지 않겠는가.

또 다른 의심이란 '훈민정음(訓民正音)'이라는 책에 있다. 알다시피 훈민정음이란 한글이 어떤 원리에 의해서 만들어졌고, 한글 자모에 이러이러한 것들이 있어서 자음과 모음을 어떻게 활용하면 잘 쓸 수 있는지를 설명한 책이다. 그렇다면 당연히 이것은 한글로 쓴 책이어야 할 것이다.

하지만, 훈민정음은 한문(漢文)으로 씌어졌다. 이게 어찌된 일인가? 한문의 어려움을 극복하기 위해 한글을 만들었는데, 그 한글을 처음으로 설명하는 자랑스러운 책이 한문으로 씌어졌다니?

문제는 '처음으로'에 있다. 한글 책이 배포되기 전까지 일반 사람들은 한글이 무엇인지 몰랐다. 당시의 공용문자가 한자이었음은 당연하다. 한글을 모르니 한글을 한문으로 설명할 도리 외에는 없었다.

그리하여 세종은 훈민정음을 한문으로 쓴다. 2권으로 이루어진 것인데, 제1권은 세종이 직접 쓴 것이고 제2권은 세종과 집현전 학자들이 함께 연구했던 '한글 사용법'을 정인지가 대표 집필하였다.

세종은 한문으로 쓰더라도 독자들이 가장 잘 읽을 수 있도록 최대한 쉽게 썼다. 물론 현대인들 입장에서는, 세종이 아무리 쉽게 썼다 할지라도, 원문이 한문(漢文)으로 되어있고, 문자와 언어에 관한 심오한 원리들을 설명한 책이라 마냥 쉽지만은 않다.

그리하여, 한문으로 된 원문을 구결로 풀었다. 이미 언급한바 있듯이 한문보다는 구결문이 훨씬 쉽다. 그 다음으로는 구결문을 바탕으로 이것을 언해(諺解, 우리말로 풀이함)하였다. 여기서 첫 문장을 인용해 보면 다음과 같다.

國之語音異乎中國與文字不相流通

이것을 처음 본 독자는 숨이 탁 막힐 것이다. 말로만 듣던 훈민정음이 첫 문장부터가 이렇게 어렵다니? 하지만 이것을 구결로 풀어 놓으면 좀 쉬워진다.

國之語音이 異乎中國ᄒᆞ야 與文字로 不相流通ᄒᆞᆯᄊᆡ

앞에서 구결은 伊(이), 隱(은)처럼 한자를 이용한 것으로 알고 있었는데, 여기서는 한글로 되어있다.

결론부터 말하자면, 어떤 문자로 표현되더라도 토(吐, 조사와 어미)로 쓰이면 구결이다. 한자 구결이든 한글 구결이든 모두 구결이다. 그러니까 한자로 씌어져도 우리말 조사나 어미를 표시하면 구결이다. 가령 隱(은)이 한자 약체자인 ㇃(은)으로 되어도 구결이요, 이것을 한글인 '-은'으로 표현해도 구결이다.

왜 그런가? 구결 문자는 소리글자이기 때문이다. 뜻에서 해방된 소리글자는 형태보다 기능이 중요하다. 라(羅)로 쓰든, '⋅'로 쓰든, 소릿값이 /라/로 동일하다면 같은 글자다. 은(隱)으로 쓰든, ㇃으로 하든, 'ㄴ'으로 하든, 발음이 /n/으로 약속되어 있으면 모두 같다. 그러니 소리글자인 구결이 한자이든, 한자약체자이든, 한글이든 편리한 대로 적어서 쓰면 그만이다.

구결은 문자 형태보다 문법 기능이 요체다. 세종은 재치 있게 한자 구결을 한글 구결로 바꾸었다. '伊'로 쓰든 '이'로 하든 '주격조사'를 표시하는 기능은 같다. 복잡한 伊보다는 '이'가 편리한 것이다.

구결문(구결이 달린 문장)이 한문보다는 쉽지만, 이것을 언해문(우리말로 번역된 문장)으로 바꾸면 그 느낌이 사뭇 다르다.

나랏말ᄊᆞ미 듕귁에 달아 문ᄍᆞᆼ와로 서르 ᄉᆞᄆᆞᆺ디 아니ᄒᆞᆯᄊᆡ

이것은 15세기 국어라 현대인이 보기에 까다로운 면이 있지만 '國之語音이異乎中國ᄒᆞ야與文字로不相流通ᄒᆞᆯᄊᆡ'보다는 훨씬 쉽다. 끊어 읽기와 토가 달려있다 할지라도 여전히 한문에 대한 지식이 없으면 불가해하기 때문이다.

한글로 된 문장은 500여 년 전이라, 현대국어와 다르긴 해도, '나랏말ᄊᆞ미'는 '나라의 말씀', 즉 '우리나라 말'을 뜻하는 것이구나 하는 추리가 가능하다. 듕귁은 좀 이상한 발음이긴 해도 '중국'을 옛사람들은 저렇게 발음했구나 정도로 이해할 수 있고, '문ᄍᆞᆼ'는 문자다.

'ᄉᆞᄆᆞᆺ디'는 사라진 옛말이라, 여기에 대해서는 국어사 공부가 필요하다. 오늘날, '사무치다'는 말에 어느 정도 그 의미가 남아있기는 해도, 이것으로 'ᄉᆞᄆᆞᆺ디'의 뜻을 추론하기는 쉽지 않다. 이것은 '통하다'는 뜻이다.

이에 따라 '나랏말ᄊᆞ미 듕귁에 달아 문ᄍᆞᆼ와로 서르 ᄉᆞᄆᆞᆺ디 아니ᄒᆞᆯᄊᆡ'는 '우리나라 말이 중국과 달라서 문자가 서로 통하지 아니하므로' 정도로 해석해 낼 수 있다. 그러니 구결문인 '國之語音이異乎中國ᄒᆞ야與文字로不相流通ᄒᆞᆯᄊᆡ'보다 한글이 얼마나 쉬운가. 이것을 한문인 '國之語音異乎中國與文字不相流通'와 비교할 때에 한글이 얼마나 혁명적으로 쉬운지를 느낀다.

세종은 이처럼 한글을 단계적으로 설명했다. 처음에는 한문으로 적고 이것을 다시 구결문으로 바꾸고 최종적으로는 한글에 도달했다. 이런 까닭에 15세기 당시의 한글 문체는 구결문의 영향을 받게 되었다.

구결문은 신라 구결을 거쳐서, 고려시대의 석독 구결에 이르러서는 한문이 거의 우리말로 번역된 모습을 보였다. 문자가 비록, 한자 혹은 한자 약체자, 초서(草書), 한국에서 만들어진 한자, 구결자 등등으로 다양했지만, 그러한 구결로 만들어진 구결문은 우리말을 표현하는, 일종의 번역문이었다.

이러한 번역의 전통이 한글의 발명으로 인하여, 언해문에까지 이어져, 15세기 중세국어의 새로운 한글 문체로 재탄생하였다. 그러니 구결문이란 한문 해석을 위한 보조적 도구에 머물고 만 것이 아니었다.

뒤에 자세히 설명하겠지만 구결문에 이어진 언해문의 전통은, 훗날 19세기말 개화기 때에 언문일치(言文一致) 운동이 일어날 당시에, 새로운 한글 문체를 모색하던 유길준에 의해서 '서유견문(西遊見聞)'이라는 책에서 다시 한 번 부활한다.

유길준은 서유견문(西遊見聞)을 쓰면서 국한문 혼용체를 실험하였는데, 그 책의 서문에서 이것은 전혀 새로운 것이 아니고 언해문의 전통을 이은 것이라 고백했다.

신라에서 비롯한 구결이 석독 구결을 거치고, 한글 구결문은 언해문의 바탕이 되고, 이것이 또한 개화기 한글 운동 시기에서 새로운 한글문체로 계승이 되었으니, 한국의 문자사에서 구결의 전통이란 참으로 중요하다.

한글 구결과 언해문

유교 국가였던 조선에서는 사서(四書), 즉 논어, 맹자, 대학, 중용

등의 한글 번역을 소망했다. 하지만 이것이 쉬운 일은 아니었다.

논어(論語)가 한국에 소개된 것은 아주 오래 전이다. 기원전 1세기 무렵, 낙랑 시대에 논어의 구절이 적혀있는 죽간(竹簡, 대나무를 가공하여 그 표면 위에 글을 쓸 수 있도록 만든 것)이 평양 정백동 364호 고분에서 출토되었다.

삼국시대의 것으로는 인천 계양 산성에서 출토된 논어 목간이 있으며, 김해 봉황동에서도 논어를 쓴 목간이 발견되었다.

논어는 알다시피 공자의 어록으로 한문 학습을 위해 널리 사용되었던 교재다. 삼국 시대의 유학은 충, 효 등 윤리 규범을 장려할 목적이었으며, 백제는 오경 박사를 두고 유교 경전을 연구하였고, 신라는 신문왕 때에 유교 교육기관인 국학을 설립하여 논어를 가르쳤다.

천년 이상의 역사가 있었지만 논어 20권 전부가 우리말로 완역된 것은 기원전 1세기로부터 1600여 년이 지난 1590년에야 가능했다. 만력 16년 7월이라는 내사기(內賜記, 왕이 하사한 책이라는 기록)가 남아 있는 논어언해는 임진왜란을 견디고, 6.25 동란도 피해서, 보존이 되었다.

퇴계 이황 선생의 학맥을 이어가는 도산 서원에서 보물처럼 간직한 이 논어언해는 4책이 완전히 보관되었다. 이미 언급한바 있듯이 태종 때에 권근에게 명하여 오경에 구결을 달라고 했고, 세종 때에도 그러한 시도가 있었지만 선조에 이르러서야 구결이 완성되고, 이에 따라 언해문이 완성되었던 것이다.

논어에 전면적으로 구결을 단다는 것은 쉬운 일이 아니다. 구결이 달리면, 거기에 따라 경전이 해석된다. 그런 까닭에 구결이 다르면 경전의 해석도 달라진다. 그래서 실록의 기록을 보면, 왕이 신하와 함께 공부를 하다가, 구결이 다른 신하들을 서로 토론케 하여 이긴 편에 술상을 하사했다는 이야기가 전한다. 보다 정확한 구결을 달았다는 것은 그만큼 경전의 해석을 정확하게 했다는 뜻이니, 왕의 술잔을 받을 자격이 있었다.

또한 경전이 과거시험 과목이었으므로 구결이 과거시험에서 유불리 문제에 휩싸일 수 있다. 달리 말하자면, 경전의 구결을 정하는 것은 학파(學派)의 운명을 건 한판 승부이기도 했다.

16세기는 조선 유학이 무르익을 때였다. 대표적으로 율곡학파와 퇴계학파가 있었다. 율곡은 서인(西人)으로 분류되고 퇴계는 동인(東人) 계열이다. 동서(東西) 간 경쟁이 치열했던 만큼 후학들은 스승의 구결을 논어 해석의 기준으로 정하고 싶었다.

구결 책임자를 임명하는 것은 왕의 권한이다. 선조는 유희춘을 총애했다. 미암일기로 유명한 그는 실록 사초가 임진왜란으로 망실되었을 때, 역사를 복원하는 데에 큰 도움을 주었다.

선조는 미암을 책임자로 삼았지만, 그 당시 미암은 중차대한 일을 추진하기에 너무 노쇠했다. 그는 왕에게 율곡을 천거했다.

율곡은 네 살 때에 이미 사략(史略)을 배우기 시작했는데 스승보다 토를 더 잘 달았다는 이야기가 전해질 정도로 영특했다.

임진왜란을 예언하고 십만 양병설로도 유명하지만 시호가 문성(文成)일 정도로 대단한 학자였다. 왕명을 받들어 죽을 때까지 경전의 언해에 몰두했지만, 결실을 보지는 못했다.

한편, 정계의 중심이 서인에서 동인으로 넘어가게 됨에 따라 퇴계의 문하생이었던 이산해가 책임을 맡게 된다. 사육신 중의 한 명인 이개의 후손으로 영의정까지 지낸 동인(東人)의 수뇌부였다. 퇴계는 이산해의 스승 중, 한 사람이었는데 율곡이 퇴계의 이기이원론에 비판적인 태도를 보이자 이산해는 못 마땅히 여겼다. 그런 까닭에 율곡의 구결을 계승하기보다, 퇴계의 해석을 중시했을 것으로 보인다.

1590년에 사서언해가 완성되고 선조가 그 책들을 전국으로 배포하자, 이후로는 이산해의 책임 하에 완성된 구결이 경전 해독의 표준이 된다. 논어언해는 구결문이 먼저 나오고 그 다음에 언해문이 따른다. 논어언해의 한 문장을 인용하면 아래와 같다.

有유朋붕이 自ᄌᆞ遠원方방來ᄅᆡ면 不불亦역樂락乎호아

한자가 나오고 그에 대한 한글 발음이 적혀있다. 그래서 한글만 알면 누구나 논어를 읽을 수 있도록 배려하였다. 그리고 한글 구결을 달았다. 끊어 읽기와 해석의 편의를 위함이다. 구결문 다음에는 언해문이 이어졌다.

버디 遠원方방으로브터 오면 ᄯᅩᄒᆞᆫ 즐겁디 아니ᄒᆞ랴

그러니까 구결문에 따라서 언해문이 결정되었다. 이른바, 관본(官本, 관청에서 발행하였으므로 국가의 기준이 되는 책) 논어는 1590년 선조 임금 이후로, 이산해가 책임자로 됨에 따라 동인(東人) 계열의 해석이 조선의 주류로 된 것이다.

처음에는 서인(西人)의 정신적 지도자였던 율곡 선생의 학맥이 이

어지나 싶었는데, 단명한 탓으로 필사본만 남기고 출판을 못했으니 문하생들은 이를 얼마나 안타까워했겠는가. 그런 까닭인지 율곡의 논어언해는 오랫동안이나 잊히지 않았다.

율곡의 제자였으며 예학의 대가였던 사계 김장생이 율곡의 언해로 제자들을 양성하여 율곡의 구결은 끊이지 않고 서인(西人) 계통의 학맥으로 이어졌다.

교정청(선조 17년, 1584년에 설치한 경서교정청(經書校正廳))에서 논어언해가 나온지, 165년이 지난 1749년에 이르러서야, 서인의 계보를 이은 노론(老論)의 홍계희가 율곡의 필사본을 입수하여 교서관(校書館)에서 논어언해를 간행하였다.

율곡은 죽기 전에 사서의 구결을 모두 달고, 언해를 마쳤음에도 불구하고, 이것이 왜 교정청에서 출판되지 않았을까?

이것은 아직도 역사의 미제 사건으로 남아있다. 동인 서인이라는 학풍의 차이뿐 아니라 당시 서인의 거두였던 정철과 동인의 중심이었던 류성룡과 이산해의 정치적 역학 관계도 작용했으리라 짐작된다. 물론, 류성룡은 정철이나 서인에 대해 다소 유화적이었지만, 이산해는 달랐다.

그가 언해서를 발행하는 책임자가 됨에 따라 율곡의 유고가 빛을 발하지 못했을 가능성을 배제할 수는 없을 것이다. 그리고 언해의 태도에 있어서도 차이가 있었다. 가령, '有유朋붕이'를 동인 계열에서는 '벗이'라 해서 有를 번역하지 않았다.

하지만 율곡은 '벗이 있어서'로 해서 가능한 한, 원문의 글자를 빼놓지 않고, 원문에 충실하려는 태도를 보였다. '벗이'와 '벗이 있어'를 미세한 차이로 보고서 이렇게 하나 저렇게 하나 해석의 결과는 마찬가지라고 할 수도 있겠지만, 해석하기에 따라 그 함의가 다를 수 있다.

有를 번역하지 않고 '벗이'라고 하면, 말 그대로 누구든지 뜻을 같이한다면, 곧 친구요, 그 친구가 멀리서 찾아오면 반갑게 맞이하고 학문을 논할 수 있다는 태도로 해석되지만, '벗이 있어서' 하면, 멀리서 찾아오는 친구는 이미 알고 있는 친구라는 뜻으로 제한될 수 있다. 말하자면 붕당(朋黨)의 뉘앙스가 짙게 깔린다.

그리고 율곡은 독특한 구결을 달기도 했다. 가령, 격물(格物)을 대개 '물(物)을 격(格)'이라 하여 물(物)이란 목적어, 즉 연구의 대상으로 해석된다. 하지만 율곡은 '물(物)이 격(格)'이라 하여 사물이 보여주는 바를 잘 관찰해야한다는 식의, 말하자면 물(物)이 스스로 주체가 되는 것이다. 앎을 추구하는 사람들이, 물을 직접 관찰하고 분석하기보다, 연구하는 주체에서 멀어지는 듯한, 자연 그대로를 강조한 듯한 느낌을 주는 것이다.

율곡은 젊은 시절 절간에 들어가 승려 생활을 하다가 환속(還俗)하였으며, 서모(庶母)의 괴롭힘을 참지 못하여 가출(家出)까지 한, 젊은 시절의 방황이 있었다. 이러한 이력들이 동인의 정치적 공세에 빌미를 제공하고 그들에게서 인간적 신뢰를 받지 못하는 계기가 되었을 것이다. 아무튼 논어 언해를 둘러싸고, 구결을 정하는 것이 수백 년 동안의 당쟁 혹은, 학파의 흐름과 연관되었음을 볼 때, 선비들이 경서에 구결을 단다는 것을 얼마나 중요하게 여겼는지를, 독자 여러분들은 충분히 느꼈을 것이다.

16세기 도산서원본 논어언해를 읽어보면 구결의 세밀함에 감탄하지 않을 수 없다. 한국어는, '～하여야 한다'는 식의 '당위(當爲)', '～일지도 모르겠다'는 '추론(推論)' 등의 양태(modality)가 다양하게 발달한 언어이다.

한문도 어조사가 있기는 해도, 한국어처럼, 화자(話者)의 심리적 태도를 언어 표현에 세밀하게 담기는 어렵다.

조선의 선비들은 논어에서 공자님께서 말씀을 하실 때, 심리적 태도가 무엇이었을까 하는 점이 궁금했던 모양이다. 그러한 것은 논어언해에 달려있는 구결을 자세히 들여다보면 알게 된다.

논어언해는 앞에서 보여준바, 구결문이 있고 이어서 언해문이 나온다. '有유朋붕이 自ᄌᆞ遠원方방來ᄅᆡ면 不불亦역樂락乎호아'라는 구결문이 있고 이어서, '버디 遠원方방으로브터 오면 또ᄒᆞᆫ 즐겁디 아니ᄒᆞ랴' 하는 언해문이 나오는 방식이다.

여기에서 문장의 끝에 보이는 어미를 보면 어떤 때에는 '~이니라'가 있고, 어떤 때에는 '~인뎌', 어떤 때에는 '~호리라', '~홀띠니라' 등으로 구별되어서 토가 달려있다.

이것은 임의로 달린 것이 아니다. 공자님의 말씀을 철저히 분석하고 해석해 낸 다음에, 이 말은 마땅히 행해야 하고 중요한 것이라는 결론에 도달하면, 그 내용에 합당한 토를 달았던 것이다. 물론, 중국의 사서대전(四書大全) 집주(集註)를 참고했겠지만, 한문으로는 표현 불가능한 영역까지도 한국어의 세밀한 토를 이용해서, 한국의 선비들은 공자의 마음을 바라보았다.

가령, '교언영색선의인(巧言令色鮮矣人)'을 살펴보자. 원문에는 공자의 심리적 태도를 반영하는 문법형태가 없다. 하지만 한국의 선비들은 이 문장을 원칙적인 사실에 해당하는 것으로 파악했다. 그리하여 '巧교言언令령色ᄉᆡᆨ이鮮션矣의人ᅀᅵᆫ이니라'와 같이 '~니라'라는 토를 달았다. 이것은 화자가 '원칙적 사실'을 강조할 때 사용하는 양태

(modality)이다.

현대국어에서도 일상 대화에서는 잘 사용하지 않는 어미이지만 아주 없는 것은 아니다. 가령, '학생이 담배를 피우면 못 쓰느니라'에서 '~니라'는 학생이 담배 피우는 것을 원칙적으로 금지한다는 사실을 강조하려는 화자의 의지를 표시한다.

구결문에서 원칙을 강조한 것을, 언해문에서 더욱 강조한 경우도 있다. 조선은 농업 국가였기 때문에 농민들의 부역에 대해서 선비들이 매우 민감해 했다. 가령, 사민이시(使民以時)라는 논어의 구절에 대해서, '使ᄉᆞ民민以이時시니라' 해서 民(농민)을 부릴 때에 때를 가려야 함이 원칙이라는 뜻을 강조하는 정도에 그쳤을 수도 있다. 즉, 농번기 때에 백성에게 부역을 시키면 안 된다는 점을 공자님께서도 원칙으로 생각하셨을 것으로 볼 수도 있겠다.

이것은 농업국인 조선에 있어서 절대적 지침이다. 왕이 아무리 백성을 부려서 궁궐도 증축하고, 장마에 무너진 성을 복구하고 싶어도, 농사철에는 안 된다는 것이다. 왕의 부당한 명령에 항의할 때에 선비들은 틀림없이 공자님의 말씀을 인용하였을 것이다. 공자님의 말씀이 유교국가의 경전이니, 공자님이 하신 말씀이라면 국왕도 어쩔 수 없었던 것이다.

논어언해에 참여했던 선비들은 이 부분을 특히 강조하고 싶어 했다. 그래서 구결문에 이은 언해문에서는 이것을 강하게 표현하였다. '民을 브료ᄃᆡ 時로ᄡᅥ 홀띠니라'에서 '홀띠니라'는 '당위(當爲)'의 양태(modality)를 표현한 것이다.

당위라는 것은 이것이 원칙에 머물고 마는 것이 아니라, 행동을 함에 있어서 마땅히 이와 같이 시행해야 한다는 뜻이다. 다시 말해서 왕이 사역을 시키고자 할 때에는 농민들의 곡진한 사정들을 충분히 살펴서 피해를 최소화해야 한다는 조선 선비들의 강한 의지를 담은 해석이다.

구결(口訣)을 한문(漢文)의 이해를 돕기 위한 보조적 장치로만 생각하는 경향이 없지는 않지만, 이러한 사례들을 살펴보게 되면, '구결이 번역의 징검다리'였음을 알게 된다. 논어언해를 비롯한 사서삼경(四書三經)이 중국에 머물지 않은 것은 오롯이 구결(口訣) 덕분이다.

문자사의 흐름

구결도 넓게 보면, 한자를 수용하고 이것을 변용하여 한국어의 문법 형태를 표기하는 문자 체계의 일종이었다. 그렇다면, 이것을 한자의 변이로 볼 것인가? 아니면 한국 고유의 문자 시스템으로 보아야 할 것인지가 문제다.

구결에서 제기되는 이러한 문자분류학적 문제는 이두에도 해당된다. 이두를 범박하게 정의하자면, 한자를 수용한 후, 이것을 변형하여 한국어 표기에 이용한 것이다.

그렇다면 이두, 구결을 중국 한자의 변이체라고 부를 것인가? 아니면 한국 고유의 문자 체계인가? 대개 그리스 문자란 페니키아 문자에서 비롯되었다. 그리스문자의 상당부분이 페니키아의 그것과 일치를 보이고 있다. 하지만, 그리스 문자는 그리스 문자다. 그것으로 그리스어를 표현하고 그리스인 나름대로 페니키아 문자를 변형하고 발전시켰기 때문이다.

이두와 구결도 한국의 문자라 부름이 마땅하다. 한자를 수용했지만, 한번 수입한 이후로는 줄곧 한국인의 문자생활에 활용했으며 그 과정에서 한국인 나름대로 한자들을 변형시키고 발전시켜서 한국어를 표현하는 데에 사용하였기 때문이다. 게다가, 이것들은 중국인과 한국인 사이의 의사소통 도구라기보다 한국인끼리의 의사소통을 하는 수단으로 줄곧 이용되었다.

이렇게 보면 한국의 문자사란, '한자(漢字), 이두(吏讀, 구결과 향찰을 포함한, 넓은 의미의 이두), 한글'의 변화 과정을 살펴보는 분야라 할 수 있겠다. 다시 말해서, 한국 문자사는 조상들의 말글살이가 한자에서 한글로 이동한 역사를 살피는 학문이다.

한자에서 한글로 바뀌는 과도기에 존재했던 것이 이두와 구결이다. 이들을 탐구하면, 한자가 어떤 과정을 거쳐서 한국화되었는지가 보인다. 이어서 이두와 구결에는 어떤 불편함이 있었기에 한글로 발전했는지를 분석해 보면, 한국문자사의 흐름을 알게 된다.

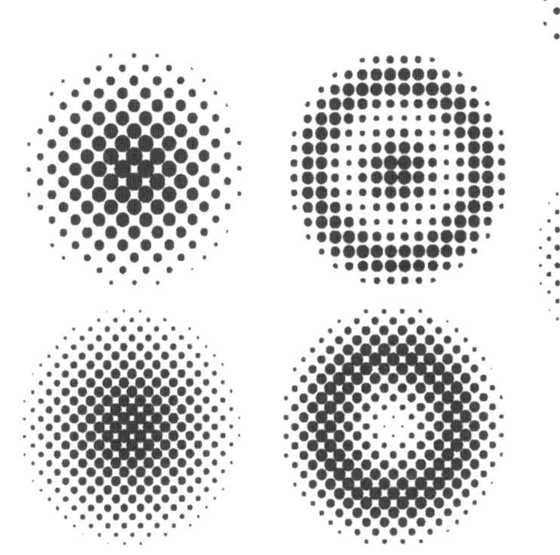

다섯째 마당, 향가를 해독하다

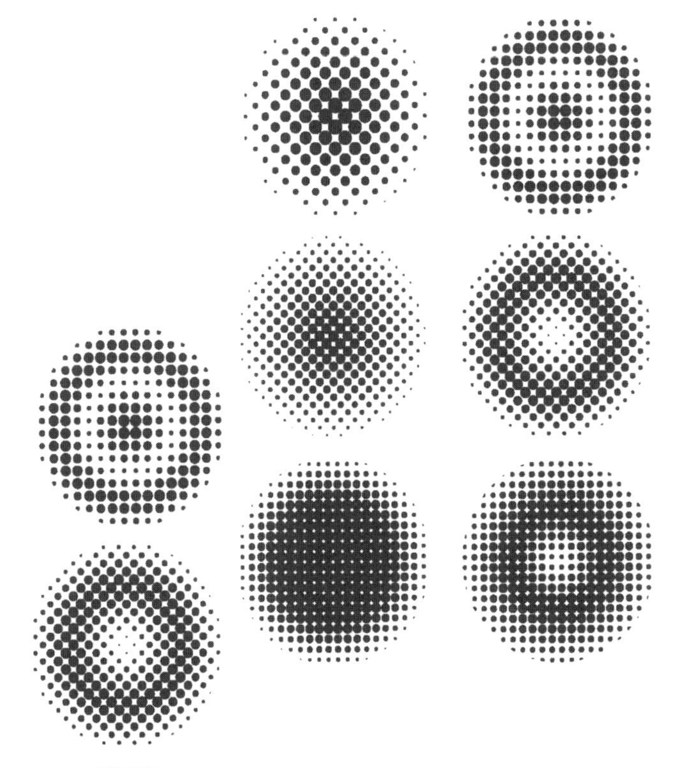

향가와 향찰

향찰(鄕札)은 향가를 표기한 문자다. 향(鄕)에는 '시골'이라는 새김도 있지만, 중국과 한국을 대비하는, '당향(唐鄕)'에 보이는 향(鄕)은 '우리나라'로 해석된다. 당십(唐什, 당나라의 노래)에 대비한 향가(鄕歌)는 '신라의 노래'이고, 찰(札)에는 문자라는 뜻이 있다.

향찰은 이두와 근본적으로 다르지 않다. 이것 역시 한자를 변용하여 우리말을 표현한 문자다. 이두와 마찬가지로 석독(釋讀)도 있으며 한자를 변형하거나 변용하여 우리말 토씨를 표기하였다.

삼국유사(三國遺事)에 신라 향가 14수가 전해지고 〈균여전(均如傳)〉에도 11수가 실려 있다. 고려의 임금인 예종이 1120년에 개국공신 신숭겸, 김락 장군을 추모하여 지었다는 도이장가(悼二將歌)를 마지막으로 향가는 더 이상 후세에 전하지 않는다. 이처럼 향가는 수십 수에 불과하지만 신라인의 문자 생활을 이해하는 데에 대단히 중요하다.

삼국유사는 한반도와 그 주변 지역에서 흥하고 망했던 고대 국가들의 역사를 기록한 책이다. 정구복 선생에 따르면, 일연(一然, 1206~1289)은 이 책을 쓰기 위하여, 50여 년 동안 자료를 수집하였고, 79세인 1285년에 집필하여, 생의 마지막 해인 1289년에야 삼국유사를 완성한 후, 돌아가셨다.

하지만 유사의 가치는 오랫동안 잊혀졌다. 조선이 건국되면서, 한국은 유교 중심 사회로 바뀌었다. 불교 사상에 뿌리를 두고 괴력난신(怪力亂神), 신이(神異)로운 이야기를 담았던 유사는 조선의 주류 사회와 멀어졌다. 괴력난신은 말하지 않는다는, 공자의 말씀에 뿌리를 둔 조선의 유학자들은, 삼국유사를 이단시 할 수밖에 없었다.

훗날 일본인들이 유사를 재조명했다. 일본에는 고전시가집인 만엽집(萬葉集)이 있었다. 여기에 실려 있는 언어 자료들이 일본 고유의 언어를 반영하고 있는 것으로 보았다. 그런데 만엽집의 화가(和歌, 일본 노래)와 삼국유사의 향가(鄕歌, 신라 노래)는 비교가능한 수준의 유사성이 있었다.

인도의 산스크리트 어가 유럽 언어의 기원을 밝힘에 있어서 중요했듯이, 그들은 향가를 일본어의 계통을 규명하는 중요자료로 인식했다. 그리하여 1904년 동경제국대학에서 유사를 근대적인 활자본으로 출판한다. 이에 아유가이 후사노신[鮎貝房之進], 가나자와 쇼자부로[金澤庄三郞], 오구라 신뻬이[小倉進平] 등이 향가 해독을 통해 신라어 연구에 착수했다.

향가의 해독

유사에 실린 신라인의 향가는 모두 14수인데 제목, 작자, 연대는 아래와 같다.

1. 〈서동요(薯童謠)〉, 백제 무왕, 진평왕 대(599년 이전).
2. 〈혜성가(彗星歌)〉, 융천사, 진평왕 대(579~631).
3. 〈풍요(風謠)〉, 작자 미상, 선덕여왕 대(632~647).
4. 〈원왕생가(願往生歌)〉, 광덕, 문무왕 대(661~681).
5. 〈모죽지랑가(慕竹旨郎歌)〉, 득오실, 효소왕 대(692~702).

6. 〈헌화가(獻花歌)〉, 견우노옹, 성덕왕 대(702~737).

7. 〈원가(怨歌)〉, 신충, 효성왕 원년(737).

8. 〈제망매가(祭亡妹歌)〉, 월명사, 경덕왕 대(742~765).

9. 〈도솔가(兜率歌)〉, 월명사, 경덕왕 대(742~765).

10. 〈찬기파랑가(讚耆婆郞歌)〉, 충담사, 경덕왕 대(742~765).

11. 〈안민가(安民歌)〉, 충담사, 경덕왕 대(742~765).

12. 〈도천수대비가(禱千手大悲歌)〉, 희명, 경덕왕 대(742~765).

13. 〈우적가(遇賊歌)〉, 영재, 원성왕 대(785~798).

14. 〈처용가(處容歌)〉, 처용, 헌강왕 5년(879).

향가는 그 해독이 쉽지 않았다. 미지의 문자를 해독하기 위해서는 비교 자료가 필수적이다.

첫째, 해독 대상 자료와 동일한 내용의 글이 다른 문자로 기록이 되어 있어야 한다.

둘째, 비교 자료는 현대어로 완전하게 해석할 수 있어야 한다.

14수 중에서 위의 두 가지 조건을 만족하는 것은 처용가(處容歌)다. 한글로 기록된 고려가요 처용가가 전해지기 때문이다. 이에 가나자와 선생이 1918년에 처용가를 처음으로 해독하였다. 그 이후, 오구라 선생에 의해서 향가가 전면적으로 해독이 되었고, 양주동, 김완진 선생에 의해서 향가의 해독은 거의 완성의 단계에 이르렀다고 생각될 정도로, 학계의 관심 속에서 해독의 방법은 진보했다.

사계의 대가들이 수십여 년에 걸쳐서 이룩한 굵은 업적들이 연이어 나옴에 따라, 향가에 대해서 새롭게 논의할 만한 주제들이 이미 소진된 듯해 보였지만, 최근에 향가를 새롭게 연구해야 할 전환기를 맞이하였다. 향가와 비교할 만한 어휘, 문법 관련 자료들이 새롭게 발견된 것이다.

석독구결(釋讀口訣)은 11세기부터 13세기까지의 문헌에 보이는 고려시대 언어 자료다. 1973년에 첫 발견이 있은 뒤로 1990년대 이후에는 대량으로 발견되고 이에 따라 연구물들이 쏟아졌다. 석독구결 자료에는 향가와 비슷하거나 동일한 문법형태, 어휘, 문장 구조를 지닌 것들이 많다. 자료의 양도 현전하는 향가를 모두 합친 것보다 수십 배가 넘는다.

2000년 이후에는 고대 한국인들이 직접 기록한 각필 자료, 금석문 자료, 목간 자료들도 새롭게 발견되었다. 비교 자료들이 많아짐에 따라 향가의 해독은 더욱 정밀해지게 되었고 이에 따라 기존의 연구자들이 밝혀내지 못했던 난해어구들을 해독해 낼 수 있게 되었다. 종전에 비교 자료의 부족으로 자의적 해석에 그쳤던 사례들도 비교 어형들을 찾아내어서 문제를 해결할 수 있었다.

해독의 방법

삼국유사에 실려 있는 향가는 6세기부터 9세기에 걸쳐 신라인에 의해 창작된 민족 고유의 시가다. 그런 만큼 한국어로 향가가 창작되었음은 당연하겠지만 유사에 기록된 향가를 보게 되면 해독이 힘들다는 현실에 직면한다. 〈처용가〉를 살펴보기로 하자.

東京明期月良(동경명기월량)

夜入伊遊行如可(야입이유행여가)

入良沙寢矣見昆(입량사침의견곤)

脚烏伊四是良羅(각오이사시량라)

二肹隱五下於叱古(이힐은오하어질고)

二肹隱誰支下焉古(이힐은수지하언고)

本矣吾下是如馬於隱(본의오하시여마어은)

奪叱良乙何如爲理古(탈질량을하여위리고)

얼핏 보기에 한자로 적혀 있어서 한문인 것도 같지만, 문맥을 따져서 살펴보면, 이것이 정통 한문과 거리가 멀다는 사실을 알게 된다. 한문의 문법에 맞지 않을뿐더러 한자의 뜻으로 분석해 나가면 그 전체 의미를 파악하기 어렵다.

처용가의 첫 구절인 동경(東京)부터 해석하기가 쉽지 않다. 보통 우리가 '동경(東京)'이라고 할 때에는 동쪽에 있는 수도를 뜻한다. 다시 말해서 수도의 동쪽에 있는 큰 도시를 가리킬 때에 동경이다. 그렇다면, 신라의 수도가 경주이니, 경주의 동쪽에 있는 또 다른 도시가 동경(東京)이어야 마땅하다. 하지만 경주가 한반도의 동남쪽 해안 근처에 있어서 동경이라고 할만한 곳이 어디일지를 상상하기 어렵다. 서울을 한자로는 대개 경도(京都) 또는 경성(京城) 등으로 불리는 게 적절하지만, 신라의 수도를 신라인들이 스스로 동경(東京)이라고 부르는 것은 어색하다. 이런 까닭에 '처용가'는 신라의 가요가 아니라 고려시대 때에 만들어진 게 아닌가 하는 의심도 있었다. 고려의 수도가 개경이니 경주가 비록 개경의 남쪽이라 하더라도 동쪽으로 좀 치우쳐 있으니 고려인들의 입장에서 경주를 동경(東京)이라 불러도 어느 정도 이해가 갈 만하다.

그런데 최근에 발견된 목간 자료와 같은, 신라인이 쓴 1차 자료에 기록된 어형들이 향가에 보이는 어형과 일치하는 사례들이 있어서, 신라인의 표기일 가능성이 높아지긴 했으나 동경이란 표현 자체에는 아무래도 문제가 있었다. 신라인 스스로가 수도를 경도(京都)나 경성(京城)이 아닌, 동경(東京)이라 부른 까닭을 이해하기 어려웠기 때문이다.

그런데 신라 땅에서 발견되고 신라 시대의 비석으로 보이는 유물에서 동경(東京)이라는 표현이 발견되었다. 이 동경이 경주를 가리키는 것인지 아닌지는 불분명하지만, 신라 시대에도 쓰였던 단어임은 분명해졌다.

처용가의 내용이 신라 시대의 그것이고, 표기법도 목간 자료 등과의 비교를 통해, 신라인의 그것과 같은 것으로 보이며, 동경이라는 말이 신라 비석에도 발견된 점에 근거하여 일단, 동경을 경주라 해석하기로 하자. 신라인들이 아마도 자신들은 중국 문화권에 포함된 것으로 생각하여 중국의 수도인 장안(長安)을 기준으로 보면 경주가 동쪽에 있으므로 동경(東京)이라 하지 않았을까 상상해 본다. 이러한 추리 외에는, 달리 신라인들이 스스로 자신의 수도를 '동쪽의 서울'이라고 불렀을 이유를 생각하기 어렵다. 더 나은 해석이 있다면 널리, 독자들의 의견을 구할 따름이다.

이처럼 처용가의 첫 단어부터 그 해석이 쉽지 않은데, 그 다음 단어는 더욱 어렵다. '명기월량(明期月良)'을 어쩌란 말인가? 넘을수록 태산인 게 향가다. 明은 '밝다'이고, 月은 '달'이므로, '경주의 밝은 달' 정도는 추리할 수 있다. 하지만 '-期'와 '-良'이 무슨 뜻인지, 한자의 뜻으로는 알 길이 막막하다.

다음에 이어지는 구절도 마찬가지다. '야입이유행여가(夜入伊遊行如可)'에서 夜가 '밤'이요, 遊는 '놀다', 行은 '가다'이지만, 入, 伊, 如, 可는 불가해하다. 이것들을 한문으로 보게 되면 해석불가능이다. 그런데 한편으로는, 한자(漢字)들이 나열되어 있는데, 이것들을 한문이 아니라고 한다면, 도대체 이것들을 무엇이라고 불러야 한단 말인가? 하는 고민에 빠지게 된다.

문제 해결의 단서를 아래의 책에서 찾을 수 있다. 혁련정이 지은 균여전(均如傳)의 제8장인 역가현덕분(譯歌現德分)에는 '향찰(鄕札)'이라는 말이 나온다. 여기에는 균여 대사가 지은 고려 향가 11수를 한문으로 번역한 최행귀의 서문이 있다. 서문에 따르면 향(鄕)은 당(唐)에 대비되고, 찰(札)은 문(文)에 대비되는 것이므로 당문은 중국의 문자요 향찰은 '한국의 문자'다. 그는 향가를 당문으로 번역하는 이유를 밝히면서, 한국인들은 한시를 이해하지만, 중국인들은 향가를 알지 못한다는 점을 지적했다. 시(詩)는 어느 한쪽이 우월하다고 할 수 없겠지만, 중국인들이 향찰을 잘 알지 못하므로 이것들을 당문(唐文, 한문의 다른 이름임)으로 번역한다고 했다.

해독의 열쇠

미해독 문자를 해독하기 위해서는 비교자료가 있어야 한다. 논의의 편의상, 해독의 대상이 되는 〈향가〉를 α라 하고 비교자료를 β라 부르자. 이때의 β는 현대국어로도 완전히 해석해 낼 수 있는 것이어야 한다. α를 β로 번역하는 데에 성공했다고 할지라도, β를 현대인들이 이해할 수 없다면, α는 여전히 수수께끼로 남는다.

처용가에는 두 종류가 있다. 하나는 향가인 처용가요, 또 하나는 고려가요인 처용가다. 후자는 신라 향가에 비해 노래가 길고, 내용도 풍부하며 주술성이 강하다. 거기에 등장하는 처용도 향가에 비해 위력적으로 묘사되어 있다. 두 개의 처용가를 비교해 보면 그 내용의 일부가 겹친다. 이 부분이 α를 위한 β다. 고려가요 β는 중세국어이지만 한글로 표기되어서 현대국어로 번역이 가능하다. 겹치는 부분을 대비하면 아래와 같다.

α: 東京明期月良　　β: 東京ᄇᆞᆯᄀᆞᆫᄃᆞ래
α: 夜入伊遊行如可　　β: 새도록노니다가
α: 入良沙寢矣見昆　　β: 드러내자리ᄅᆞᆯ보니
α: 脚烏伊四是良羅　　β: 가ᄅᆞ리네히로새라

악학궤범(樂學軌範)에 실린 β는 15세기 한글로 표기되었기 때문에 현재의 한글과 차이를 보인다. 따라서 α에 대응하는 β를 현대국어로 번역해야 한다.

논의의 편의상 β에 있는 자음, 모음들이 현대국어와 그 발음이 동일한 것으로 가정한다. 그리고 'ㆍ'는 사라진 옛 한글 문자인데 그것의 음가는 대략 / ɔ /이다. 말하자면 /아/와 /오/의 중간음이다. 동경(東京)은 지명이므로 한자어 그대로 읽어도 좋다. 그러나 여기에 이어지는 '明期'는 현대인들이 한자를 읽는 방식과 완전히 다른 모습을 보여준다.

한국인들은 한자를 배울 때에 한국말과 한자 발음을 동시에 외운다. 예를 들어, 명(明)은 '밝을 명'하고 읽는다. 明을 한국식으로 풀이하면 형용사인 '밝다'이고 중국에서 유래한 한국한자음으로는 '명'이라 읽는다. 현대 한국인들은 한자를 음(音)으로만 읽지, '밝을'처럼 순우리말로 풀어서 읽지는 않는다.

하지만 이러한 현대인의 읽기 방식이 신라인에게는 소급되지 않는다. 신라인들은 '明'을 '볽'으로 읽었을 뿐만 아니라 月을 '돌'로 入을 '들' 따위로도 읽었다. 이러한 읽기 방식을 '석독(釋讀, 풀어 읽기)'이라 부른다.

뿐만이 아니다. '소리읽기' 즉, 음독의 전통도 현대인들과 신라인 사이에 차이가 있음을 깨닫는다. 예를 들어 '如可 : 다가'를 비교해 보면, 가(可)가 음독되었음을 알 수 있다. 이때의 可는 '-다가'라는 활용어미를 일부를 표기하는 소리글자로 사용되었을 뿐, 可의 본래 뜻과는 아무런 상관이 없다.

음독(音讀)에 대한 새로운 인식은 석독(釋讀)의 발견과 더불어, 향가 해독의 또 다른 열쇠가 되었다. 현대인들이 '가(可)하다'라는 말을 쓸 때에 可를 음독한 것이지만 처용가의 '如可'에서 신라인이 可를 음독한 것과는 차이가 있다. 현대인들은 음독을 하더라도 한자 본래의 뜻을 유지한 채 사용한다. 신라인들이 음독을 할 때에는 동경(東京)처럼 뜻과 발음의 연관성이 있는 경우도 있지만, 다가(如可)의 可처럼 뜻글자와는 아예 결별을 한, 소리글자로 사용하기도 했던 것이다.

석독은 향가 해독의 열쇠다. 해독에 실패했던 기존의 많은 연구자들은 한자를 현대식으로만 읽으려 했기 때문이었다. 신라인들이 현대인들과 달리, 석독(釋讀)을 했다는 사실이 밝혀지자, 연구자들 사이에 인식의 전환이 일어났다. 음독(音讀)에 대한 이해도 신라인의 눈높이에 맞추었다. 한자에 대한 현대적 편견을 버리고, 신라인의 눈높이에 맞추기 시작하자, 문제가 풀려나갔다.

해독의 또 다른 열쇠는 배경설화다. 〈삼국유사〉 제2권에는 '처용랑망해사'라는 글이 있다. 거기에 처용가의 유래가 실렸다. 기록에 전하는 내용을 현대국어로 요약하면 아래와 같다.

신라의 49대 임금인 헌강왕 시절, 서울에서 지방에 이르기까지 좋은 집들이 연이어 있었다. 연주와 노래가 길거리에서 끊이지 않을 정도로 평화로웠으며 날씨도 무척 좋았다.

이때 왕이 개운포(지금의 울산시)에 놀러갔다가 동해의 용왕을 만난다.

용왕은 아들 일곱 명을 데리고 나와 왕의 덕을 찬양하며 춤을 추었다.

왕은 용왕의 아들 중, 처용을 경주로 데리고 왔다. 벼슬을 주고 미녀와 결혼을 시켰다. 왕은 처용이 오래 머물기를 원했다.

한편, 처용의 아내는 너무 아름다워서 마왕(疫神, 역신, 전염병을 퍼뜨리는 귀신)이 그녀를 몰래 사랑하였다.

어느 날 밤, 처용이 나간 사이에 마왕은 사람으로 변신하여 처용의 집으로 들어간다. 처용의 아내를 유혹한 마왕은 그녀와 동침을 하게 된다.

한편, 처용은 서울 구경을 하고서 밤늦게야 집으로 돌아온다. 방문을 열어보니 아내는 마왕과 함께 있었다.

이 광경을 목격한 처용은 분노 대신에, 자신의 심정을 노래로 표현했다.

노래를 들은 마왕은 본래의 모습으로 돌아온 다음, 처용의 앞에서 무릎을 꿇고는 다음과 같이 말하였다.

"그대의 아내를 사랑하여 잘못을 저질렀지만, 그대는 화를 내지 아니하니, 나는 그대의 인격에 감화되었습니다. 앞으로는 그대의 모습을 그린 것만 보아도 가까이 가지 않겠습니다."

이로 인하여 사람들은 마왕을 물리치기 위해 처용의 형상을 그린 그림을 대문이 붙이는 풍습이 생겼고 처용가는 후세까지 입에서 입으로 전해지게 되었다.

이상의 이야기가 삼국유사에 실려 있는 처용설화다. 처용가는 고려에도 이어지고 한글이 발명된 이후에는 악학궤범에 한글로 실리게 되었다.

그런 까닭에 20세기의 향가 연구자들은 한글로 된 β를 찾을 수 있게 되었다. 한글 β를 통해 석독과 신라방식의 음독이 향가에 쓰였음을 확신할 수 있게 되었고, 이러한 지식들과 이두(吏讀), 중세 한글 자료 등, 비교 자료들을 통해 나머지 향가들을 하나씩 해독할 수 있게 된다.

다음은 처용가 전문을 중세국어 및 현대국어로 해독한 것이다.

東京明期月良 동경ᄇᆞᆯ긔ᄃᆞ라 /동경 밝은 달에

夜入伊遊行如可 밤드리노니다가 /밤이 새도록 노니다가

入良沙寢矣見昆 드러사자ᄅᆡ보곤 /들어와 자리 보니

脚烏伊四是良羅 가로리네이어라 /가랑이 넷이어라

二肹隱吾下於叱古 두흘은나하엇고 /둘은 내 것이었고

二肹隱誰支下焉古 두흘은누기하언고 /둘은 누구 것인고

本矣吾下是如馬於隱 미틔나하이다마어은 /본래 내 것이었지만

奪叱良乙何如爲理古 아살엇더ᄒᆞ리고 /빼앗긴 것을 어찌 하리오

신라인의 발음을 15세기 한글로 재구성한 다음, 현대국어로 번역했다. '月良'에서, 月은 석독하여 /ᄃᆞᆯ/이며 良의 음가는 /아/이다. 四是良羅(네이어라)에서는 良을 /어/로 읽었다. 고대국어에 모음조화가 있었다고 가정했다. 月良을 /ᄃᆞᆯ아/로 해독하지 않고 /ᄃᆞ라/로 한 것은 고대국어에 연음(連音)을 가정했기 때문이다.

향찰은 한 글자가 한 음절에 대응하는 음절 문자이지만, 叱을 받침처럼 사용했다는 것은, 향찰이 알파벳이나 한글과 마찬가지로 하나의 자음을 표시하는 소리글자로도 쓰였음을 의미한다. 그러니까 奪叱은 /앗, as/으로, 동사의 어간을 표기한 것인데 이때의 叱은 /ㅅ/으로, 자음을 표기한 소리글자이다.

또 다른 해독의 열쇠들

삼국유사 제5권에는 월명사가 지은 도솔가(兜率歌)가 있다. 기록에 따르면, 신라 경덕왕 19년 4월 1일에 해가 둘이 나타나서 열흘 동안 사라지지 않았다. 이에 왕은 일관(日官, 천문과 일기를 예언하는 관리)에게 방법을 물었다.

일관은 제단을 만들고 훌륭한 승려를 청하여 꽃을 뿌리고 정성을 다하라 했다. 왕은 청양루에서 승려를 기다렸다. 이때 월명사가 남쪽의 길로 지나간다. 왕은 그에게 기도문을 짓게 하였다. 이에 월명사가 도솔가를 지었다. 도솔가를 한시(漢詩)로 번역한 것이 삼국유사에 전한다.

α: 今日此矣散花唱良　　β: 龍樓此日散花歌
α: 巴寶白乎隱花良汝隱　　β: 挑送青雲一片花
α: 直等隱心音矣命叱使以惡只　　β: 殷重直心之所使
α: 彌勒座主陪立羅良　　β: 遠邀兜率大僊家

금일(今日)은 차일(此日)에 대응한다. β의 가(歌, 노래 부르다)에 대응하는 것은 唱良이다. 처용가의 αβ 비교를 통해 알 수 있었던 것처럼 석독과 음독을 이용하면 해독이 가능하다. 唱은 석독으로 '부르다'에 대응하는데 이것이 중세국어에서는 '브르다'이다. 良은 /아/이다. 따라서 唱良은 /브러/로 해독할 수 있다. 이처럼 기존의 열쇠들을 이용하고 한시와 대조하여 도솔가를 다음과 같이 해독한다.

今日此矣散花唱良/ 今日 이의 散花 브러/오늘 이에 산화 불러
巴寶白乎隱花良汝隱/ 보보숣보은 고자 너은/솟아나게 한 꽃아 너는
直等隱心音矣命叱使以惡只/ 고둔 마수미 命ㅅ브리악/곧은 마음의 명(命)의 부림으로
彌勒座主陪立羅良/ 彌勒座主 뫼셔 버라/미륵좌주를 모시어 펼쳐라

금일(今日), 산화(散花), 명(命), 미륵좌주(彌勒座主) 등은 한자어이므로 음독해도 좋다. 此는 /이/로 석독하고 矣는 음독하되 모음조화에 따라 /의/로 재구성 한다. 巴寶白乎隱은 난해어구인데, 해독의 단서는 이에 대응하는 β로 '挑'이다. 문맥에 따라 해석하자면 '솟아나다'이다. 김완진 선생은 이것을 '보보숣-'으로 재구성 했다.

花는 /곶/, 汝는 /너/로 석독하며, 隱은 음독하여 /은/이다. 直等隱心音은 직심(直心)에 대응한다. 따라서 直等隱은 /고든/으로 읽고 心音은 /마음/이다.

命叱의 叱은 받침이라기보다 토씨다. 고대국어의 관형격 조사에 /ㅅ/이 있었다. 使以惡只의 β는 所使다. 使를 석독하고 以를 음독하여 /브리/로 읽고, 나머지 惡과 只는 음독하여 /악/이다. 향가에서는 어휘형태들은 석독하는 경향이 있고 문법형태들은 음독을 하는 경향이 있다. 미륵좌주(彌勒座主)는 한자어다. 陪立를 /뫼셔/로 읽고 羅良를 /버라/로 읽은 것도 어휘형태를 석독하고 문법형태는 음독하는 향찰의 표기 원칙에 따랐다.

자음과 모음 표기법

고유 문자가 없었던 신라인들은 새로운 문자를 창안하기보다는 한자를 이용하여 신라어를 표기하였다. 앞에서 살펴본바, 석독, 음독, 받침 등에 관한 것으로 중국의 한자·한문 용법과는 다른, 한국인 특유의 표기법을 점진적으로 다듬어 나아갔다.

처용가의 한 구절인 '入良沙寢矣見昆/드러ᅀᅡ자리보곤'은 향가의 석독을 잘 보여준다. '入良沙'는 한자음으로는 /입량사/로 읽히지만 그렇게 해서는 문맥이 통하지 않는다. 신라인의 표기 방식에 따라 해석을 해야 그 뜻이 통한다. 이 단어를 분석하면 '入+良沙'이다. 이때의 '入-'은 어간이고 '-良沙'는 어미에 해당한다.

어간(語幹)은 어휘적 의미를 지니고 있으며, 어미(語尾)는 그 단어가 문장 속에서 다른 성분들과 어떠한 문법적, 논리적 관계에 있는지를 표시한다. 향가에서는 한 단어를 어간과 어미로 분석했을 때에 어휘적 어미를 담당하는 어간은 석독하는 경향이 있고 어미는 음독이 된다. 入은 석독하여 /들-/, 良沙는 /-어사/로 읽는다. 침의(寢矣)도 어근인 寢-과 접사인 -矣로 분석되는데, 寢은 /잘-/이고 矣는 /-ᄋᆡ/다. 견곤(見昆)도 같은 원리에 의해, 어간이 /보-/, 어미는 /-곤/이다.

신라인들이 받침 표기를 사용했다는 사실은 문자사적인 의미가 있다. 도솔가의 한 구절인 '直等隱心音矣命叱使以惡只/고ᄃᆞᆫ 마ᅀᆞᄆᆡ 명ᆺ 브리악'에서 받침이 확인된다. 심음(心音)은 /마ᅀᆞᆷ/으로 읽히는데 이때의 한글 자음 /ㅁ/에 해당하는 향찰 문자는 音이다. 다시 말해서, 音은 /ㅁ/을 표시하는 글자였다. 직등은(直等隱)은 /고ᄃᆞᆫ/으로 읽히는데, 이때 /ㄴ/에 해당하는 글자는 隱이다.

알다시피 한자(漢字)는 한 글자가 한 음절에 대응한다. 다시 말해서 소리의 관점에서는 한자도 음절문자다. 하지만 향찰의 隱은 음절이 아니라 자음인 'ㄴ'을 표기했다. 이것은 향찰에 음소문자의 기능도 있었음을 뜻한다.

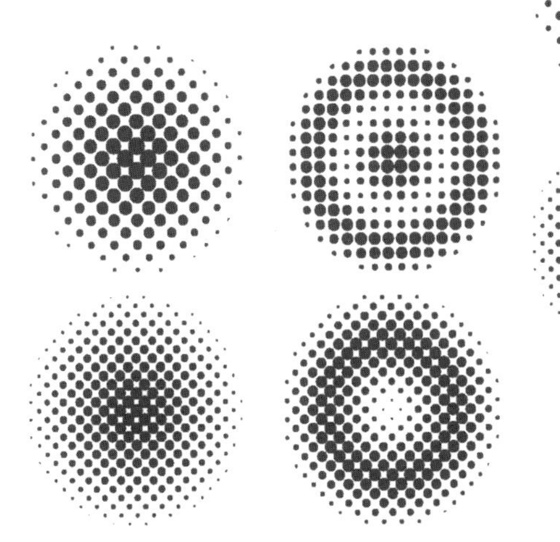

여섯째 마당, 한글을 이야기하다

부부 싸움

'한글'이라는 책을 쓴 적이 있었는데, 독자 중의 한 사람이 내게 말해준 사연이다. 평소에 한글을 사랑하고 한글의 창제에 호기심이 많았는데, 한글 발명자가 세종이라는 이야기가 책에 적혀 있었다. 몹시 기뻐한 나머지, 이 사실을 아내에게 알리기로 작정한다.

저녁을 물린 후, 이런 저런 이야기를 나누면서 눈치를 보다가 말머리를 한글로 바꾸었다. 사실 대화라기보다는 일방적 설명이었다. 남편의 한글 자랑은 세종이 한글을 발명했다는 데서 마침표를 찍었다. 남편은 아내의 감탄을 기대했다. 앞으로 한글에 관한 것이라면 아내가 내게 물어올 것이다. 하지만 예상은 빗나갔다. 아내는 오히려 남편을 쏘아붙였다.

"왕이 얼마나 바쁜 사람인데, 한글이나 만들고 있었겠어요?"
"……"
"그게 하루 이틀에 만들어질 수 있는 것도 아니고."
"……"

아내의 반응에 말문이 막혔다. 남편은 슬그머니 방으로 들어가, 책을 들고 나왔다.

"이 책에 세종이 한글을 만들었다고 나와 있잖아."

아내는 지지 않았다.

"아니, 당신은…… 그 따위 책에 속아 넘어가요?"

"……"

"한글학자들이야 그렇게 말해야 먹고 살고,"

"……"

"또 직업상 하는 말을 가지고"

"……"

이쯤 되자 사태는 심각해졌다.

"……당신은 전문가가 하는 말도 못 믿어요?"

"……"

"다 근거가 있으니까 그러는 거지."

"……"

"좀 제대로 읽어나 보고 말을 하든지 해야지, 원."

"……"

남편의 말투에 아내의 분노는 폭발했다.

"예전에 학교서 그게 다 집현전 학자가 만든 것이라 배웠어요. 왕은 신하들이 만든 뒤에 사인만 한 거지. 괜히 국수주의자들이 조상을 무조건 받드느라 그런 얘기를 지어낸 거라구요. 좀 객관적으로 봐야지, 흥."

더 이상 대화는 없었다. 평화로운 부부의 저녁은 한글로 망가졌다. '한글'을 읽어도 소용없고 화만 잔뜩 났다는 불만이었다. 그런데 이 정도 주제로 다툼할 정도면 한편으로 그리 나쁘지 않은 부부가 아닌가.

실은, 한글 발명자 논란이 종식된 것도 아니다. 남편의 이야기든 아내의 주장이건 모두 일리가 있다. 오히려, 집현전 학자들이 한글을 만든 것이 아니냐는 것이 중론인 듯도 하다.

성현의 용재총화

세종실록에는 다음과 같은 구절이 있다. "이 달에 전하께서 언문 28자를 친히 만드셨다.

> 시월 상친제 언문28자
> (是月 上親制 諺文二十八字, 세종 25년, 음력 12월 30일)

여기서 '상 친제(上親制)'란 세종이 한글을 직접 만들었다는 뜻이다. 하지만 여기에 대해서 왕이 한글을 지으라고 명령을 했을 따름이지 실제로는 집현전 학자들이 만들었을 것이라는 해석을 할 수도 있겠다. '상 친제'라는 것을 글자 그대로만 새길 필요는 없지 않겠느냐는 관점이다.

세종이 직접 지었다는 설(說)은 역사적 사실이라기보다 그것을 주장하는 사람들이 세종대왕을 민족의 영웅으로 부각하려다보니 파생된 설이 아닐까 하는 의심이다. 여기에는 그의 아내처럼 왕이 문자를 직접 짓는다는 게 아예 불가능하다는 의구심도 잠재한다. 한글의 발명가가 누구인지에 대해서 세종의 친제설이 유력하기는 하지만, 아내의 주장처럼 집현전 학자가 지었다는 설도 만만치 않다.

대개는 성현의 '용재총화'에 근거한다. 성현에 의하면 '세종이 언문청을 설치하고 신숙주, 성삼문 등에게 명령을 내려 언문을 만들게 하였다'는 것이다. 성현은 세종 21(1439)년에 태어나 연산군 10(1504)년에 죽었다. 세조 8년에 문과에 급제하여 벼슬길에 올랐다. 국악에 조예가 깊어서 유자광과 더불어 '악학궤범'을 편찬함으로써 한국문화사에 그 이름을 남겼다. '용재총화'는 연산군 10(1504)년에 저술되었다. 일종의 필기잡록류(筆記雜錄類)인데 민간 풍습, 문물 제도, 역사, 지리, 언어, 문학, 음악, 서화 등 인문학적 총서로 불러도 좋을 정도로 내용이 풍부하다. 한글의 기원에 관한 기록도 있다.

> 한글의 자체는 범어의 글자를 모방하였다
> (其字體 依梵字爲之)

그래서인지 한때는 한글과 산스크리트 문자의 관련성에 관한 논문이 많았다. '훈민정음이 세종의 친제인가'에 대해서 의문을 품고 글을 쓴 사람들도 있었는데, 이들은 세종 친제설이 해방 후에 대두된 국수주의의 물결을 타고 전파된 것으로 의심하였다. 친제설에는 한국인 특유의 애국심 같은 것이 포함되어 있을 법하여 민족주의적 느낌을 완전히 배제하기는 어려운 일이라는 판단이다. 왕이 직접 문자를 지었다는 것은 세계 역사상 유례를 찾을 수 없다. 때문에 사람들은 세종의 친제설을 의심했다.

108자 가설

김광해 선생이 훈민정음 서문에 숨겨진 불교적 상징에 의해서 세종 친제설을 증명할 수 있다는, 흥미로운 가설을 발표했다.

조선은 유교를 통치의 기본으로 삼았지만 이성계 집안은 오히려 불교를 숭상했다. 세종은 말년에 내불당(궁궐 안에서 왕이 불공을 올릴 수 있도록 마련한 절)을 짓고자 한다. 건강이 좋지 않고 몸도 뚱뚱해져서 바깥출입이 힘들었다. 신하들은 불당 건립에 극렬히 반대했다. 궐내 불당 건립은 유교국가에서 있을 수 없는 일이라 성토했다.

집현전 학자들은 데모를 감행했다. 이른바, 출근투쟁을 벌였는데, 그 결과 집현전이 텅텅 비기에 이르렀다. 세종은 텅 빈 집현전을 둘러보고 실의에 차서, 노 정승이었던 황희에게 달려가, 울면서 호소했다고 전한다.

> 신하들이 나를 버렸으니, 이제 누구와 더불어 국사를 논하리오?

하며 눈물을 흘렸다 하니, 불교를 둘러싸고 왕과 신하 간의 힘겨루기가 얼마나 심각했는지를 알겠다. 물론, 세종도 가(家)보다는 국(國)의 논리를 우선하였다. 사적 영역보다 공적 세계를 중시하는 원칙은 왕가(王家)라 해서 예외일 수 없다.

하지만 왕 또한 서민과 마찬가지로 종교의 자유를 누릴 권리가 있다. 국사로 궁궐을 비우기 어려우니, 조그마한 불당 설립에 신하들이 간섭해서는 곤란하다는 생각 또한 포기하고 싶지 않았다. 통치는 유교의 법에 따르지만 마음의 위안은 부처님으로부터 얻겠다는 것이 세종의 생각이었다.

아들인 수양대군에게 석가모니 일대기에 대한 글을 쓰도록 지시하고, 당신 스스로도 월인천강지곡(月印千江之曲)을 지어 부처님의 공덕을 찬양했다. 하지만 왕이라 할지라도 신하들의 눈치를 보지 않을 수는 없었던 것이 조선의 현실이었다. 왕도 종교로 인해 신하들과 충돌하기는 싫었다.

불교는 신라, 고려시대를 거치면서 천년 이상 이어져 온 국민 종교였다. 쉬운 한글로 부처님의 가르침을 받는다면, 백성들의 교화에 도움이 될 것이다. 풍속도 불심으로 하여 아름다워질 것이다. 왕가(王家)에서는 불경들을 한글로 번역하여, 백성들에게 널리 보급하는 사업도 시행한다.

중국이 문화대국으로 부상한 것은 인도어로 된 불경을 당시의 구어체인 백화문으로 번역하여, 중국인들이 알기 쉽게 하여 널리 보급한 사업에 힘입은바 크다. 구마라습이라는 쿠차국의 사문을 장안에 모셔 와서 불경 번역 사업을 시행했다. 또한 현장 법사로 하여금, 다시 한 번 새롭게 불경들을 번역케 함으로써, 당나라의 수도 장안(長安)은 세계의 문화 중심으로 우뚝 섰다.

세종도 번역 사업이 얼마나 중요한지 알고 있었다. 세종 · 세조 때의 불경 번역 사업과 성종 · 선조 때의 유교 경전 번역 사업이 15세기에 이어 16세기까지 번성하였다. 그런데 '훈민정음 언해문'에는 지금까지 우리가 알지 못했던 불교적 상징이 숨어 있었다.

그동안 우리는 수없이, '나랏말쓰미'로 시작되는 훈민정음을 읽고 또 읽고, 수많은 학자들이 그것을 해석해 왔지만, 그 속에 숨겨진 불교적 상징에 대해서는 알지 못하고서 지나쳤던 것이다.

이것은 한글 창제 과정에서 불교를 믿지 않는 유학자들의 개입이 없었다는 뜻이고, 달리 말하면, 불교 신자였던 세종이 한글을 지었다는 증거가 된다.

그렇다면 훈민정음에는 어떠한 불교적 상징이 들어 있을까? 알다시피, 훈민정음 서문은 우리에게 너무도 유명하다. 지하철 역사 벽면에도 새겨져 있고, 국어 교과서에 실려 있다. 교과서가 아무리 바뀌어도, 대한민국 수립 이후, 교과서가 생긴 이래, '나랏말ᄊᆞ미'로 시작되는 훈민정음 서문은 늘 우리 곁에 있었다. 그런데, 여러분들은 훈민정음 서문의 음절수가 모두 몇 개인지를 세어 본 적 있는가?

> 나랏말ᄊᆞ미 中國에 달아 文字와로 서르 ᄉᆞᄆᆞᆺ디 아니ᄒᆞᆯᄊᆡ 이런 젼ᄎᆞ로 어린 百姓이 니르고져 호ᇙ배 이셔도 ᄆᆞᄎᆞᆷ내 제 ᄠᅳ들 시러 펴디 몯ᄒᆞᇙ 노미 하니라 내 이ᄅᆞᆯ 爲ᄒᆞ야 어엿비 너겨 새로 스믈여듧 字ᄅᆞᆯ ᄆᆡᆼᄀᆞ노니 사ᄅᆞᆷ마다 ᄒᆡᅇᅧ 수ᄫᅵ 니겨 날로 ᄡᅮ메 便安킈 ᄒᆞ고져 ᄒᆞᇙ ᄯᆞᄅᆞ미니라

훈민정음 서문은 108개의 음절로 이루어져 있다. 이 숫자는 불교적 상징이다. 인간의 백팔번뇌를 의미한다. 우연히 그리 된 것인가? 이것은 우연이 아니다. 서문을 한글로 번역할 때에 글자 수를 의도적으로 맞춘 흔적이 있기 때문이다. 가령, '서르 ᄉᆞᄆᆞᆺ디 아니ᄒᆞᆯᄊᆡ'에서 'ᄉᆞᄆᆞᆺ디'에 대응되는 한자어는 '유통(流通)'이다. 'ᄉᆞᄆᆞᆺ디'가 '通'하다는 뜻인데, 그 앞엣것인 '流'는 번역되지 않았다. 유통(流通)이 글자 그대로라면 '흘러 ᄉᆞᄆᆞᆺ디'가 되었을 것이다. 하지만 '흘러'는 생략됐다. 그러지 않았더라면 110자가 되었을 것이다.

당시의 한글 번역문은 축자적(逐字的)이어서 한자(漢字) 한 글자 한 글자에 한글이 대응되도록 번역해야 했다. 더욱이 왕이 쓴 글자를 빠뜨린다는 것은 거기에 상응하는 이유가 필요하다.

그 이유는 무엇인가? 108자에 맞추기 위한 의도로 풀이된다. 집현전 신하들은 불교의 폐단을 성토하고 불교에 반대했다. 그러니 성리학자들이 불교적 상징을 서문 속에 심어두었을 리 만무하다. 108자의 상징은 누가 꾸며 놓고 마련한 일일까? 거기에는 한글을 통하여 백성들의 번뇌가 소멸되고, 부처님의 자비가 온 누리에 가득하기를 바라는 불심이 담겨있다.

물론, '세종의 친제설'이 이러한 종교적 상징에 의해서만 뒷받침되는 것은 아니다. 세종 28년의 실록에도 세종이 한글을 직접 제작했다는 기록이 나온다.

> 계해년 겨울, 우리 전하께서 정음 28자를 창제하셔서(癸亥冬 我殿下創制正音二十八字) 예의를 간략히 보이시고(略揭例義 以示之) 이름하여 훈민정음이라 하셨다.(名曰訓民正音, 세종 28년 9월 29일)

또 다른 기록도 있다. '훈민정음해례'에서 세종이 한글을 창제했다는 글을 본다.

> 아, 정음이 만들어져 천지 만물의 이치를 모두 갖추니(吁 正音作而天地萬物之理 咸備) 그 신비로움이여!(其神矣哉) 이는 아마도 하늘이 성군의 마음을 여시고(是殆天啓聖心) 그 손을 빌린 것이 아닐는지(而假手焉者乎, 훈민정음 해례訓民正音解例)

그런데 문자의 창조라는, 이 엄청난 일을 누구의 조력(助力)도 없이, 세종 혼자서 독자적으로만 만들었다고 하는 것은, 아무래도 인간으로서는 거의 불가능한 일이 아닌가 하는 생각을 하지 않을 수 없다. 문자 창제, 곧 발명이라는 것은 글자의 고안 혹은 디자인만으로 끝날 일이 아니기 때문이다. 그것을 실행하려면 수많은 실험을 거쳐야 하고, 실험의 과정에서, 글자의 운용법이라든지, 음절을 구성하는 방법이라든지, 글자를 쓰는 방법 등등에 관한, 실증적인 연구가 뒷받침되지 않으면 전면적 시행이 불가능하다. 새 문자에 대한 실험이나 실습은 한글 창조자 외에도 수많은 조력자를 필요로 하는 일이다.

실제로, 1443년에 발명하여 1446년 훈민정음이라는 '한글 사용서'가 일반 사람들에게 배포되기까지 2년 반 이상이나 걸렸다. 발명하기까지도 엄청난 노력과 시간이 걸렸겠지만, 발명하고서도 긴 시간 동안, 간단없이 노력한 끝에 '한글 사용서'가 탄생하였던 것이다.

조력자가 누구였는지에 대한 직접적 기록을 지금으로선 찾아볼 길 없지만, 그에 대한 단서는 아이러니컬하게도, 최만리의 한글반대 상소 속에 보인다.

왕과 동궁이 즐겁게 일을 하다 ㄱ,ㄲ,ㅋ,ㅇ

상소문을 보면 세종이 한글을 만드는 과정에서 세자가 협력했다는 내용이 나온다.

이제 동궁이 비록 덕성이 성취되셨다 할지라도 아직은 성학에 잠심하시어 더욱 그 이르지 못한 것을 궁구해야 할 터입니다. 언문이 비록 유익하다 할지라도 특히 문사 육예의 한 가지일 뿐이옵니다. 하물며 만에 하나라도 정치하는 도리에 유익됨이 없사온데, 정신을 연마하고 사려를 허비하며 날을 마치고 때를 옮기시오니, 실로 시민의 학업에 손실되옵니다.(今東宮雖德性成就 猶當潛心聖學 益求其未至也 諺文縱曰有益 特文士六藝之一耳 況萬萬無一利於治道 而乃研精費思, 竟日移時, 實有損於時敏之學也)

이것은 한글이 반포(頒布)되기 이전 상황을 보이는 것으로, 한글의 창제와 반포의 과정에 관한 역사적 정보를 담고 있다. 동궁은 세종에 이어서 등극한 문종이다. 반대상소에 따르면 세자가 한글을 연구해서 시간을 낭비했다는 것이다. 세종은 한글을 창제하는 과정에서 동궁과 함께 의논하고, 동궁은 아버지와 함께 한글을 연구했다. 8남2녀 중에서도 아버지를 가장 많이 닮은 자식이었다. 성품이 어질고, 어릴 때부터 학문을 좋아하여, 주야로 독서에 전념했다 하니, 세종의 입장에서는 세자가 한글에 관한 학문적 연구의 동료이자 조력자로 삼음직했다.

세자가 한글 창제 과정에서 세종에게 협력했다는 정황은, 훈민정음이라는 책 속에도 있다. 108자의 상징처럼, 훈민정음(訓民正音)에는 또 다른 수수께끼가 숨겨져 있다. 거기에는 새롭게 만든 글자에 대해서 이렇게 설명한다.

ㄱᄂᆞᆫ 엄소리니 君ㄷ字 처ᅀᅥᆷ 펴아나ᄂᆞᆫ 소리 ᄀᆞᄐᆞ니

(ㄱ. 牙音. 如君字初發聲)

세종은 새롭게 고안한 문자를 어떻게 설명할 것인지가 고민이었다. 가령, 'ㄱ'이라는 문자를 처음 보는 사람들에게 어떻게 말해야 효과적인 설명이 될 것인지를 정하는 일이란 쉽지 않다.

게다가 'ㄱ'이 지니고 있는 여러 가지 언어학적 정보와 기능 중, 어떤 것을 선택해서 설명할 것인지의 문제 또한 쉽지 않았다. 'ㄱ'에 관한 모든 것을 책에서 한꺼번에 설명하면, 책이 너무 두꺼워져서 읽는 이가 지쳐 지리멸렬한다. 책은 얇으면서도 요체를 요령 있게 설명해야 한다.

세종대왕은 'ㄱ'이 음성학적으로 어떠한 부류에 속하는지에 대한 정보와, 'ㄱ'을 어떻게 발음할 것인가에 대한 정보를 선택했다.

'ㄱ'의 조음 위치 정보, 즉 ㄱ은 음성학적으로 아음(牙音, 어금니소리)에 속한다. 그래서 'ㄱ는 엄소리니' 하는 설명을 먼저 했다. 그 다음으로 'ㄱ'의 발음이 한자인 군(君)의 첫소리와 같다는 설명이 주어졌다.

여기서 의문이 생긴다. 한글이 쉬운데 한글의 발음을 왜 어려운 한자로 설명했을까? 그 당시 조선 사람들은 지식인이든 농민이든 한자 외에는 달리 쓰는 문자가 없었다. 한자에도 소리를 표시하는 기능이 있으니, 그 음(音)을 이용해서 한글의 음을 설명할 수밖에 없었다.

상식적으로 생각할 때에는, 한자가 복잡하고 한글은 간단하므로 한글로써 한자음을 설명하는 것이 효과적이겠지만, 훈민정음을 쓸 당시에는 이것과 반대의 상황에 봉착했던 셈이다.

이것은 마치 영어 단어를 처음 배우는 어린 학생에게 영어 발음을 듣고서 그것을 기억하기 위해서 어떻게 표시해야 하는가의 상황과 비슷하다. 중학교 1학년 때에 영어 선생님으로부터 'boy'라는 단어를 처음 듣고서, 그 발음을 기억하기 위해 교과서에다가 한글로 '보이'라고 쓴 기억이 난다. 그때는 녹음기도 비쌌고 발음 기호가 무엇인지도 몰랐다. 당시에 내가 알고 있었던 소리글자란 한글밖에 없었다.

세종이 새롭게 발명한 한글을 처음으로 가르쳐 주려 했을 때, 소리를 표시할 수 있는 방법이란, 한자의 발음을 표시해 주는 것으로 '반절(反切)'이 유일했다.

반절이란 무엇인가

반절은 한자의 발음 표시법이다. 가령, 東의 음을 표시할 때에 德紅切로 했다. 이것은 德의 성모인 'ㄷ'과 紅의 운모인 '옹'으로 잘라서 조합하라는 뜻이니 'ㄷ+옹'해서 東의 음이 '동'이라는 뜻이다. 切은 '자르다'는 뜻이고 반절의 '反'은 뒤집다, 새기다「飜」 따위의 뜻이다. 이에 反切을 글자 그대로 풀이하자면 '(성모와 운모를) 자른 것으로 새긴다'는 뜻이다. 꽤 복잡해 보이지만, 우리처럼 한글이 없는 중국에서는 이런 식으로 하여 한자의 발음을 표시하였다.

한자의 연구에서는 뜻을 캐는 것 못지않게, 발음이 어떻게 표시되는지를 살피는 것이 중요했다. 한자에는 세 가지의 기본적인 요소, 즉 '형(形) · 음(音) · 의(義)'가 있다. 형을 연구하는 분야가 자형학

(字形學)이라면, 음을 연구하는 것은 운학(韻學), 의를 궁구하는 것이 훈고학(訓詁學)이다. 그러니 반절은 운학에 속했다. 운학을 소학(小學)이라고도 불렀는데 이것은 운학이 학문의 기초였다는 뜻을 함의한다.

우리가 '天'이라는 한자를 안다는 것은 기본적으로 天의 형·음·의를 안다는 말이다. '天'이라는 글자를 쓸 줄 알아야 하고, 그것이 '천'이라는 소리를 지니고 있음을 알아야 하며, 뜻이 '하늘'임도 알아야 한다. 다시 말해서, '天'을 쓸 수 있고, 그 소리가 '천'이며 이것이 '하늘'을 가리킨다는 사실을 안다는 것, 이 세 가지를 알아야만 한자를 익혔다 하는 것이다.

그러니 한자에도 발음을 표시하는 기능이 있고, 그것이 학문적으로도 중요하다는 사실을 독자 여러분들이 이해했으리라 생각한다. 한글 이전에 동아시아인들이 문자의 발음을 표시하는 방법으로 한자의 반절이 기본이었다. 한자의 운을 알기 위해서 반절을 알아야만 했는데, 운을 모르고서는 한시(漢詩)를 지을 수 없었다. 반절에 따라 그 한자의 성(聲)이 무엇이며 운(韻)이 무엇인지 알 수가 있었다. 그래서 당시 조선(朝鮮)의 지식인들은 반절을 외우다시피 했다.

그런데 한글의 발음을 한자로 표시하는 방법에 또 다른 문제가 있었다. 반절은 한 음절을 이등분해 성모, 운모로만 발음을 표시했기 때문이다. 알다시피 성모란 한글의 초성에 해당하는 것이고 운모란 한글의 '중·종성'을 합친 부분이다. 그러나 한글은 한 음절을 초성, 중성, 종성으로 3등분하였기 때문에 한자의 2등분과는 근본적으로 소리의 표시 체계가 다를 수밖에 없었다.

그래도 소리를 표시하기 위한 방법으로서 한자의 반절법 또한 포기할 수는 없었다. 세종에게는 선택의 여지가 없었다. 한글의 발음을 표시하기 위해서 한자의 표음성을 이용하는 것 이외에 다른 대안이 있을 수 없었다. 그래서 고안된 것이 바로 '초발성(初發聲)'이다.

'君'은 '임금 군'자이다. 이것을 반절에서처럼 소리글자로 이용을 하되 'ㄱ'의 발음을 표시하기 위해서 'ㄱ'의 발음이 포함된 君자를 택하여 '군'이라는 한 음절에서 초발성, 즉 처음 펴서 나는 소리인 'ㄱ'을 추출하고, 이로써 'ㄱ'의 발음을 표시하였다. 그러니 "ㄱᄂᆞᆫ 엄소리니 君ㄷ字 처ᅀᅥᆷ 펴아나ᄂᆞᆫ 소리 ᄀᆞᄐᆞ니ㄱ.牙音.如君字初發聲"와 같은 문장처럼, 한글 이전에는 존재하지도 않았던 표현 방식을 세종대왕이 새로운 문자인 한글의 발음을 표시하기 위해 '초발성'이라는 방법을 창안했던 것이다.

군규쾌업(君虯快業)

훈민정음의 첫글자인 'ㄱ'의 발음을 설명하는 한자로, '곡(曲)'도 가능하고 '국(國)'도 될 터인데, 다른 문자를 제쳐두고 하필, '임금 군(君)자'가 선택하였는가? 임홍빈 선생의 주장에 따르면, 여기에는 숨겨진 비밀이 있다는 것이다. 이것은 '君'에 이어지는 다른 글자들과 연결해서만 해석이 가능해져서 이에 얽힌 비밀을 풀어낼 수가 있다.

훈민정음 문자들의 순서를 살펴보면 'ㄱ' 다음으로 이어지는 글자는 'ㄲ, ㅋ, ㆁ'이다. 여기에 대한 '훈민정음'의 설명은 다음과 같다.

ᄀᆞᆯᄫᅡ쓰면 虯ᄫ字 처ᅀᅥᆷ 펴아나ᄂᆞᆫ 소리 ᄀᆞᄐᆞ니라

(並書. 如虯字初發聲)

ㅋᄂᆞᆫ 엄쏘리니 快ㆆ字 처ᅀᅥᆷ 펴아나ᄂᆞᆫ 소리 ᄀᆞᄐᆞ니라

(ㅋ. 牙音. 如快字初發聲)

ㆁᄂᆞᆫ 엄쏘리니 業字 처ᅀᅥᆷ 펴아나ᄂᆞᆫ 소리 ᄀᆞᄐᆞ니라

(ㆁ. 牙音. 如業字初發聲)

ㄱ은 군(君)자의 첫소리이며 ㄲ은 규(虯)자의 첫소리이고, ㅋ는 쾌(快)자, ㆁ은 업(業)자의 첫소리라는 설명이다. 아음(牙音)이란 '어금니 아'자에 '소리 음'자이므로 어금니 소리다. 아음의 범주에 포함되는 한글은 'ㄱ, ㄲ, ㅋ, ㆁ'이다. 이것들을 아음이라고 분류한 것은 소리가 터지게 되는 위치가 어금니 부근이기 때문이다.

아음을 현대 언어학의 개념으로 설명하면 연구개음(軟口蓋音, velar)이 된다. 여린입천장 소리라고도 하는데, 이것의 발음 위치가 어금니 부근이니, 세종의 분류법은 현대 언어학의 그것과 용어상의 차이는 있을지언정, 음성학적으로 별 차이가 없었을 정도로 현대적이었다.

그런데 'ㄱ, ㄲ, ㅋ, ㆁ'을 표시하는 한자들을 순서대로 열거하면 '군규쾌업(君虯快業)'이다. 규(虯)는 '아기 용'이라는 뜻인데, 용은 임금을 상징하므로 규는 왕자를 의미한다. 군규쾌업이란 '임금과 왕자가 즐겁게 일을 이루었다'는 뜻이다. 이때의 일이란 훈민정음의 창제를 일컫는다.

군규쾌업이 상징하는 바는 최만리 반대 상소에 보이는 역사적 사실과도 부합한다. 앞에서 이미 살펴보았듯이 상소문에는 세종의 아

들인 문종이 한글 연구에 깊이 개입하고 있는 것을 우려하는 대목이 있었다. 우리는 108자의 상징과 '군규쾌업'의 해석을 통하여 한글의 진정한 창조자가 누구였던가를 좀 더 분명히 짐작하게 된다.

편자일화

훈민정음(訓民正音)이라는 책에는 한글의 창조자가 만들어 놓은 수수께끼들이 여기저기 숨어 있다. 이러한 것들을 하나씩 풀게 되면 한글의 창조자가 누구인지를 알 수 있도록 꾸며지지 않았는가 하는 생각이 들 정도로 재미있게 쓴 책이다.

'군규쾌업(君虯快業)'처럼 글자를 의도적으로 편집하여 이야기를 숨겨놓은 것을 편자일화(編字逸話)라 부른다. 세종은 이것으로 '훈민정음'이라는 책 속에 한글의 창제자가 누구인지를 알 수 있게 숨겨 놓았다.

하지만 한글의 창제자가 누구인지에 대한 완벽한 증거는 아직까지 그 누구도 갖지 못한 상태에 있다고 할 수 있으며, 이 위대한 발명가에 대해서는 아직도 논란이 이어진다.

이제까지 발견된 증거일지라도 창제자가 누구라는 것을 완전하게 보여주는 확증이라 하기에는 주저된다. 누가 무엇을 발명했다는 사실을 완전히 증명하기 위해서는 제작 과정에 대한 상세한 기록이 있어야 함은 물론이고, 제작 과정에 관한 기록의 검토를 통하여 이것의 발명자를 분명히 드러낼 수 있는 과학적 또는 논리적 근거들이 남아 있어야만 한다. 한글의 진정한 창제자가 누구인지는 영원한 수수께끼의, 영구 미제 사건으로 남게 될지도 모른다. 필자는 좀 더 그럴듯한 자료들을 탐색하고 추리할 따름이다.

성현의 용재총화에 기록된바, '집현전 학자들이 임금을 도와서 한글을 창제했다'는 설을 믿는 사람들이 부부 싸움을 일으키기도 하였다. 이미 앞에서 밝혔듯이, 성현은 한글이 창제될 당시에는 다섯 살박이 꼬마에 지나지 않았으니 그 기록의 실체란 나중에 전해들은 바를 기록한 데 지나지 않았을 것이다. 그러니 집현전 학자설도 근거가 분명한 것은 아니다.

자방고전

한글은 창제의 목적에서부터 문자 운용에 이르기까지 한자와 별개의 것으로 인식된다. 그리하여 우리는 세종의 독창성을 높이 기린다. 그런데 한글을 발명한 세종은 오히려 이것과 정반대의 주장을 하고 있다.

'언문 개 본고자 비신자야(諺文皆本古字非新字也)'라 하였다. 언문, 즉 한글은 그 바탕이 모두 옛글자에 있다고 한 것이다. 옛글자란 전서(篆書)를 가리킨다. 세종은 한글이 새로운 문자가 아니라는 주장이다. 자방고전(字倣古篆)이란 말도 세종에서 비롯했다. 한글의 글자는 고전, 즉 옛날의 전서를 모방했다는 것이다. 이러한 증언(證言)은 정인지 서문에 나타나고 전서 모방설은 후대에 널리 퍼지게 된다. 다시 말해서 한글은 옛것을 계승한 것이지 새롭게 지어낸 것이 아니라는 말이다.

불가해한 일이 아닐 수 없다. 세상 사람들은 한글을 만든이가 세종이라 하여 받드는데, 정작에 세종 본인의 의견이 무엇인지를, 실록에서 애써 찾아본바, 그 결과는 일반인들의 기대와 정반대이다. 세종에 맞선 최만리가 오히려 새롭게 지어냈다 하고 세종은 한글을 창작한 것이 아니라고 반박하였다. 1444년에 작성된 최만리의 상소문에는 다음과 같은 기록이 있다.

> 당왈 언문 개 본고자 비신야(儻曰諺文皆本古字非新字也,
> 설혹 언문은 모두 본래 고자이고 신자가 아니라 말하지만)

> 즉 자형 수방 고지 전문(則字形雖倣古之篆文,
> 즉 글자의 형태가 비록 옛날의 전문이라 하지만)

> 용음합자 진반어고(用音合字盡反於古.
> 음을 활용하고 글자를 합치는 것이 진실로 옛것의 반대이옵니다.)
> (崔萬里 上疏, 1444年)

세종에 맞선 최만리는 한글은 한자와 완전히 다를 뿐만 아니라, 한자와는 정반대의 문자라고까지 주장하였다.

참으로 아이러니한 일이다. 새로운 것을 발명한 사람은 자신의 발명품이 기존의 것을 모방한 것이어서 옛날 것과 전혀 다른 것이 아니라 하고, 이 발명품을 부정하는 사람들이 오히려 한글이야말로 한자와는 전혀 다른 독창적인 것이라고 하였다.

결구법

용음합자(用音合字)가 진반어고(盡反於古)라 주장하는 학자들은 문자시스템 운용의 기본인 용음에 있어서 한글이 중국 전통의 반절법(反切法)을 어겼을 뿐 아니라, 한 음절에 대하여 초성·중성·종성의 삼분법에 기초한 음절합자가 고전(古篆)에 없다는 것이다.

하지만 세종의 생각은 달랐다. 한글이 한자와 달리, 음소문자이지만, 초·중·종성을 합쳐서 한 글자로 삼았기 때문에 결과적으로는 1자 1음절이라는 점에서 한자와 동형성을 유지한다는 점을 강조한 듯하다.

이런 점에서 같은 소리글자라 하더라도 한글이 서양의 알파벳과 다른 형태를 보이는 이유도 여기서 찾을 수 있다. 알파벳은 쓰는 방식이 1차원적임에 비해 한글은 2차원적인 문자다. 이것은 음절합자라는 한자의 전통을 수용했기 때문이다.

한자는 결구법(結構法)에 의해 한 글자의 부분들은 네모꼴 속에 배치하여 1자는 1음절에 대응되도록 만든다. 가령, '日, 立, 日'의 세 요소가 있으면 이것은 일렬로 나열하는 것이 아니라, 앞의 日은 왼쪽에, 立은 위쪽에, 뒤의 日은 아래쪽에 배치해야 '暗'이라는 글자가 완성된다. 이처럼 2차원의 네모꼴을 가정하고 그 속에 각 글자들의 요소들을 조화롭게 배치하는 것이 결구법(結構法)이다.

한글도 이러한 결구법의 전통을 따랐다. 가령, '이응/ㅇ, 아/ㅏ, 미음/ㅁ'이 있으면 이것을 알파벳처럼 1차원의 선형으로 나열하는 것이 아니라, 이응은 왼쪽에 아는 오른쪽에 미음은 아래쪽에 배치해야 '암'이라는 글자가 완성된다. 이런 까닭에 한글의 기본형도 한자와 마찬가지로 방형(方形, 네모꼴)을 표준으로 삼게 되었다.

이상의 논점을 수용한다면 한글도 한자와 연속선상에서 그 문자 문화사적인 위상을 검토해 볼 여지가 있다. 그런 점에서 우리는 자방고전(字倣古篆)을 주장했던 세종의 문자관을 새롭게 해석해 볼 가능성이 있다. 훈민정음을 '고전(古篆)'에서 구하고자 했던 세종의 언술은 사실적 고찰의 면도 있었겠지만, 동아시아 특유의 문자문화사적 관점에 따른 해석의 문제로 풀어낼 여지가 있다.

한글의 문자 문화사

고대 동아시아 사회에서 문자는 통치 수단이었다. 문자를 만드는 행위는 새로운 국가 질서의 창조를 뜻한다. 문자는 황제의 명령을 담은 매개체이며, 문자를 통해 황제의 명령이 변방까지 전해진다. 말하자면 문서행정 시스템이, 시황제의 천하통일 이후로 국가 통치의 기본이었다. 문자 기반 행정체계가 동아시아의 여러 국가로 퍼져서, 동아시아 문자문화사의 전통으로 자리 잡았다.

문자에는 권위가 필요하다. 세종도 이에 따라 한자의 기본 원리인 상형(象形)이나 고전(古篆)의 모방이라는 논리를 부각하였을 것이다. 한자의 상형과 한글의 상형은 자형이 사물의 형상을 본떴다는 점에서는 공통점이 있지만 세부적으로 차이가 적지 않다.

한자의 상형은 뜻의 세계에 관한 것이다. '山'의 뜻이 산의 형상인 것이다. 그러나 한글은 이러한 뜻의 세계와 관련이 없다. 'ㄱ'은 그 소리의 실체가 혀의 고부라진 모습으로 시각화 되었다. 그러니 한글의 '상형'이란 한자의 상형과 달라서, 굳이 한글을 상형자라고 할 이유는 없었을 것이다.

그럼에도 불구하고 한글의 발명자가 굳이 상형이라는 단어를 사용한 것은, 다름 아닌 동아시아 오랜 문자 전통에서 기인한 것이 아닌가 한다. 한글이 한자와 제작 원리가 동일하다는 점을 강조하여 한글도 옛 성현들이 만들어낸 문자와 근본적으로 다르지 않음을 보이고자 했던 세종의 논리를 통하여 우리는 한글에 담긴 동아시아의 문자 이데올로기를 읽어 낼 수 있다.

또한 한글이 전서와 닮은 점을 찾기는 어렵다. 진(秦)의 예서(隷書) 이후, 중국의 표준 서법이 주나라의 전서와 달라지는데, 예서는 한예(漢隷, 한나라 예서)를 거치면서 파책(波磔, 오른쪽 마지막 파임의 획을 치켜올림, 일종의 권위 혹은 문자적 과시의 느낌을 담고 있음)이 나타나고, 획의 굵기가 자형에 따라 달라진다.

하지만 전서는 획의 굵기가 동일하며 예서처럼 각진 것이 아니라, 획이 둥글게 표현된다. 획의 굵기가 동일하다는 면에서는 한글을 전서와 관련지을 수 있겠지만, 한글은 수직 수평의 각진 모습을 기본형으로 하고 있다는 점에서 획이 둥글고 부드러운 전서와는 차이를 보인다. 훈민정음(訓民正音)과 고전(古篆)의 공통점을 굳이 형태에서 찾자면 서체면에서 획의 굵기가 시종여일(始終如一)하다는 것이다.

이기불이

이러한 차이에도 불구하고, 세종은 구체적 양상의 차이점보다는 근본적 원리의 동일성을 중시하였다. 이러한 태도는 '이기불이(理旣不二, 이치는 이미 둘이 아니다)'와 관련된 해례본(解例本)의 언술에서도 확인된다.

> 인지성음 개 유음양지리(人之聲音皆有陰陽之理,
> 사람의 소리는 모두 음양의 이치가 있는데)
> 고인불찰이(顧人不察耳,
> 돌아보건대 사람이 관찰을 하지 못하였을 따름이니)
> 금정음지작(今正音之作,
> 이제 정음을 만들어냄은)
> 초비지영이역색(初非智營而力索.
> 처음부터 지혜를 경영하여 힘을 들여서 찾아냄이 아니니라.)
> (훈민정음 해례본訓民正音 例解本)

세종은 무엇을 새롭게 창조했다고 생각하지 않았다. '이기불이(理旣不二)' 즉, 모든 이치는 둘이 아니라는 것이다. 훈민정음(訓民正音)의 이치가 이미 존재했지만 '고인불찰이(顧人不察耳)'한 것을, 세종 자신이 발견하여 정리하였다는 뜻이다. 이것은 술이부작(述而不作)이라는 동아시아적 전통과도 부합한다.

자방고전(字倣古篆)이란 구절도 음미(吟味)가 필요하다. 알다시피 '고전(古篆)'은 주(周) 왕실의 문자다. 그것은 제왕적 권위의 상징이었다. 시황제의 문자 통일도 이런 맥락에서 해석할 수 있다. 그것은 기원전 3세기부터 오늘에 이르기까지 '하나의 중국'을 가능하게 만든 기준이기도 했다. 이민족들이 공존하는 중국에서 말이 달라도 문자는 같았기 때문에 동질성을 유지할 수 있었다. 진나라 이후로, 방형(方形)의 문자가 표준이 되었고 이러한 전통은 2300여 년이 지난 오늘날까지도 유효하다.

문자 중심의 동아시아적 이데올로기는 전통적 한자학습서인 천자문에도 보인다. 일반적으로 의식주가 문자의 발명에 앞섰다 할 것이지만, 천자문에 보이는 "시제문자(始制文字) 내복의상(乃服衣裳)"은 생존의 기본인 의 · 식 · 주보다 문자를 앞세운다. 훈민정음 창제자의 문자관도 동아시아의 전통적 문자문화사적 맥락에서 벗어나지 않는다. 이러한 흐름은 19세기말 대한제국의 성립까지 유지될 만큼 뿌리 깊은 것이었다.

모음의 발견

반절법에 따르면 음절을 구성하는 자음과 모음이 분명하게 분석되지 않는다. 운에는 모음과 자음이 섞여있기 때문이다. 앞서 살펴본 것처럼, 同/東의 발음을 표시하면 '德紅切'이다. 덕의 /ㄷ/음이 성이고 홍의 /옹/이 운인데 반절법이란 /ㄷ/+/옹/을 합쳐서 /동/으로 읽으라는 규정이었다. 따라서 중국의 음운학으로는 한 음절을 자음과 모음으로 정확하게 분석해 낼 수 없었다.

그런데 세종대왕은 운에서 '중성(中聲)'이라는 것을 분석해 내었다. 중성은 중국의 음운학에서 존재하지 않았다. 이것이야말로 세종의 독창적 발견이다. 중성을 현대 언어학적 용어로 번역하자면, 다름 아닌 모음(母音)이다. 그러니까 소리를 이루는 기본 단위로서 모음을 발견하고, 여기서 더 나아가 한국어의 모음 체계를 최초로 밝혀낸 학자가 세종이다. 그는 음절을 이루고 있는 소리의 핵심이 운에 포함된 중성이라는 사실도 밝혔다.

더욱 중요한 점은, 세종이 초성과 종성의 소리 성질이 본질적으로 같다는 음운론적 원리를 정립하였다는 데에 있다. 초성과 종성은 자음에 해당한다. 이것들의 동일성을 발견했다는 사실은 국어의 분절음에 자음과 모음 두 가지 종류만 있다는 것을 확인했다는 것을 의미한다. 한글이 음소 문자로 디자인된 것도 국어가 자음, 모음 두 종류로 이루어졌다는 음운론적 발견이 선행되었기에 가능했다.

음운론적 발견과 자음, 모음의 원리 확립이 한글 디자인의 독창성으로 이어졌다. 한 음절을 초성, 중성, 종성으로 삼분하고 초성과 종성이 동일하니 종성표시 문자를 따로 만들 필요가 없었다. 이에 따라 국어를 표기하기 위한 한글 자모의 숫자를 극적으로 줄일 수 있게 되었다. 초성 17자, 중성 11자만으로도 충분했다.

음소 표기법

신라 사람들도 자음이나 모음을 표기할 수 있었다. '마음'이라는 우리말을 신라인들은 心音으로 표기하였다. 이때의 音은 자음인 'ㅁ'을 표시한다. '使以惡只/브리악'의 只는 국어 자음 'ㄱ'을 가리킨다. 처용가의 '脚烏伊四是良羅/가로리네이어라'에서 보면, 모음인 /i/를 표기하기 위해 是가, /ə/를 위해 良이 쓰였다.

이처럼 세종이 자음과 모음을 인식하기 이전에도, 체계적이라 말할 단계는 아니었다 할지라도, 신라인들은 자음과 모음을 인식하고 표기할 줄 알았다.

세종이 신라인의 이두에서 구체적으로 어떤 점을 참고했다는 세세한 기록은 없다. 그러나 실록에 따르면, 세종이 신하들에게 한글 창제의 정당성을 설득하는 대목에서, 신라의 이두를 정립한 설총에 대해서 언급을 하고, 설총의 이두도 백성들을 편안하게 하기 위함이라는 기록이 있음에 비추어 보면 세종이 한글을 만들 때에 이두를 참고했다는 사실은, 의문의 여지가 없다.

또한 세종 당시에 법률은 명나라의 것을 바탕으로 하였는데, 태종 때에 이것이 이두(吏讀)로 번역되었다. 그 책 이름이 대명률직해(大明律直解)로, 오늘날까지 전해진다. 대명률직해는 여말선초(麗末鮮初)의 이두이다. 이러한 이두의 기원을 거슬러 찾아가면 신라까지 올라간다. 정리하자면, 세종이 한글을 발명할 때에 두 가지 면을 참고했을 것이다.

> 첫째는 당시의 동아시아 여러 문자들의 운용체계이다.
> 둘째는 한국의 전통적인 표기법이다.

첫째와 관련해서는 연구 업적들이 축적되어 있지만 둘째에 대해서는 상대적으로 주목을 덜 받았다. 그러나 둘째도 첫째 못지않게 중요하다.

음절 삼분법에 대한 인식이 이두와 향찰에서도 엿보인다. 가령, 이두에서는 '돌'이라는 말을 乭로 표기한다. 乭의 을(乙)은 받침소리인 /ㄹ/을 표기한 것이다. 이것은 돌의 '올'에서 '오'와 'ㄹ'을 분리한다는 인식을 전제로 한다. 받침은 음운의 차원에서는 자음의 표기를 의미하지만, 음절의 차원에서는 중성과 종성의 분리를 뜻한다.

세종이 전통적인 표기 방식에 얼마만큼 영향을 받았는지 구체적으로 입증하는 것은 앞으로의 과제이겠지만, 신라인들의 표기법이 고려시대의 이두, 석독 구결, 음독 구결에 이어졌음은 분명하다.

단군과 고유 문자

그렇다면 이두 이전에도 우리 조상들의 고유 문자가 존재했겠는가?

삼국유사의 첫째 권에는 고조선에 관한 기록이 있다. 거기에는 고대 중국의 위나라 역사책을 인용하면서 그로부터 2000년 전이라고 했으니 지금으로부터 대략 4000여 년 전부터 존재했던 고대국가이다.

단군 조선은 1500년 이상이나 존재했는데 주나라 무왕이 왕위에 올랐던 기원전 11세기경에 '기자'라는 은나라 제후에게 왕위를 물려줌에 따라 그 왕국은 사라지게 되었다고 한다.

고려시대의 스님인 '일연' 대사가 저술한 삼국유사에는 요 임금이 즉위한 지 50년 되는 해인 경인년에 평양성에 도읍을 정하고 나라 이름을 조선이라고 했다는 것이다.

> 단군왕검 이당고 즉위 오십년 도평양성 시칭 조선(檀君王儉 以唐高卽位五十年 都平壤城 始稱 朝鮮, 三國遺事 卷一 紀異第一 古朝鮮)

이 기록에 따르면 한반도 최초의 임금은 단군이요 단군조선이 성립되던 시기에 중국에서는 전설적인 통치자인 요(堯) 임금이 있었다. 당요(唐堯)라 하기도 하고 도당(陶唐)이라고 부르기도 한다. 요가 천하를 차지했을 때에 나라의 이름이 당(唐)이었으므로 도당이라고 하는데, 그때 당 나라의 수도가 도(陶)였으므로 도당이라 부른다.

평화로운 시대를 표현하는 것으로 '요순 시절'이라는 말이 있다. 이때의 '요'는 당요에서 유래한 것이다. 그 시절 백성들은 농사를 짓고 우물에서 물을 긷고 싸움도 없이 평화롭게 지냈다는 것이다. 왕이 있는지 없는지도 모를 정도였다고 한다. 이것은 당요가 권력을 휘둘러서 백성들을 괴롭히지 않았던 것을 의미하는 것이니 요순의 요는 국가를 통치하는 한 원리를 보여주는 것이라 하겠다.

단군 조선이 건설될 시점에 메소포타미아 지역에서는 아카드 사람들이 통일왕국을 건설하였다. 그리하여 아카드 언어(아카디안)는 중동 지역에서 국제어로 등장한다. 히타이트 민족도 초기에는 아카드 문자를 빌어서 자국어의 표기에 사용하였으며 이미 그 당시에 아카드 문자는 소리글자로서의 기능을 하게 되었으니 이것이 페니키아 문자, 그리스 문자에 영향을 주어서 알파벳을 탄생하기에 이르렀다.

단군 조선 시절에도 소리글자가 있다는 주장이 있다. 다만 구체적으로 증명할 수 있는 자료가 없어서 신화적으로만 이해가 될 수밖에 없는 것이다. 인류 문명사에서 당시에도 소리글자의 존재를 확인할 수 있으므로 단군 조선 시절, 문자의 존재 여부는 이것을 밝혀줄 고고학적 자료의 유무에 따라 확증될 수 있을 것이다.

가림토

단군 조선 시절에 '가림토' 문자가 있었다는 주장은 끊임없이 제기되어 오고 있다. 그것을 사실로서 받아들이는 사람들도 적지 않은 것으로 보인다. 그런데 이것은 일종의 '부정불가능(否定不可能)'의 문제가 아닌가 한다. 부정하기도 어렵고 긍정하기도 어렵다는 뜻이다.

어원으로 뜻을 풀이하자면 '가림(加臨)'은 '늘임', 즉 무엇을 바탕으로 '늘리다 혹은 더하다[加]'는 것이고 '토'는 다 알다시피 국어의 조사와 어미를 아우르는 말이다. 가림토는 문자 이름이므로 '토'라는 표현이 어울리지 않을 것이라고도 의심해 볼 수는 있겠지만, 토가 한국어의 문법적인 특징을 반영하고 있고, 문자는 언어를 표현하는 수단이라는 점에서, 토의 의미를 넓게 쓰자면, 문자체계의 고유 명칭으로 쓸 수도 있겠다.

문제는 '가림'이라는 것에 있다. 가림은 '늘임'이라는 뜻인데 가림 '加臨'을 늘임의 뜻으로 읽는 것은 이두식이다. 이두(吏讀)에서는 구름을 '운음(雲音)'이라고 적는다. 운음의 첫 자는 구름 운(雲)인데 운음을 구름이라고 읽을 수 있는 것은 첫 자는 훈독(訓讀)을 하고 둘째 자는 음독(音讀)을 하는, 말하자면 훈주음종(訓主音從)이라고 하는, 한국 고유의 전통적인 표기 방법에 따른 것이다.

다시 말해서 가림(加臨)을 이두식으로 읽자면 늘임인데, 이것은 세종대왕께서 창제한 한글을 늘인 것이 아닌가 한다. 이러한 해석이 틀릴 수도 있겠지만 어원론적인 해석에 충실하자면 가림토가 한글에서 파생된 것이 아닌가 하는 생각도 하게 되는 것이다.

어쨌든 단군 시절에 소리글자가 있었는지의 여부는 여전히 안개

속에 가려져 있다. 평양으로 도읍을 옮겨서 1500년 동안 나라를 다스렸다는 기록만 있을뿐 어떻게 다스렸는지는 알려져 있지 않으므로 단군의 이야기는 신비롭게 이어져서 후세에 전할 따름이다.

서민들의 생활 속에는 신비롭기도 하고 근엄한 한민족의 조상인 단군이 일상에서 쓰이는 낱말로 남아 있다. '단골'이 그것이다. 단골무당, 당골내, 당골내기 등등 무당을 가리키기도 하지만 단골손님처럼 일상의 표현에서도 단군의 흔적을 찾을 수가 있다. 늘 변함없이 오는 손님처럼 정다운 사람은 없다. 가게가 망하지 않으려면 단골손님이 있어야 한다. 우리의 조상인 '단군'은 늘 우리에게 '단골'처럼 일상 언어 속에서 끊임없이 이어진다. 단군은 무속에서 숭배의 대상이 되고 있는데 이것은 단군 숭배의 역사가 무속의 역사만큼이나 오랜 전통을 지녔기 때문이다.

삼국사기에 신라의 임금 명칭 중에서 '차차웅'이라는 것이 있다. 이것은 무당이라는 뜻이다. 차차웅을 '자충'이라고도 하는데(차차웅 혹운 자충, 次次雄 或云 慈充) 김대문이 말하기를 방언으로는 '무당'이라는 것이다(김대문 운 방언 위무야, 金大問云 方言爲巫也, 삼국사기 권1(三國史記 卷一)).

물론 이때의 방언(方言)이란 우리나라 말이라는 뜻이다. 자충은 오늘날에도 쓰이고 있는 '스승'의 어원이기도 하다. 스승의 어원적인 의미는 무당이다. 무(巫)의 우리말 새김을 옥편에서 찾으면 '스승 무'로 되어 있다. 스승은 선생과 그 의미가 구별된다. 그래서 '선생의 날'은 없지만 '스승의 날'은 있다.

무당이란 무엇인가? 하늘과 인간을 연결해 주는 존재이다. 영혼이 병들면 치료를 해주는 치료사이다. 운명을 가르쳐 주는 예언자이다. 단군 조선이란 무당이 통치했던 사회이다. 영적인 힘에 의해서 다스려졌던 나라이다.

무당이었던 단군은 온 백성들의 스승이었다. 스승은 학생들에게 희망을 주고 운명을 알려주며 마음이 병들었을 때에 치료를 해주는 존재이다. '교사의 날'이라는 말보다는 '스승의 날'이라는 것이 더 어울리는 것은, 교사라는 한자어보다 스승이라는 순우리말이, '날'이라는 고유어에 잘 어울린다는 문법적 현상에서만 그 이유를 찾을 수는 없겠다.

고조선은 기원전 11세기경에 멸망하였다. 그 후로 기자 조선이 등장한다. 기원전 97년에 중국의 역사학자 사마천은 사기를 저술하게 되는데 그 속에 조선열전이 있어서 기자조선의 이야기를 오늘날에도 짐작할 수 있다. 기록에 따르면 기자는 은나라의 현인이었다 한다. 주(周)가 은(殷)을 멸망시켰는데 이에 따라 기자는 조선으로 건너 와서 기자 조선의 왕이 되었다는 것이다.

팔조법금이라는 것이 전해지는데 기자 조선은 법률을 지닌 왕국이었다. 팔조법금은 모세의 율법처럼 인간이 사회 생활을 할 수 있도록 하는 최소한의 도덕률에 바탕을 두었다. 살인이나 상해, 도둑질을 금지하는 등 고대국가의 성문 율법에서 흔히 볼 수 있는 조항들이다. 법에 대한 기록이 있다는 점에서는 기자 조선이 단군조선과 차이가 있는데 그 차이란 적지 않다. 무당의 신탁에 기반한 신권국가와 성문화 된 법률에 바탕을 둔 고대국가의 차이인 것이다.

게다가 기자는 정전제(井田制)를 시행하였다. 이것은 정(井) 자 모양으로 토지를 9등분 하여서 중앙의 한 구역은 공전(公田)으로 삼고 주위의 8구역을 사전(私田)으로 삼아 여덟 농가가 사유하도록 한 제도다. 여덟 농가는 각자에게 주어진 논밭을 열심히 가꾸어 먹고 살 수가 있었다. 중앙의 한 구역은 공동으로 경작하여 그곳에서 수확한 것은 세금으로 바쳤다.

이것은 중국의 은나라, 주나라에서 실시되었던 것으로 전해지고 있다. 농민들이 자신의 땅으로 마음껏 농사를 지을 수 있었고 그 수확물은 고스란히 자기 것으로 만들 수 있었으니, 노력한 만큼 거둘 수 있는 제도가 정전법이었다.

동아시아 문화권에서 국가의 안정 여부는 토지 제도에 있다고 해도 과언이 아니다. 맹자는 '무항산이면(無恒產) 무항심이라(無恒心)'고 했다. 일정하게 생산할 수 있는 것이 없으면 마음도 일정하게 유지할 수 없다는 것이다. 백성들은 먹을 것이 없으면 동요한다는 것이고 이것이 국가가 흔들리는 시발점이라는 것이다.

직업을 창출하지 못하면 그 국가는 지속하기 어렵다. 국민의 대다수가 농업에 종사한다면 국가는 국민들에게 토지를 주어야 한다. 정전법은 농업국가의 기초 제도다. 정전법이 이상적인 토지 제도였다는 점은 정약용의 경세유표(經世遺表)에서도 알 수가 있다. 농업국가인 조선이 부강해지기 위해서 토지제도를 개선해야 하는데 그것의 으뜸이 정전법이라는 것이다.(井田者 田家之黃鐘 黃鐘不作 無以正樂音 井田不作 無以定田制, 經世遺表) 고려 시대 사람들은 진 나라가 망한 이유가 정전법을 허물어뜨렸기 때문이라고도 생각했다.(秦 毁井田 得天下 二世而亡, 高麗史)

기자 조선이 성립되던 기원전 12세기를 전후하여 인도에서는 아리아인들이 인도의 갠지즈강 유역에 도시국가들을 건설하고 그들의 힌두 경전인 리그 베다(Rg Veda, 13세기경)를 완성하였다.

아리안이란 ‘아리아(Arya)’에서 유래한 것인데 ‘신성한 사람’이라는 뜻이다. 아리아는 인더스 강 유역의 모헨조다로, 하랍파 유적지로 대표되는 인더스 문명을 계승한 민족인데 중앙아시아에서 남하하여 지금의 펀잡 지방에 정착하였고 카스트 제도는 아리안 족으로부터 시작되었다. 이 무렵 페니키아 사람들은 시리아 해안 지역에서 도시 국가들을 건설하고 소리글자들을 고안하여 사용하였는데 이것이 훗날에 알파벳의 기원이 된다.

기자 조선이 시작된 이후에 한반도에서는 청동기 시대가 시작되고 금속기도 사용하게 되어서 발전의 길을 걷게 되었다. 기자 조선이 단군 조선에 비해서 발전되었고 보다 더 강력한 왕국이었다는 데에는 의심의 여지가 없다. 이 시대의 문자유물이라고 밝혀진 것들은 아직까지 뚜렷하지 않지만, 바위에 새겨진 문자라든지, 토기의 파편에 보이는 미해독 문자들을 재검토할 필요가 있으며, 양(梁)나라 사람들이 신라를 두고, 무문자각목위신(無文字刻木爲信)이라 하였는데, 이때의 신(信)이 무엇인지, 혹 전래된 신라고유의 문자를 가리키는 것은 아닌지 살펴볼 일이다.

긔ᄌᆞ 왕

동아시아의 전통적인 한자 학습서로서 천자문이 있다. 한 글자의 중복됨이 없이 250구절로 되었으므로 1,000자로 이루어진 책이라 하여 천자문인 것이다. 한국에 들어 와서 일반화 된 것은 주흥사의 천자문이다.

그 후 수천 년이 지나도록 한자 학습서로서 변함없이 사랑을 받고 있는 것이 천자문이고 보면, 언어문자 학습서로서 천자문만한 베스트셀러는 세계적으로도 유례를 찾기 힘들다. 한국에서도 수많은 종류의 천자문들이 있는데 그 중에는 1575년 선조 7년 전라도 광주에서 출판된 것이 있다.(萬曆三年月日光州刊上, 光州千字文)

천자문의 제32구는 '솔빈귀왕(率賓歸王)'이다. '손님을(賓) 거느리고는(率) 왕에게(王) 돌아온다(歸)'는 뜻이다. 이것은 임금님의 덕과 교화가 가까운 곳이나 먼 곳에 차별이 없이 골고루 미쳐서, 사람들이 너나없이 이웃들을 이끌고 함께 와서는 임금님의 품에 안긴다는 뜻이다. 귀왕(歸王)에는 왕이 군자(君子)로서의 인덕(仁德)이 있어야 하며 만백성을 교화할 수 있어야 한다는 것을 전제로 한다.

이러한 귀왕 사상은 동아시아 정치문화의 고갱이라고 할 수 있다. 군자의 덕과 교화(敎化)가 온누리에 퍼지는 사회가 이상적인 국가라고 믿었던 것이다.

제35구는 화피초목(化被草木)이다. 군자의 교화가 초목에도 미친다는 뜻이니 임금의 으뜸 덕목이 교화에 있었음이 동아시아 왕도정치의 기본이었음을 알 수 있게 한다.

광주 천자문에는 왕(王) 자의 우리말 새김이 '긔ᄌᆞ'이다. 오늘날 천자문에서는 '임금 왕'이라고 읽었지만 광주천자문에서는 '긔ᄌᆞ 왕'이었다. '긔ᄌᆞ'란 무엇인가? 이것은 사마천의 사기에도 등장하고 일연의 삼국유사에도 등장하는 기자 조선의 '기자(箕子)'이다.

기자의 옛날식 발음이 '긔ᄌᆞ'이다. 기자는 고유명사이지만 이것이 광주 천자문에서는 왕을 가리키는 보통명사로 되었다. 이 책의 초간본(初刊本)이 발견되지 않았고 한문(漢文)의 대자(大字)가 누구의 글씨인지도 밝혀지지 않았으므로 단정할 수는 없겠지만 이 책에 나타난 한글의 새김들이 보수적인 것임에는 틀림이 없다. 이것은 오래전부터 기자가 '왕'이라는 뜻으로 사용되었음을 의미한다.

빌헬름 왕을 빌헬름 카이저라고도 한다. 카이저가 대왕의 의미로 쓰이는 것이다. 카이저의 어원은 '케사르'에 있다. 로마 제국 최초의 대왕인 '케사르(시이저, Caesar)'가 보통명사로 변했다. 중국을 최초로 통일하여 제국을 건설한 사람은 진시황제(秦始皇帝)이다. 이것은 진 나라(秦) 최초의(始) 황이라는(皇) 임금이다(王). 중국을 차이나(China)라고 부르는 것도 지나, 즉 진(秦) 나라에서 유래하였다. 이때부터 황(皇)은 제국을 다스리는 대왕의 의미로 사용되었다.

이처럼 고유명사가 보통명사로 바뀌는 것은 고유명사에 해당하는 인물이 그만큼 위대함을 뜻한다. 한반도에서 기자가 왕의 보통명사로 쓰인 바도 마찬가지이다. 기자 조선은 기원전 198년에 연나라의 위만에 의해서 멸망하기 전까지 거의 천년 가까이 한반도에 존재하였던 왕국이었다.

기자라는 현인이 왕국을 세웠다. 그는 이상적인 토지제도를 실시하여 농민들에게 토지를 주었음은 물론이려니와 공전(公田)의 수확물은 세금으로 거두어 국가의 재정을 튼튼히 하였다. 팔조법금이라는 법률을 제정하여 율령국가로서의 모습도 갖추었다. 그리하여 기자는 고구려 때에도 기자 신으로 숭배되고, 고려시대에는 평양에 기자 사당을 세워서 제사를 모셨으며, 조선시대에는 우리나라 최초로 왕도정치를 시작한 성군(聖君)으로 추앙되었다. 그런 까닭에, '기자'라는 이름이 케사르나 진시황처럼 왕을 가리키는 이름으로 통용이 되어 후대에 출판된 광주 천자문에 그 흔적을 남긴 것이다.

한글과 정치

동아시아의 전통적인 정치문화를 이해하기 위해서는 대학(大學)을 읽어볼 필요가 있다. 대학은 사서(四書) 중의 하나이지만 엄밀히 말하자면 세 가지의 뜻이 있다.

그 첫째가 학교 기관으로서의 대학이다. 고대 중국에서 고등 교육을 실시하던 최고학부의 범칭으로, 소학(小學)과 대비된다. 대학은 태학이라고도 읽고 또 '太學(태학)'으로 쓰기도 하였다. 이에 비해 소학은 우순(虞舜) 시대에는 하상(下庠), 하(夏)나라 때에는 서서(西序), 상(商)나라 때에는 좌학(左學), 주나라 때에는 우상(虞庠)으로 되었다.

상(庠)이니 서(序)니 하는 말은 학교를 가리키며 좌학, 우학을 놓고 보면 좌보다는 우가 고등 학문을 일컫는 말이다. 대학은 우순 시대에 상서, 하나라 때의 동서, 상나라의 우학, 주나라의 동교(東膠)가 있었다. 한국에서는 조선시대의 성균관(成均館), 고려시대의 국자감(國子監), 신라의 태학감(太學監) 등이 교육기관으로서의 대학에 해당된다.

둘째는 책이름으로서의 대학이다. 주희(朱熹)가 대학을 편찬하였는데 대학을 배우는 목적이 국가는 백성들을 교화시키고 아름다운 풍속을 이룩하는 데 있다고 하였다.(於國家化民成俗之意, 大學章句序)

셋째는 학문의 한 범주로서의 대학이다. 대학이란 대인(大人)의 학문이라는 뜻이다. 대인이란 성인, 군자를 가리키니 대학은 대인을 양성하기 위한 학문으로, 말하자면 군주학, 대통령학 등에 해당한다.

정치에는 덕이 필요하고 정치하는 사람은 반드시 유덕(有德)해야 한다. 덕은 정치의 수단이 아니라 정치의 바탕이라는 것이 동아시아 인들의 전통적인 생각이다.

덕이란 무엇인가?

이것은 인(仁)에 바탕을 두고 있다. 인이란 측은(惻隱)한 마음에서 비롯되며 이러한 마음은 인간의 본성이다.

어린 아이가 사람들에게 떠밀려 지하철 철로로 떨어지려고 할 때, 그것을 보는 사람들은 거의 본능적으로 경악하거나 아이에 대한 불쌍한 마음이 우러나와서 자기도 모르게 아이를 보호하려고 한다. 이것은 보는 사람들이 아이와 더불어 일체감을 느끼기 때문이다.

초목이 비바람에 꺾이는 것을 보고서 안타까움을 느끼는 것은 그 초목과 인간이 교감하기 때문이다.

이러한 인간의 본심이 인(仁)인데 이것을 남에게 베풀어서 사람들을 이롭게 하는 것이 덕(德)이다. 덕을 베풀지 않으면 대인이 아니다. 자신의 이익에 밝으면 소인이다.

정치가는 대인이어야 한다. 대학의 첫 구절도 덕을 밝히고 백성들을 새롭게 해야 한다는 것으로 시작된다.(大學之道 在明明德 在親民)

논어에는 '인자요산(仁者樂山)'이라는 구절이 있다. 여기서 인자(仁者)도 대인을 가리키는 말이다. 대인은 산과 같은 덕을 지녀야 한다는 것이다. 산은 나무, 풀, 바위 등 가릴 것 없이 모든 사물들을 포용하고 생활의 터전을 내어준다. 만물들이 서로 어울려서 살 수 있도록 해 주는 것이다. 지도자가 해야 할 가장 중요한 덕목을 이 구절처럼 간결하게, 그리고 문학적으로 표현한 사자성어는 없을 것이다.

기록에 의하면 위만 조선(기자조선의 뒤를 이은 또 하나의 조선)

은 기자 조선보다 더 강력하고도 생산력이 높은 국가였음에 틀림이 없다. 위만은 상업을 중시하고 부를 축적하고 금속 문명을 발전시켜서 공업을 일으켰다.

그러나 위만에게는 덕과 교화 사업에 관한 기록이 없다. 위만 조선은 오래 가지 못하고 곧 망하였다. 한 나라의 흥망은 이웃 나라와의 정치적 · 군사적 역학 관계가 중요한 변수로 작용하는 것이기는 하지만 위만 조선의 예로 판단하자면, 강하다고 해서 그 국가가 오래 동안 지속되지만은 않는다는 것이다.

중국의 문명을 빨리 흡수하고 눈앞의 이익을 쫓아서 부를 축적하는 등, 그 시대의 흐름을 빨리 읽고 시류에 잘 적응한다고 해서 그 국가의 생명력이 길어지는 것이 아님을 역사가 말해주고 있다.

보다 더 지속적이고 생명력이 강한 국가란 어떤 것인가? 그러한 국가를 경영하고 국민들을 행복하게 만들어 주고 지도력은 어디에서 오는 것일까?

한국의 지도자 중에서 유일하게 현행 유통 화폐에 얼굴을 새긴 주인공은 세종이다. 그리고 '대왕(the Great)'이라는 이름에 가장 잘 어울리는 통치자도 세종이다.

인도에서도 대왕(the Great)으로 불리는 왕은 둘이다. 한 명은 기원전 3세기경에 인도 최초의 통일 국가인 마우리아 왕국을 건설했던 아쇼카 대왕이다. 다음은 무굴제국 기초를 다진 악바르 대왕이다.

인도에도 무수한 황제들이 있었을 터인데 왜 두 사람만을 대왕으로 인정하는가? 정복 전쟁에서 승리하여 영토를 넓히고 국가를 부강하게 했다고 해서 대왕이 붙여지는 것은 아니다. 알렉산더를 대왕이라고 부르는 것은 정복왕이기 때문이 아니라 동 · 서 문화를 융화

하여 세계 문화를 융성하게 만든 기초를 마련한 까닭이다.

한국에서는 온 국민이 인정하는 진정한 대왕이 많지가 않다. 세종 시대에 사군을 설치하고 육진을 개척하였으며 대마도 정벌을 하기도 하였다. 조선 시대의 왕 중에서 거의 유일하게 변방의 개척에 착수했던 왕이다. 그리고 인구조사, 강수량 측정, 농사기술의 발전 등을 통하여 국력을 신장시켰다.

그러나 이러한 업적만으로 세종을 '대왕'의 반열에 오르게 할 수는 없었을 것이다.

세종대왕은 한글이라는 소리글자를 발명했을 뿐만 아니라 문자의 운용 원칙과 문자의 형태 등, 문자 체계와 관련된 세부 사항들까지 매우 창의적으로, 세계 역사상 유례를 찾아볼 수 없을 정도로 독창적으로 고안해 냈다.

영국의 문자학자인 제프리 샘슨은 '문자체계(Writing Systems)'라는 책에서 한글에 대한 논의를 심도 있게 하였는데, 한글을 서구의 알파벳보다 더 발달한 자질 문자 체계(Featural System)라고 주장하였다.

알파벳은 자음 · 모음을 표현하는 데에 그치지만 자질 문자는 자음 · 모음은 물론이거니와 음성적 자질까지도 문자로 표현할 수 있다는 것이다.

예를 들어, 영어의 n과 d는 구개음이라는 점에서 공통점이 있지만 문자 형태상으로는 아무런 연관성이 없다. 그러나 한글은 다르다. 'ㄴ'에 획을 더하면 'ㄷ'이 된다.

영어의 d와 t는 유성음이냐 무성음이냐의 차이를 제외하면 발음하는 방법이나 발음이 이루어지는 위치가 같다. 그러나 그러한 음성적 공통점이 알파벳 형태에는 반영되어 있지 않다.

'ㄷ'에 획을 더하면 'ㅌ'이 된다. ㄷ과 ㅌ은 소리의 세기만 다를뿐 발음의 위치나 발음하는 기본 바탕이 동일하다. 이러한 음성적 동일성이 문자형태상으로도 반영되어 있다.

한글처럼 '음성 자질'까지도 문자 형태에 반영되는 문자 체계를 자질 문자 체계라고 한다.

음성 자질이 표현된 것이 한글만은 아니다. 로마자에도 발음표시 부호가 있으며 인도의 음절문자인 데와나가리에도 발음 표시가 나름 정교히 되어있다.

그러나 음성 자질을 체계적으로 반영하고 있는 문자는 한글밖에 없다. 한글은 자음과 모음을 분절적으로 기록할 수 있는 알파벳 문자이면서 동시에 발음 기호로도 사용될 수 있다. 이것은 세계 어느 나라 언어이든지 한글을 발음 부호로 하여 문자화 할 수 있다는 것을 의미한다.

게다가 한글은 그 숫자 24개에 불과하다. 24개도 더 기본적인 요소로 분석하자면 8개에 불과하다. 'ㄱ'을 바탕으로 'ㅋ'을 파생할 수 있으며, 'ㄴ'으로 'ㄷ, ㅌ', 'ㅅ'으로 'ㅈ, ㅊ' 등등, 자음은 'ㄱ, ㄴ, ㅁ, ㅅ, ㅇ' 다섯 개에 획을 더하면 기본 자음들을 모두 만들어 낼 수가 있다.

한글 휴대폰의 단추 숫자가 적은 것도 한글이 체계적으로 만들어졌기 때문이다. 가령, 엘지 휴대폰의 단추를 보라 'ㄱ, ㄴ, ㅁ, ㅅ, ㅇ, ㄹ'에 '획 추가'라고 하는 기능 단추로 모든 자음들을 만들어 낼 수가 있다. 삼성이 자랑하는 천지인도 같은 원리이다. 세 개의 기본 모음인 'ㆍ, ㅡ, ㅣ' 단추로 모든 모음자들을 만들어 낼 수 있다.

지금으로부터 600여 년 전에 만들어진 세종대왕의 한글이 21세기 전자 문명 속에서도 그 활용 가치를 지니고 있는 것이다. 그토록 우수한 한글을 발명했으니 세종은 최고의 발명가요 혁신가임에 틀림이 없다.

하지만 세종이 왜 대왕인지를 이해하기 위해서는 한글 그 자체보다 그가 왜 한글을 만들었겠는지에 초점을 맞추어야 한다. 최만리의 상소문에서 알 수 있듯이 당시의 조선은 한자 · 한문의 사용만으로도 국가 통치에 아무런 지장이 없었다.

일반 백성들이 문자를 알고 문자를 이용해서 지식을 습득한다는 것이 위험할 수도 있다는 것이 보수적인 신하들의 생각이기도 하였다.

뜻글자에 비해서 소리글자는 익히기가 쉽다. 일반백성들이 소리글자를 이용하여 교육을 받고 지식을 축적한다면 그들의 지식수준과 문화 수준이 향상될 것이다.

한마디로 소리글자는 진정한 민주주의의 출발점이다. 아무리 민주주의적인 현대 국가라고 할지라도 국민의 대다수가 문맹이라면 독재는 독버섯처럼 자란다.

한글은 한국적 민주주의의 출발점이다. 한글을 통하여 지배계층에 속하지 않는 일반 백성들은 지식을 소유할 수 있었다. 한글을 안 농민들은 책을 읽을 수 있었고 농가월령가를 통해서 계절의 순환에 따른 농사법을 깨칠 수 있었다. 중세시대를 통틀어 한국의 농민처럼 지식수준이 높았던 사례가 드물다. '농자천하지대본(農者天下之大本)'의 자부심은 오늘날에도 여전히 한국인을 이해하는 문화 코드의 하나로 남아 있다.

세종의 언어관

세종은 신하들의 반대에도 한글을 창제했다. 그는 도대체 어떠한 언어관을 가졌길래 15세기의 문자혁명을 주도했던 것일까? 세종의 언어관을 가장 잘 알 수 있는 대목은 세종실록 권13, 세종 3년 8월 27일의 기록에 나타난 다음의 구절이다. "뜻은 말로서 나타난다.(情見於言, 世宗實錄 卷十三)" 말이란 마음을 드러내는 도구이다.

정현어언(情見於言)

이것은 500여 년 전의 언어학자인 세종이 남긴 말이다. 백성의 마음을 알지 못하면 백성을 다스릴 수가 없다는 것이다.

한자 · 한문으로는 백성들이 이것을 익히어 자신의 뜻을 충분히 드러낼 수 없었다.

백성의 뜻을 모르면 백성들을 진정으로 도와줄 수 없다. 백성들의 마음을 담은 말을 표기하고 그것을 전달할 수 있는 수단이 없다면 그들의 마음은 위정자들에게 충분하게 전달될 수 없다.

세종이 창제한 한글의 명칭이 '훈민정음(訓民正音)'으로 된 것은 그 뜻이 높다. 백성을 가르치는[訓民] 바른 소리[正音]라는 뜻이다. 한글은 백성을 교화하는 수단이었던 것이다.

대학의 '명덕(明德)', 논어의 '인자(仁者)', 천자문의 '귀왕(歸王)'에 걸맞는 대인만이 '대왕'의 자격이 주어진다. 세종의 훈민(訓民) 사상과 그것의 실천은 15세기 조선을 이상 국가의 정점에 올려놓았다.

세종과 왕후

큰 슬픔 중의 하나가 부모로서 자식의 죽음을 맞이하는 것이다. "하늘이 무너진다"는 표현에 맞는 게 있다면 그것은 자식의 죽음일 것이다. 세종 재위 26년에 다섯째 아들인 광평대군이 죽는다. 이듬해에는 일곱째 아들인 평원 대군이 죽고, 그 이듬해인 1446년 음력 3월에는 세종의 아내인 소헌왕후 심씨가 죽음을 맞이하게 되었다.

심씨와 세종 사이에는 8남2녀를 두었다. 심씨는 조선 왕조를 통틀어서 가장 많은 자녀를 둔 왕비였다. 친정아버지인 심온은 세종 즉위년에 역모에 몰려 죽음을 맞이하였다. 심씨는 비운의 왕비였던 것이다.

심온의 죽음은 석연찮다. 그 죽음이 모함에 의한 것이었을 가능성이 높지만 기록이 자세하지 못한 것이 안타까울 따름이다.

심온의 문제는 태종이 주도했기 때문에 세종으로서는 장인의 죽음에 대해 아무런 발언권이 없었다. 태종의 결심을 세종으로서는 막을 수가 없었다. 그의 형인 양녕은 세자의 위치에 있었음에도 불구하고 자신의 장인이었던 김한로를 감싸려다가 결국은 폐세자가 되고 말았음을 세종은 잘 기억하고 있었다.

당시에 왕의 자리에 있기는 했지만, 세자로 책봉이 되자마자 곧 태종에 의해서 왕위에 앉은 몸이라, 만백성을 다스리고 천하를 호령할 만한 군주의 마음가짐을 갖추기도 전에, 비극적 사태가 벌어진 것이다.

심온이 죽자 소헌왕후 심씨의 집안은 멸문지화를 당했는데, 왕후는 화를 면할 수 있었다. 역적의 딸이니 왕비가 될 수 없다는 논의도 있었다. 만일 그때에 폐비가 되었더라면 조선의 역사는 또 다르게 흘러갔을 것이다.

그러나 심씨는 쫓겨나지 않았다. 자리를 지키는 데에는 세종의 지극한 아내 사랑이 있었을 터이나, 그러한 사실은 기록에 없으니 그저 짐작만 할 따름이다.

충녕이 세자로 임명된 중요한 이유 중에 하나가 '장대한 아들이 있다(其子有將大)'는 것이었다. 그것은 후계자를 걱정하지 않아도 된다는 뜻이다.

세종의 아들은 장차 임금이 될 사람이다. 태종은 임금의 어머니가 될 사람을 궁궐 밖으로 내칠 수 없었다. 신하들이 심씨를 폐출해야 한다는 상소를 올렸지만 태종이 허락하지 않았다. 그 과정에서 세종은 아버지의 조치를 지켜보고만 있었다. 아들의 존재가 어머니의 목숨을 살린 것이다. 심씨는 왕의 뒤를 이을 아들을 둔 덕분으로 목숨을 건졌지만 평생에 한을 품고 살았을 것이다.

이런 아내에 대한 세종의 사랑은 지극했다. 그 사랑은 아내가 살아서 뿐만 아니라 죽어서까지도 이어졌다. 세종은 아내의 죽음을 잊지 못하고 못내 안타까워 하다가 그의 아들인 수양대군에게 어머니를 위하여 불경을 짓게 한다.

조선의 건국이념이나 통치 이념은 성리학에 바탕을 두고 있지만 세종의 왕가는 대대로 불교 집안이었다.

세종은 죽은 아내가 극락왕생을 하였는지가 늘 궁금하였다. 그래서 아내를 위하여 부처님께 공덕을 빌고자 하였던 것이다.

불공을 드리는 데에 있어서 부처님의 일대기를 적은 불서를 편찬하여 이것을 백성들에게 널리 퍼뜨리는 것만큼 좋은 일은 없다. 불서를 편찬하여 민간에 유포하여 백성들로 하여금 읽게 만드는 것은 불교를 포교하는 일이기 때문이다.

석보상절

이렇게 하여 편찬된 불서가 석보상절(釋譜詳節)이다. 이것은 석가모니의(釋) 일대기를(譜) 상세하고도(詳) 간결하게(節) 쓴 책이라는 뜻이다. 수양은 석보상절을 완성하여 한글로 번역을 한 다음, 그 책을 아버지인 세종에게 바쳤다.

세종은 찬송해 마지않고서는 즉석에서 월인천강지곡을 지었다. 이러한 사실은 월인석보 서문에 기록되어 있다.

> 釋譜詳節을 밍ᄀᆞ라 일우고 正音으로 飜譯ᄒᆞ야
>
> (석보상절을 만들어 완성하고 한글로 번역하여서)
>
> 사ᄅᆞᆷ마다 수ᄫᅵ 알에 ᄒᆞ야
>
> (사람마다 쉽게 알게 하여)
>
> 進上ᄒᆞᅀᆞ보니
>
> (임금님께 (그 책을) 올리니)
>
> 보ᄆᆞᆯ 주ᅀᆞ오시고(임금님께서 석보상절을) 보는 것을 주시오시고
>
> (사람(賜覽)의 직역적 표현라고도 할 수 있겠지만, 한편으로는 왕이 책을 읽었다는 왕실적 표현으로 볼 수 있다. '봄을 주시오시고'처럼, 일상 언어로 다소 어색한 표현이겠지만 당시의 궁중어로는 존재했었던 듯하다)

곧 讚頌올 지ᄉ샤

(곧 찬송을 지으셔서)

일후믈 月印千江이라 ᄒᆞ시니

(이름을 월인천강지곡이라 하시니, 御製月印釋譜序)

월인천강의 '월(月)'은 부처님의 자비를 상징한다. '인(印)'은 여기에서 동사로 쓰였다. '인(印)'은 도장으로 새긴 것처럼, 도장을 찍은 것처럼 부처님의 자비를 중생들에게 선명하게 '새기다' 하는 뜻이다. '천강(千江)'은 모든 중생들을 상징한다. '월인천강(月印千江)'이란 부처님의 자비가 모든 중생들에게 두루 미친다는 뜻이다.

월인천강지곡

월인천강지곡은 580곡이 넘는 장편의 서사시인데 대왕이 죽은 왕비를 위하여 이처럼 장편의 서사시를 지은 예는 세계역사상 유례를 찾아보기 힘들다.

무굴제국의 악바르 대왕은 한 달에 두 번씩이나 결혼식을 올리기도 했다. 아내와 자식의 숫자가 너무 많아서 누가 누군지도 몰랐다는 것이다. 대부분의 왕들은 부부관계가 서민과 다를 수 있다. 하지만 세종은 달랐다. 심씨는 세종 즉위 당시에 친정아버지가 영의정에 올라 있었다. 세상에 부러울 게 없는 여인이었다. 명문가의 집안에서 태어나 부모님들의 사랑을 받으면서 예절을 익히고 왕자와 결혼을 하게 된 것이다. 왕자는 학문을 사랑하고 다른 여인들을 멀리하여 남편의 사랑을 독차지 하였고 그 왕자는 뜻하지 않게도 왕이 된 것이다.

아버지는 나이 오십이 못 되어 일인지하(一人之下) 만인지상(萬人之上)이라는 영의정에 올랐다. 심씨 집안의 경사가 겹친 것이다. 심온은 왕의 장인인데다가 재상의 벼슬을 맡았으니 그의 주변에 사람들이 몰려들기 시작하였다. 심온이 명나라의 사신으로 떠나던 날에는 그를 전송하느라 궁궐에는 신하들이 없어서 텅 빌 지경이었다.

그러나 행복의 절정은 불행의 시작이었다. 당시 임금의 자리를 세종에게 물려주고 상왕으로 물러나 있던 태종이 외척 세력이 커지는 것을 방지하기 위하여 심온이 명나라로 간 사이에 그를 반역자로 무고했다. 심온을 견제하던 신하들이 태종의 뜻에 따라 상소를 하고 그를 반역죄로 몰았던 것이다. 세종은 장인의 무죄를 알고 있었지만 세자로 책봉이 되자마자 왕의 자리를 물려받았고 아버지인 태종이 실제로 왕의 권력을 행사했기 때문에 그로서는 아버지의 행동을 지켜볼 수밖에 없었던 처지다.

귀국하자마자 체포되어서 심온은 최후를 맞이하게 된다. 실제로 역모를 꾸미지도 않았지만 역모를 할 이유도 없었다. 그러나 그를 무고한 박은인들 무슨 힘이 있어서, 국구(國舅)이자 영의정이었던 그를, 죽음에까지 이를 수 있게 하였겠는가? 태종의 뜻이 그러하므로 그도 거기에 따른 것에 불과했다.

한편 아버지를 억울하게 여윈 소헌 왕후 심씨는 평생에 한을 품고 살았다. 반역자의 집안사람들은 연좌 죄에 적용되므로 그도 천민으로 전락할 운명에 놓였다. 그러나 태종은 아들의 마음을 헤아린 듯, 신하들의 빗발치는 상소에도 불구하고, 폐비 문제에 대해서는 거론을 하지 않았다.

세종은 워낙 호학(好學)하는 군주이기도 했지만 왕비와의 관계도 무척 좋았다. 왕과 왕비 사이에 자식이 많기로는 세종 부부가 조선 임금을 통틀어 으뜸이다. 자식의 숫자가 많다고 해서 꼭 부부애가 깊다는 법은 없겠지만 왕가에서 첫째 부인의 자녀가 8남2녀라는 사실은 드문 일이었다. 조선의 왕비 중에서 심씨는 슬하에 자녀를 가장 많이 둔 왕비다. 또 그것 때문에 왕비의 자리를 유지할 수 있었다.

금속활자로 새겨진 월인천강지곡

월인천강지곡은 1449년 금속 활자로 인쇄가 되어 백성들에게 반포된다. 심씨가 죽은 지 3년 뒤의 일이며 구텐베르크가 독일에서 금속활자를 개발하는 데에 성공한 해보다 1년 전이다.

월인천강지곡은 석가모니의 일대기를 노래한 것이므로 그 노래의 청자는 신하들이나 일반 백성 등, 일반 독자이어야 할 것이다. 그런데 월인천강지곡에 나타난 화자와 청자의 관계를 언어학적으로 분석해 보면 이상한 점이 발견된다. 일반 독자가 아닌, 특정한 사람을 청자로 설정한 구절이 있다.

그 속에는 감추어진 상징이 있다. 이것은 월인천강지곡을 창작한 세종의 의도에 의한 것이며 그 의도의 중심에는 사랑하는 아내 심씨가 자리 잡았다.

580여 곡 중에서 서곡에 해당하는 월인천강지곡의 기이(其二)는 문장의 종결어미가 독특하다.

셰世존尊ㅅ일 ᄉᆞᆯᄫᆞ리니(석가모니 세존의 행적을 사뢸 것이니)
먼萬리里외ㅅ일이시나(만리 바깥의 일이시지만)
눈에 보논가 너기ᅀᆞᄫᆞ쇼셔(눈에 보는 듯이 생각하소서)

셰世존尊ㅅ말 ᄉᆞᆯᄫᆞ리니(석가모니 세존의 말씀을 사뢸 것이니)
쳔千ᄌᆡ載썅上ㅅ말이시나(천년 전의 말씀이시나)
귀예 듣논가 너기ᅀᆞᄫᆞ쇼셔(귀에 듣는 듯이 생각하소서)

(월인천강지곡 기이 月印千江之曲 其二)

월인천강지곡의 종결어미는 청자가 일반 독자일 경우에, '어느 다 ᄉᆞᆯᄫᆞ리(어찌 다 사뢰리)'처럼 '-리'로 끝나거나 '-니'로 끝나게 된다.

그러나 2장은 '하소서(ᄒᆞ쇼셔)체'인 것이다. 하소서체는 해라나 하게, 하오 등과 달라서 극존칭의 대상에게 사용하는 말투이다. 그래서 하소서체는 현대 한국어에서도 기도문 같은 데서는 쓰이지만 일상생활에서는 잘 쓰이는 편이 아니다.

극존칭의 대상은 다름 아닌 심씨였다. 그것은 세종대왕이 죽은 아내에게 세존(석가모니)의 이야기를 들려주겠다는 뜻이다. 만 리 밖의 일이라는 것은 세종이 있는 지상과 심씨가 머물고 있는 하늘나라와의 심리적 거리를 상징한다. 비록 몸은 만리나 떨어져 있지만 부처님의 신통력을 빌어서 아내에게 이야기를 들려주겠다는 뜻이다.

내가 지금부터 이야기를 들려줄 테니까 당신은 눈으로 보고 있는 것처럼 생생하게 들어주었으면 고맙겠다는 사랑의 메시지를 담았다. 이리하여 세종의 '영원한 사랑'은 변치않는 부처님의 말씀으로 남았다.

월인천강지곡은 상·중·하 세 권으로 편찬이 되어서 금속활자본으로 1449년에 간행되었지만 그 중에 상권 194장이 지금까지 전해져서 이 책은 보물 제398호로 지정되었다.

이러한 사연은 필자가 쓴 '한글(2007)'에서 자세히 말한 바가 있었는데 올해 들어서 이 책은 대한민국의 국보 320호로 승격되었다.

한글 창제 이후의 초기 국어학 연구에 가치가 크고, 출판인쇄사에 있어서 그 의미가 있으므로, 월인천강지곡이 국보로 승격됨은 한글을 사랑하는 한 사람으로서 즐거운 일이다.

한글과 과거제도

한글에 대한 세종의 집념은 대단했다. 새롭게 만든 한글을 관리 뽑는 시험 과목 속에 포함시켜 널리 퍼뜨리려 했다.

이러한 의도를 최만리는 통렬히 비판했다. 언문을 시행하면 관리된 자가 오로지 언문만을 습득하고 학문하는 문자를 돌보지 않아 이원(吏員)이 둘로 나뉘어진다는 것이다.

진실로 관리 된 자가 언문을 배워 통달한다면, 후진(後進)이 모두 이러한 것을 보고 생각하기를, 언문으로도 족히 세상에 입신(立身)할 수 있다고 할 것이니, 무엇 때문에 고심 노사(苦心勞思)하여 그 어려운 성리(性理)의 학문을 궁리하려 하겠느냐는 것이다.

한글과 한문을 동시에 사용하게 되면 젊은이들이 어려운 한문은 선택하지 않고 쉬운 한글만을 택하게 될 것이라는 우려다. 한글만 배워도 입신출세를 할 수 있는데 무엇 때문에 어렵게 공부하여 성리학의 이치를 깨치려고 하겠느냐는 뜻이다.

이렇게 되면 결국 문화의 전통이 단절될 것이라고 주장한다.

> 이렇게 되오면 수십 년 후에는 문자를 아는 자가 반드시 적어져서, 비록 언문으로써 능히 이사(吏事)를 집행한다 할지라도, 성현의 문자를 알지 못하고 배우지 않아서 담을 대하는 것처럼 사리의 옳고 그름에 어두울 것이오니, 언문에만 능숙한들 장차 무엇에 쓸 것이옵니까. 우리나라에서 오래 쌓아 내려온 우문(右文)의 교화가 점차로 땅을 쓸어버린 듯이 없어질까 두렵습니다.(최만리 상소문, 현대역)

한문을 모르면 성현의 문자를 알 수 없고 그렇게 되면 우리나라에서 오래도록 쌓아온 우문의 교화가 사라질 것이라고 하였다. 그러나 세종은 한글이 이두보다 우수한 점을 들어서 최만리의 논리를 공격한다.

한글은 한자 · 한문을 익히는데 도움을 준다는 것이다. 운서를 바로잡고 한자음을 정확히 교정하는 데에 한글이 발음기호 역할을 할 수 있다는 것이다.

> 네가 운서(韻書)를 아느냐?

하고서는 당대 최고의 학자였던 최만리에게 언어학적인 문제를 제기하였다. 이것은 세종이 언어학자로서의 면모를 보여주는 한 대목이기도 하다. 왕이 학자인 신하에게 학문에 대해서 자신 있게 공격한 예는 흔하지 않은 일이다. 세종은 이어서 최만리에게 학문적인 공격을 거듭하였다. "사성 칠음(四聲七音)에 자모(字母)가 몇이나 있느냐?" 최만리는 묵묵부답이었다. 당시의 음운학에 가장 정통한 사람은 세종이었다는 것이 증명된 순간이다.

세종은 이어서 자신의 속뜻을 신하들에게 드러내 보인다. "만일 내가 그 운서를 바로잡지 아니하면 누가 이를 바로잡을 것이냐." 하고 타이른다. 그러나 보수적인 학자인 최만리는 한글의 편리함과 새로움보다는 온고지신의 미덕을 강조하였다. 그리하여 새것을 창조하고 제도를 새롭게 만드려고 하는 세종을 직설적으로 공격하였다.

> 옛것을 싫어하고 새것을 좋아하는 것은 고금에 통한 우환이온데, 이번의 언문은 새롭고 기이한 한 가지 기예(技藝)에 지나지 못한 것으로서, 학문에 방해됨이 있고 정치에 유익함이 없으므로, 아무리 되풀이하여 생각하여도 그 옳은 것을 볼 수 없사옵니다.(최만리 상소문, 현대역)

왕의 한글 창제가 아무런 유익함이 없다는 것이다. 한마디로 쓸데없는 일을 하지 말라는 경고다. 한글 창제는 오히려 학문에 방해가 된다는 것이다. 이쯤 되면 최만리는 토론의 상대가 자신의 목숨을 살리고 죽일 수 있는 절대권력의 임금이라는 사실을 망각한 듯한, 위험한 토론의 길을 들어선 것이다. 세종은 화가 머리끝까지 났다.

> 또 소(疏)에 이르기를, '새롭고 기이한 하나의 기예(技藝)라.' 하였

으니, 내 늘그막에 날[日]을 보내기 어려워서 서적으로 벗을 삼을 뿐인데, 어찌 옛 것을 싫어하고 새것을 좋아하여 하는 것이겠느냐. 또는 전렵(田獵)으로 매사냥을 하는 예도 아닌데 너희들의 말에 지나침이 있다. 너희들이 시종(侍從)하는 신하로서 내 뜻을 밝게 알면서도 이러한 말을 하는 것은 옳지 않다.

그러나 최만리는 뜻을 굽히지 않았다. 세종에 대한 그의 반론은 계속되었다.

예로부터 중국은 말과 글이 같아도
(然自古中國言與文同)
옥송 사이에 원왕한 것이 심히 많사옵니다.
(獄訟之間, 寃枉甚多)
가령 우리 나라로 말하더라도 옥에 갇혀 있는 죄수로서 이두를 해득하는 자가 친히 초사를 읽고서 허위인 줄을 알면서도 매를 견디지 못하여 그릇 항복하는 자가 많사오니
(借以我國言之, 獄囚之解吏讀者, 親讀招辭, 知其誣而不勝棰楚, 多有枉服者)
이는 초사의 글 뜻을 알지 못하여 원통함을 당하는 것이 아님이 명백합니다.
(是非不知招辭之文意而被寃也明矣)
만일 그러하오면 비록 언문을 쓴다 할지라도 무엇이 이보다 다르오리까.
(若然則雖用諺文, 何異於此)

이것은 형옥의 공평하고 공평하지 못함이 옥리의 어떠하냐에 있고(是知刑獄之平不平, 在於獄吏之如何)

말과 문자의 같고 같지 않음에 있지 않은 것을 알 수 있으니 (而不在於言與文之同不同也)

언문으로써 옥사를 공평하게 한다는 것은 신 등이 그 옳은 줄을 알 수 없사옵니다.

(欲以諺文而平獄辭, 臣等未見其可也)

세종은 한글을 만드는 이유 중의 하나가 백성의 억울함을 풀어주기 위한 것이라고 했다. 형살(滥殺)에 대한 옥사(獄辭)같은 것을 이두문자로 쓴다면, 문리(文理)를 알지 못하는 어리석은 백성이 한 글자의 착오로 혹 원통함을 당할 수도 있겠으나, 이제 한글로 그 말을 직접 써서 읽어 듣게 하면, 비록 지극히 어리석은 사람일지라도 모두 다 쉽게 알아들어서 억울함을 품을 자가 없을 것이라는 것이다.

하지만 최만리는 세종의 이러한 생각을 한마디로 일축하였다. 예로부터 중국은 말과 글이 같아도 옥송(獄訟) 사이에 원왕한 것이 심히 많다는 것이다. 가령, 우리나라로 말하더라도 옥에 갇혀 있는 죄수로서 이두를 해득하는 자가 친히 초사(招辭)를 읽고서 허위인 줄을 알면서도 매를 견디지 못하여 그릇 항복하는 자가 많으니 이것은 초사의 글 뜻을 알지 못하여 원통함을 당하는 것이 아님이 명백하다는 것이다.

사실이 그러니 비록 언문을 쓴다 할지라도 무엇이 이보다 달라지겠냐는 항변이다. 이것은 형옥(刑獄)의 공평하고 공평하지 못함이 옥리(獄吏)의 어떠하냐에 있고, 말과 문자의 같고 같지 않음에 있지 않은 것을 알 수 있으니, 언문으로써 옥사를 공평하게 한다는 것을 자기로서는 그 옳은 줄을 알 수 없다는 주장이다.

문자를 몰라서 억울함을 당한다는 세종의 주장은 한마디로 비현실적이라는 말이다. 중국은 문자와 언어가 같아도 억울한 일이 많으므로 우리가 한국어에 맞는 문자를 가진다고 해서 백성들의 억울함이 사라지지는 않는다는 것이다. 문자의 창제와 정의의 실현은 별개의 사안이라는 주장이다.

최만리의 세종에 대한 공격은, 한글을 창제하고자 하는 것이 개인의 공명심에 따른 것이지 진실로 백성을 위한 것이 아니라는 점을 꼬집는 데에서 절정에 달한다.

> 무릇 사공을 세움에는 가깝고 빠른 것을 귀하게 여기지 않사온데,
>
> (凡立事功, 不貴近速)
>
> 국가가 근래에 조치하는 것이 모두 빨리 이루는 것을 힘쓰니
>
> (國家比來措置, 皆務速成)
>
> 두렵건대, 정치하는 체제가 아닌가 하옵니다.
>
> (恐非爲治之體)
>
> 만일에 언문은 할 수 없어서 만드는 것이라 한다면
>
> (儻曰諺文不得已而爲之)
>
> 이것은 풍속을 변하여 바꾸는 큰 일이므로
>
> (此變易風俗之大者)
>
> 마땅히 재상으로부터 아래로는 백료(百僚)에 이르기까지 함께 의논하되
>
> (當謀及宰相, 下至百僚國人)

모두가 옳다고 하여도

(皆曰可)

다시 세 번을 더 생각하고

(更加三思)

제왕에 질정하여 어그러지지 않고

(質諸帝王而不悖)

중국에 상고하여 부끄러움이 없으며

(考諸中國而無愧)

백세라도 성인을 기다려 의혹됨이 없은 연후라야 이에 시행할 수 있는 것이옵니다.

(百世以俟聖人而不惑, 然後乃可行也)

이제 넓게 여러 사람의 의논을 채택하지도 않고 갑자기 이배 10여 인으로 하여금 가르쳐 익히게 하며,

(今不博採群議, 驟令吏輩十餘人訓習)

또 가볍게 옛사람이 이미 이룩한 운서(韻書)를 고치고 근거 없는 언문을 부회하여 공장 수십 인을 모아 각본하여서 급하게 널리 반포하려 하시니, 천하 후세의 공의에 어떠하겠습니까.

(又輕改古人已成之韻書, 附會無稽之諺文, 聚工匠數十人刻之, 劇欲廣布, 其於天下後世公議何如)

또한 이번 청주 초수리(椒水里)에 거둥하시는 데도 특히 연사가 흉년인 것을 염려하시어 호종하는 모든 일을 힘써 간략하게 하셨으므로

(且今淸州椒水之幸, 特慮年歉, 扈從諸事, 務從簡約)

전일에 비교하오면 10에 8, 9는 줄어들었고, 계달하는 공무에 이

르러도 또한 의정부에 맡기시어,

(比之前日, 十減八九, 至於啓達公務, 亦委政府)

언문 같은 것은 국가의 급하고 부득이하게 기한에 미쳐야 할 일도 아니온데,

(若夫諺文, 非國家緩急不得已及期之事)

어찌 이것만은 행재에서 급급하게 하시어 성궁을 조섭하시는 때에 번거롭게 하시나이까

(何獨於行在而汲汲爲之, 以煩聖躬調燮之時乎)

신 등은 더욱 그 옳음을 알지 못하겠나이다.

(臣等尤未見其可也)

최만리는 세종이 한글의 창제와 반포를 서두르는 것에 대해 몹시 못마땅하였다. 일의 공(功)을 세움에는 가깝고 빠른 것을 귀하게 여기지 않는 법인데 국가가 근래에 조치하는 것은 모두 빨리 이루는 것에 힘쓰니, 두렵건대 정치를 하는 체제가 아니라는 것이다. 설령, 왕의 생각이 옳다 하더라도 서둘지는 말아야 하는 법이라고 왕에게 훈수를 둔 셈이다. 게다가 한글을 할 수 없어서 만드는 것이라 한다면, 이것은 풍속을 바꾸는 큰일이므로, 마땅히 재상으로부터 아래로는 백료(百僚)에 이르기까지 함께 의논해야 할 터인데 왜 몰래 만들었냐는 것이다.

설령 사람들이 모두 옳다 하여도 오히려 세 번을 더 생각하고, 제왕(帝王)에 질정하여 어그러지지 않고 중국에 상고하여 부끄러움이 없으며, 백세(百世)라도 성인(聖人)을 기다려 의혹됨이 없는 연후라야 한글을 시행함이 옳다는 것이다.

문자를 제정하는 것은 풍속을 변화시키는 큰일이기 때문에 신중해야 할 것이며 후대에 시행해도 늦지 않으니 세종의 당대에서는 문자 개혁을 하지 말라는 뜻을 강조하였다. 이제 넓게 여러 사람의 의논을 채택하지도 않고 갑자기 이배(吏輩) 10여 인으로 하여금 가르쳐 익히게 하는 것도 못마땅한 일이었다.

너희들이 운서를 아느냐고 호통치는 세종에게, 또 가볍게 옛사람이 이미 이룩한 운서(韻書)를 고치고 근거 없는 언문을 부회(附會)하는 왕의 행위는 과연 타당한 것이며, 공장(工匠) 수십 인을 모아 각본(刻本)하여서 급하게 널리 반포하려 하니, 천하 후세의 공의(公議)에 어떠하겠느냐고 최만리는 반문을 하고 있다. 게다가 한글 창제 과정에서 관여한 것으로 보이는 세자에 대해서도 걱정을 하였다.

선유가 이르기를, '여러 가지 완호는
(先儒云凡百玩好),
대개 지기(志氣)를 빼앗는다.' 하였고,
(皆奪志)
서찰에 이르러서는 선비의 하는 일에 가장 가까운 것이나,
(至於書札, 於儒者事最近)
외곬으로 그것만 좋아하면 또한 자연히 지기가 상실된다.' 하였습니다.
(然一向好着, 亦自喪志)
이제 동궁이 비록 덕성이 성취되셨다 할지라도
(今東宮雖德性成就)

아직은 성학에 잠심하시어

(猶當潛心聖學),

더욱 그 이르지 못한 것을 궁구해야 할 것입니다.

(益求其未至也)

언문이 비록 유익하다 이를지라도

(諺文縱曰有益),

특히 문사 육예의 한 가지일 뿐이옵니다.

(特文士六藝之一耳)

하물며 만에 하나도 정치하는 도리에 유익됨이 없사온데

(況萬萬無一利於治道)

정신을 연마하고 사려를 허비하며 날을 마치고 때를 옮기시오니, 실로 시민의 학업에 손실되옵니다.

(而乃研精費思, 竟日移時, 實有損於時敏之學也)

신 등이 모두 문묵(文墨)의 보잘것없는 재주로 시종에 대죄하고 있으므로

(臣等俱以文墨末技, 待罪侍從)

마음에 품은 바가 있으면 감히 함묵할 수 없어서

(心有所懷, 不敢含默)

삼가 폐부를 다하와 우러러 성총을 번독하나이다.

(謹罄肺腑, 仰瀆聖聰(世宗實錄 卷百三, 세종 26년 2월 20일)

한글 문제 때문에 동궁까지도 괜히 신경을 쓰게 해서 다른 중요한 국가 일을 망칠까 봐 걱정이 되니 이제 한글에 관한 것은 그만두기를 바란다고 했다. 이것저것 좋아하는 것이 많으면 대개 지기

(志氣)를 빼앗긴다고 하였다. 서찰(書札)에 이르러서는 선비의 하는 일에 가장 가까운 것이나, 외곬으로 그것만을 좋아하게 되면 또한 자연히 지기가 상실된다는 것이다. 이제 동궁(東宮)이 비록 덕성이 성취되었다고 할지라도 아직은 성학(聖學)에 잠심(潛心)하시어 더욱 그 이르지 못한 것을 궁구해야 한다는 주문이다.

언문이 비록 유익하다 이를지라도 특히 문사(文士) 육예(六藝)의 한 가지일 뿐이라는 것이다. 하물며 만에 하나도 정치하는 도리에 유익함이 없는데 정신을 연마하고 사려를 허비하며 날을 마치고 때를 옮기니, 실로 시민(時敏)의 학업에 손실이 있다는 것이다.

세종은 최만리의 고언에 굽히지 않았지만 대왕의 인간성은 최만리를 비롯한 신하들의 항의 사태를 어떻게 처리했느냐에서 확인할 수 있다. 항의를 한 집현전 학자들 중에서 논리를 굽히지 않은 최만리를 세종은 크게 나무라지 않았다.

반대 상소가 있은 후에, 세종은 그 글을 읽어보고 최만리를 비롯하여 반대 상소문에 서명한 신하들을 어전에 불러들였다. 그리고서 상소의 내용과 관련하여 몇 가지 사실들을 신하에게 물어보았다.

> 너희들이 이르기를, '음(音)을 사용하고 글자를 합한 것이 모두 옛 글에 위반된다.' 하였는데, 설총(薛聰)의 이두(吏讀)도 역시 음이 다르지 않으냐.
>
> 또 이두를 제작한 본뜻이 백성을 편리하게 하려 함이 아니겠느냐. 만일 그것이 백성을 편리하게 한 것이라면 이제의 언문도 백성을 편리하게 하려 한 것이다. 너희들이 설총은 옳다 하면서 군상(君上)의 하는 일은 그르다 하는 것은 무엇이냐.

하니, 최만리가 대답하기를, "설총의 이두는 비록 음이 다르다 하나, 음에 따르고 해석에 따라 어조(語助)와 문자가 원래 서로 떨어지지 않사온데, 이제 언문은 여러 글자를 합하여 함께 써서 그 음과 해석을 변한 것이고 글자의 형상이 아닙니다."라고 하였다.

그러자 세종은 운서에 대해서 신하들에게 물어보았다.

또 네가 운서(韻書)를 아느냐. 사성 칠음(四聲七音)에 자모(字母)가 몇이나 있느냐. 만일 내가 그 운서를 바로잡지 아니하면 누가 이를 바로잡을 것이냐. 그리고 내가 나이 늙어서 국가의 서무(庶務)를 세자에게 오로지 맡겼으니, 비록 세미(細微)한 일일지라도 참예하여 결정함이 마땅하거든, 하물며 언문이겠느냐. 만약 세자로 하여금 항상 동궁(東宮)에만 있게 한다면 환관(宦官)에게 일을 맡길 것이냐. 너희들이 시종(侍從)하는 신하로서 내 뜻을 밝게 알면서도 이러한 말을 하는 것은 옳지 않다.

그러자 최만리가 세종에게 말하기를,

"또 새롭고 기이한 한 가지의 기예(技藝)라 하온 것은 특히 문세(文勢)에 인하여 이 말을 한 것이옵고 의미가 있어서 그러한 것은 아니옵니다. 동궁은 공사(公事)라면 비록 세미한 일일지라도 참결(參決)하시지 않을 수 없사오나, 급하지 않은 일을 무엇 때문에 시간을 허비하며 심려하시옵니까." 하였다.

이에 세종이 말하기를, 전번에 김문(金汶)이 아뢰기를, '언문을 제작함에 불가할 것은 없습니다.' 하였는데, 지금은 도리어 불가하다고 하였다.(上曰 前此金汶啓曰 制作諺文, 未爲不可 今反以爲不可)

또 정창손(鄭昌孫)은 말하기를, '삼강행실(三綱行實)을 반포한 후에 충신·효자·열녀의 무리가 나옴을 볼 수 없는 것은, 사람이 행하고 행하지 않는 것이 사람의 자질(資質) 여하(如何)에 있기 때문입니다. 어찌 꼭 언문으로 번역한 후에야 사람이 모두 본받을 것입니까.' 하였다.(又鄭昌孫曰 頒布三綱行實之後, 未見有忠臣孝子烈女輩出 人之行不行, 只在人之資質如何耳, 何必以諺文譯之, 而後人皆效之)

이따위 말이 어찌 선비의 이치를 아는 말이겠느냐. 아무짝에도 쓸데없는 용속(庸俗)한 선비이다." 하였다.(此等之言 豈儒者識理之言乎? 甚無用之俗儒也)

먼젓번에 임금이 정창손에게 하교하기를, "내가 만일 언문으로 삼강행실을 번역하여 민간에 반포하면 어리석은 남녀가 모두 쉽게 깨달아서 충신·효자·열녀가 반드시 무리로 나올 것이다." 하였다.(前此, 上敎昌孫曰 予若以諺文譯三綱行實 頒諸民間 則愚夫愚婦, 皆得易曉, 忠臣孝子烈女, 必輩出矣) 창손이 이 말로 계달한 때문에 이제 이러한 하교가 있었던 것이다.(昌孫乃以此啓達, 故今有是敎)

세종이 또 하교하기를, "내가 너희들을 부른 것은 처음부터 죄주려 한 것이 아니고, 다만 소(疏) 안에 한두 가지 말을 물으려 하였던 것인데, 너희들이 사리를 돌아보지 않고 말을 변하여 대답하니, 너희들의 죄는 벗기 어렵다." 하였다.(上又敎曰 予召汝等 初非罪之也 但問疏內一二語耳 汝等不顧事理 變辭以對 汝等之罪 難以脫矣)

드디어 부제학 최만리·직제학 신석조·직전 김문, 응교 정창손·부교리 하위지·부수찬 송처검, 저작랑 조근을 의금부에 내렸다가

(遂下副提學崔萬理, 直提學辛碩祖, 直殿金汶, 應敎鄭昌孫, 副校理河緯地, 副修撰宋處儉, 著作郎趙瑾于義禁府) 이튿날 석방하라고 명하였다.(翌日, 命釋之) 오직 정창손만은 파직시키고(唯罷昌孫職) 인하여 의금부에 전지하기를, 김문이 앞뒤에 말을 변하여 계달한 사유를 국문(鞫問)하여 아뢰라.(仍傳旨義禁府 金汶前後變辭啓達事由, 其鞫以聞)

강한 어조로 왕의 뜻에 항명한 사태의 심각성에 비하여 거기에 대한 조처는 다소 싱겁게 끝났다. 상소문에 서명한 선비들을 대부분 하루 정도 옥에 가두고서 뒷날 석방한 것이다.

왕의 명령에 저항하다가 그것 때문에 멸문지화를 당하는 경우가 허다했던 시절에 목숨을 걸고서 자신의 신념에 충실했던 최만리도 대단한 선비이지만, 여기에 대해서 하루정도의 감방 신세라는 그야말로 상징적인 징벌에 그치고 만, 세종의 넓은 마음에 대해서도 감탄하지 않을 수 없다.

다소 간의 감정적인 비판들도 있었지만, 대부분 논리에 근거하여 왕과 신하 간에 학술적인 성격이 짙은 논쟁을 벌였다는 것은, '최만리'의 반대상소 사건이 조선 왕조의 역사에서, '빛나는 지성'의 한 마당이라고 아니할 수 없겠다.

세종이 사사로운 감정에 치우치지 않았음은 강직하게 자신을 비판한 최만리에 대해서 크게 나무라지 않고 오히려 말을 바꾸거나 생각이 짧은 학자들을 크게 나무랐다는 사실에서 알 수가 있다.

김문은 처음에 한글을 제작함에 불가할 것이 없습니다.' 하여 찬성을 하였다. 그러나 나중에는 불가하다 하여 최만리의 반대 상소문에 서명을 한 것이다. 그래서 김문은 최만리보다도 더 엄격하게 조사를 하여서 벌을 주도록 하였던 것이다.

임금은 정창손에게 불러서 다음과 같은 말을 한 적이 있다. "내가 만일 한글로 삼강행실을 번역하여서 민간에 반포하면 어리석은 남녀가 모두 쉽게 깨달아서 충신 · 효자 · 열녀가 반드시 무리로 나올 것이다."

그런데 정창손은 이러한 세종의 뜻에 대하여 강하게 반발하였다. "삼강행실을 반포한 후에 충신 · 효자 · 열녀의 무리가 나옴을 볼 수 없는 것은, 사람이 행하고 행하지 않는 것이 사람의 자질 여하에 있기 때문이니 이 이야기들을 어찌 꼭 한글로 번역을 해야 만이 백성들이 모두 본받을 것입니까." 하였다.

이것은 세종이 창제한 한글에만 반대하는 것이 아니라 세종의 근본적인 통치 이념을 건드린 것이었으니 정창손은 파직을 당한 것이다. 한글 창제에 반대했기 때문에 파직되었다는 해석은, 당시의 상황으로 판단컨대, 무리한 것이 아닌가 한다.

세종의 기본 통치 철학은 '훈민(訓民) 사상'이다. 세종 10년에 경상도 진주에서 일어난 김화의 살부(殺父) 사건에 대해서 그토록 고민을 한 것도, 충신 · 효자 · 열녀들의 사례를 조사한 것도 이 때문이었다. 백성들을 교화하지 않으면 아름다운 풍속을 이룰 수가 없다는 것이다. 그 구체적인 실현 방법으로 세종은 '삼강행실도'를 편찬하도록 명했다. 백성들이 문자를 모르므로 백성들의 이해를 쉽게 하기 위하여 그림을 그려서 설명하라 했다. 말하자면 삼강행실도는 15세기판 한국 판화집이었다.

그리고 그 판화에 등장하는 인물들을 백성들에게 알기 쉽게 설명하기 위하여 지방 수령들에게 명령을 하여서 학자들을 모집하라고 하였다. 글을 아는 선비들에게 백성들을 교화할 수 있도록 한 것이다. 그러나 이것만으로도 풍속을 미화하는 데에는 한계가 있다고 생각했다. 백성들이 문자를 이해한다면 옥사를 당하더라도 억울한 일을 줄일 수 있을 것이며 백성들이 충신 · 효자 · 열녀 이야기를 입으로만 외는 것이 아니라, 머릿속으로 잘 이해하여서 풍속이 아름다워질 수 있을 것이라고 생각하였다.

이러한 백성 교화와 풍속의 아름다움을 위하여 한글이 발명된 것이다.

교육의 효용성을 부정한 정창손의 주장이야말로 세종의 분노를 자아냈다. 세종은 강한 어조로 정창손을 비판하였다.

> 이따위 말이 어찌 선비의 이치를 아는 말이겠느냐. 아무짝에도 쓸데없는 용속(庸俗)한 선비이다.

이리하여 최만리, 신석조, 김문, 정창손, 하위지, 송처검, 저작랑, 조근을 의금부에 내렸다가 이튿날 석방하라 명하였고 오직 정창손만은 파직시키고 이어서 의금부에 명령하기를 김문이 앞뒤의 말을 바꾸어서 한 사유를 국문하여 아뢰라고 하였던 것이다.

드디어 한글 반대 사건은 단 한차례의 상소와 그에 따른 세종의 처결로 종결되고 이 사건이 있은 이후로는 집현전 학자들과 세종 사이의 공식적인 찬반 논쟁은 사라졌다. 세종은 이로부터 2년 뒤인 1446년에 한글을 반포하게 된다.

한글이란 말은 언제 만들어졌는가?

훈민정음에는 두 가지 뜻이 있다. 우선은 '한글'의 옛 이름이다. 1446년 10월에 한글을 반포하기 위해 만든 책이름도 훈민정음이다.

기역(ㄱ), 니은(ㄴ), 디귿(ㄷ), 리을(ㄹ) 혹은 가, 나, 다, 라, 마, 바, 사 따위의 글자들을 통틀어서 한글이라고 하는데 이 용어는 20세기 초에 생겨난 이름이다.

물론 '한글'이라는 말이 세종이 발명한 한국인의 문자만을 뜻하는 것은 아니다. 문맥에 따라서는 한국어 혹은 국어와 같은 의미로 쓰이고 있다.

한글, 한국어, 국어 등이 우리말을 가리키는 뜻으로 쓰이기는 하지만 문맥상의 느낌에 있어서는 차이를 보이기도 한다. 한글이라고 하면 '순우리말 사용'에 초점을 맞춘 듯한 느낌을 준다.

한국어란 말은 일본어, 중국어 등 다른 나라 말과 비교하는 문맥에서 자연스러운 것 같고, 국어하면 아무래도 학교에서 배우는 국어 교과서가 연상이 되는데 고유어와 한자어를 아우른 느낌을 담고 있다.

국어와 대비되는 말로는 '국문(國文)'이라는 것이 있다. 국어는 우리말을 가리키고 국문은 우리글을 가리킨다. 국문이라는 말을 요즈음에는 잘 쓰이지 않지만 '한글'이라는 명칭이 나오기 이전에는 '국문'이라는 말이 자주 쓰이곤 했다.

이봉운 선생의 저서 중에는 '국문정리'라는 것이 있다. 이것은 한글을 사용하는 법을 정리한다는 뜻이다. 국문이라는 말은 '영문 증명서'에 대비하는 '국문 증명서'라는 문맥 속에서 여전히 쓰이고는 있다. 대학교의 학과 명칭에도 '국어국문학과'가 있듯이 국문이라는 말이 여전히 통용되고는 있기는 하지만 일상 회화에서는 잘 쓰이지 않는다.

하지만 개화기 때에는 우리말과 우리글을 가리키는 것으로 '국어'와 '국문'이라는 단어를 자주 사용하였다.

당시에 국어 문법을 줄기차게 연구한 분은 주시경 선생이었다. 그 분이 저술한 책들의 제목에서 국어와 국문을 찾을 수 있다.

국문론(1987), 국어문법(1889), 국문문법(1905), 대한국어문법(1906), 국어와 국문의 필요(1907), 국문연구안(1907), 국어문전음학(1908), 국문연구(1909), 국어문법(1910).

그러나 국어문법(1910) 이후로, 우리는 우리말을 더 이상 국어라고 부를 수가 없게 되었다. 일제강점기가 시작되자 국어라는 이름은 일본어를 가리키는 말로 바뀌었기 때문이다.

그래서 국어와 국문을 대체할 만한 표현이 필요했다. 1910년 6월 10일에 발행된 보중친목회보 1호에 주시경 선생이 쓴 글이 있는데 여기에는 국어와 국문이라는 말 대신에 '한나라말', '한나라글'이라고 되어 있다.

우리말 우리글에 대해서 국어, 국문이라는 말을 쓸 수 없게 되자 그것에 대한 대안으로서 1911년 4월 '배달말글'이라는 말이 만들어지게 된다. 이것은 국어학연구회라는 명칭을 순우리말로 바꾸는 과정에서 이것을 '배달말글 몯음'이라는 말이 있었기 때문이다.

한편, 1913년에 오늘날 한글학회의 전신이라고 할 수 있는 '한글모'가 결성이 된다. 여기에서 '모'란 회, 즉 모임이라는 뜻이다. 그 모임의 회장은 주시경 선생이었다. 이것이 '한글'이라는 명칭에 대한 최초의 기록이다.

이미 한나라말, 한나라글과 같은 명칭이 있어서 우리말과 우리글을 구분한 명칭이 있었지만 이것이 너무 길기도 하고 이 둘을 하나로 아우르는 명칭이 필요했던 것이다. 이에 따라 한글이라는 말이 나오게 된 것인데 이것은 우리말과 우리글을 모두 아우르는 뜻이다. 그래서 한글이라는 말의 뜻이 일차적으로는 우리말을 적을 수 있는 한민족의 고유 문자라는 뜻도 있지만 우리말도 아우른다.

'한'의 의미가 멀리는 삼한의 한과 관련이 있고 가까이는 대한제국의 한을 연상시킨다.

한을 하나[一], 큼[大], 바름[正] 등의 의미로도 확장해서 해석할 수 있다. 그리고 한글의 글은 문자뿐만 아니라 언어도 지칭할 수 있게 만들어졌다. 처음에는 '한말', 다음에는 '배달말글'로 하기도 하였으나 언어만을 가리킨다거나 음절이 길다는 이유로 포용성이 있는 '글'이 채택되어 '한글'이라는 말이 우리 문자, 나아가서는 우리의 언어·문자 전반을 포괄하는 말로 쓰이게 되었다.

현재 전하는 기록을 더듬어 볼 때에 '한글'의 최고 사용 연대는 1913년 3월 23일이다. 이 말이 실제로 쓰이기 시작한 것은 1913년 9월이며 1914년 조선어 강습원이 '한글배곧'으로 바뀌고 1915년에는 이 이름에 의해서 학생들에게 졸업증서가 발부되자 '한글'이라는 말이 일반인들에게 널리 알려지기 시작하였다.

일곱째 마당, 한글이 다시 태어나다

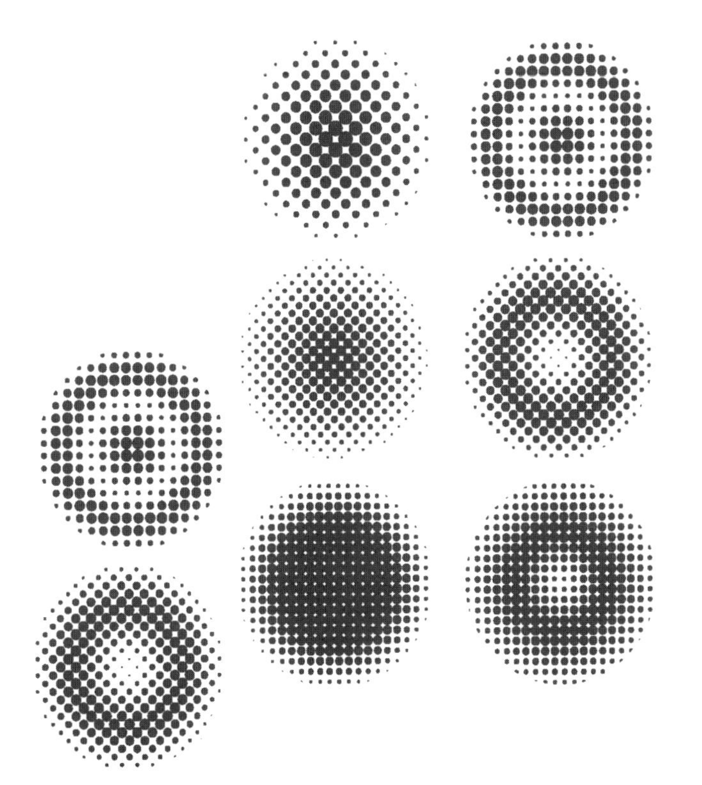

국주한종

개화기는 개항(1876) 이후부터 합방(1910) 이전의 시기다. 국어의 역사에서 이 시기만큼 국어 국문이 사회의 모든 지식인들로부터 주목받았던 시기는 없었을 것이다. 국문 연구는 당시의 중요한 현실 문제로 등장하였는데, 문자 문제와 직접 연관되어서 학문에 머물지 않고 문화운동으로 번졌다.

신문물의 충격으로 당시의 사회적 상황은 복잡해서 몇 마디로 간단히 정리할 순 없지만, 국문 정리(國文整理)가 사회적 중심 문제로 부각된 이유를 몇 가지로 요약하자면 아래와 같다.

첫째, 개화기 이후에 인쇄 매체가 다양해졌고 여기에 대한 사회적 수요도 다양하여 한문만으로는 이러한 다양성을 수용할 수 없게 되었다.

둘째, 기독교의 확산에 따른 성경의 보급과 개화기 선교사들이 저술한 한국어 문법서, 개화기 신소설의 보급, 신문에서의 국문 사용 등이 국문의 보급을 확산시켰다.

셋째, 청일전쟁 이후 중국의 정치적 영향력이 한반도에서 사라지게 된다.

넷째, 일본의 침략에 대한 애국 운동의 일환으로 국문보급운동이 일게 되었다.

국문정리의 문제를 촉발시킨 정치적 사건은 고종의 칙령이었다.

법률이나 칙령은 모두 국문을 바탕으로 하되(法律勅令總以國文爲本) 한문을 덧붙이거나 혹은 한문을 혼용할 수 있다.(漢文附譯或混用漢文)(고종태황제실록 권32, 65)

조선 왕조 500년 이래 한문이 문필 생활의 일차적 언어로서의 지위를 누렸다. 한문의 권위에 눌려 그 어떤 통치자도 한국에서는 국문위본(國文爲本)이라는 선언을 할 수 없었다. 고종의 이 선언은 국문을 우위에 놓고 한문이 부차적인 것으로 전락하게 되는 대사건의 출발이었다.

그런데 고종은 어떠한 이유로 이런 선언을 하게 된 것일까?

이것은 한문의 불편함이나 국문의 실용성 등의 이유로 설명할 수 있는 성질의 것은 아니다. 불편하기는 어제 오늘의 일도 아니니 고종 시절에 갑자기 더 불편해진 것이 아님은 물론이다.

칙령 이후에는 실록에서도 국문으로 된 기록이 나타나게 된다. 을미년 1월 5일자 고종 실록에는 다음과 같은 국한문 혼용체가 있었다.

十二月十二日에 我聖上陛下게셔 我國家의 獨立自主ᄒᆞᄂᆞᆫ(12월 12일에 우리 성상 폐하께서 우리국가의 독립자주하는)基業으로 宗廟에 誓告ᄒᆞ시며……(기초적인 업으로 종묘에 맹세하여 고하시며……)訛言煽動ᄒᆞᄂᆞᆫ國賊이 有ᄒᆞ거든(그릇된 말을 하고 부채질하여 움직이는 나라의 적이 있거든) 共攻ᄒᆞ기를跂望ᄒᆞ노라(함께 공격하기를 발돋움하여 바라노라.) (고종실록 33권 1장)

이것은 일종의 포고문으로 내무아문(內務衙門)에서 일반 백성들에게 알리는 글이다. 여기에 적힌 12월 12일은 음력으로 갑오년이지만 양력으로는 고종 32년, 1895년 1월 7일이다.

이날 국왕과 세자는 문무백관을 거느리고 대묘(大廟)에 가서 조종(祖宗)의 영(靈) 앞에서 자주 독립을 선포하였다. 여기에서 홍범(洪範) 14조를 포고하였는데 그 첫 번째가 중국과의 관계를 끊는다는 것이었다.

청나라와의 관계 청산은 정치적인 문제이며 국문에 관한 문제는 문화 교육적인 문제이어서 얼핏 보기에는 긴밀한 관련이 없는 것처럼 여길 수도 있을 것이다.

그렇지만 국문위본이 당시의 정치적인 상황과 관련이 없는 순수한 문화교육적인 문제라고 보기는 어렵다.

국문정리의 문제가 순수한 문화교육적 문제라고 한다면 갑오년과 같이 동학혁명, 청일전쟁 등 정치상황이 급변하는 시기에 왕이 직접 공표하기에는 사안이 적절하다고 보기 어렵다. 문화교육적인 문제는 정치 문제와 민생 문제가 어느 정도 안정된 상황에서나 나올 법하다.

급변하는 정세 속에서 당시의 개혁 세력들은 한글 사용을 모종의 정치적 문제로 인식했음에 틀림이 없다. 청일전쟁 이후 중국에 대한 청산이 정치적 중심 문제로 부상하였기 때문이다. 지금도 한국을 중국의 일부라고 오해하는 사람들이 있는데, 당시에는 오죽 했겠는가.

고종은 조선이 한문을 쓰는 한, 그런 오해를 불식시키기 어려울 것이라고 생각했다. 한글은 그 형태가 중국의 문자와 완전히 다르기 때문에 조선이 한글을 쓴다는 사실을 널리 알리면, 서양의 여러 나라들도 조선이 중국과는 문자도 다른, 엄연한 독립국으로 인식할 것이라는 계산이었다.

미국서 열린 시카고 박람회에서 고종은 조선이 독립국임을 선전하기 위하여, 특별 전시장을 마련하고, 거기서 한글이 적힌 물품들을 전시하여, 누가 묻거든 이것이 한국 고유의 문자라는 점을 열심히 선전할 수 있도록 하였다.

물론 한글의 위상 강화가 고종의 노력만으로 된 것은 아니다. 칙령 이전에도 한 지식인이 있어서, 그 사람은 한글의 중요성을 자각하고 한글이 포함된 국한문 혼용체가 새 시대에 맞는 새로운 문체임을 인식하고 열심히 노력하였다.

유길준과 국문운동

1883년 고종 20년에 유길준은 한성부윤(漢城府尹, 오늘날로 서울시장에 해당하는 직책임)이었던 박영효의 권유로 신문을 만들 결심을 하게 된다. 그때 그는 새로운 신문을 시작하면서 새 시대에 알맞은 문체는 국한문 혼용체라는 생각을 하였다.

당시로서는 혁명적인 생각이었다. 조선의 지식인이라면 응당 한문으로 의사소통을 해야 한다고 믿던 시대였다. 선비들에게 세상 소식을 널리 알리는 신문에서 한글을 쓴다는 것은 상상불가였다.

창간사와 해설문을 국한문으로 썼다고 전하나, 그 신문은 발간되지 못하여, 개화기 최초의 국한문 혼용체가 불발로 그쳤다. 같은 해 가을, 한성순보(漢城旬報, 한국 최초의 근대식 신문)가 순한문으로 되었지만, 1886년 1월에 나온 한성주보(漢城周報)는 한문, 국한문, 순한글 세 가지 문체로 발간되었다. 여기에 유길준의 영향이 있었을 것이다.

한성주보에 세 가지 문체가 사용되었다는 것은 매우 흥미롭다. 이것은 개화기 당시의 문자 생활을 잘 보여주기 때문이다. 순한문만 있었던 것도 아니고 순한글로 된 글이 대중적으로 널리 전파되기도 했던 것이다.

물론, 갈수록 한글 기사가 줄어들었던 것은 사실이다. 그러나 이것이 한글을 천시했기 때문이라는 선입견은 금물이다. 당시에 띄어쓰기가 마련되어 있지 않아서 순한글 읽기가 오히려 국한문보다 어려운 탓이었다.

고종의 '국문위본' 선언 이전에도, 근대식 인쇄국이었던 박문국(博文局)을 중심으로 국한문, 순한글 기사들이 인쇄되어 대중들에게 전파되었고, 개화기 이전에도 한글을 쓰자는 상소문이 있었다. 한문은 널리 알려져서 나라의 비밀이 새어나갈 염려가 있지만, 한글로 쓰게 되면, 외국인들이 모르기 때문에 국가의 비밀을 지킬 수 있어서 외세의 침략 대비에 유리하다는 취지였다.

한글이 한문보다 어렵다는 사실을 독자들은 받아들이기 힘들 것이다. 하지만 조선시대 순한글로 된 편지들을 박물관이나 여타 전시실에서 보게 되면 생각이 달라질지도 모른다.

옛날에는 한글을 세로로 쓰고 띄어쓰기가 되어있지 않았으며, 더욱이 맞춤법도 통일되어 있지 않았다. 그러니 한성주보의 순한글 기사가 한문이나 국한문보다 어렵다는 해명에 반대하기 어렵다.

한성주보 이후에 1896년 독립신문 발행되면서부터 한글 기사가 널리 퍼지게 되었다. 여기에서는 한글 가로쓰기를 전면 시행하고 띄어쓰기를 하여서 독자들이 편리하게 읽을 수 있도록 했다. 독립신문 이후로, 독자들은 한문 기사보다 한글의 편리함을 실감하게 되었던 것이다.

그러니, 한글 맞춤법 통일이나 띄어쓰기, 외래어 표기법 등이 얼마나 중요한가. 독자들은 태어날 때부터 주어진 것이라, 한글이 마냥 쉬운 걸로만 생각할 수 있겠지만, 개화기의 상황을 들여다보면 한글도 다듬지 않으면 한자보다 더 어려울 수도 있다는, 지금으로서는 상상키 어려운 일이 당시에는 실제로 벌어졌던 것이다.

차라리, 국한문 혼용체는 한자와 한글이 적절히 섞여있어서 단어는 한자, 우리말 문법 형태들은 한글로 되어서 오히려 읽기 쉽고 띄어쓰기의 효과도 저절로 얻게 된다. 유길준 선생이 왜 국한문 혼용체가 당시의 현실로서는 가장 적합한 문체라고 생각했는지를 이해할 만하다.

유길준은 미국에서 유학하고 서구(西歐)를 거쳐 1885년에 귀국하였다. 귀국한 후, 개화파 주모자로 체포되고 1892년까지 연금(軟禁)된 상태에서 서유견문(西遊見聞)을 저술하였다. 연금에서 풀린 후, 김홍집 내각에 들어가 갑오개혁의 이론적 기초를 제공한 인물이니, 고종의 '국문위본' 선언에 결정적 영향을 미친 인물임에 틀림없다. 서유견문은 모두 20편으로 1895년에 출판했다. 이런 분위기에서 국한문 혼용체가 조선 사회에 자리잡기 시작하고, 더불어 한글의 지위도 오르기 시작하였다.

하지만, 유길준의 '서유견문'이나 고종의 '국문위본'만으로 본격적인 한글 시대가 열린 것은 아니었다.

이상한 학생

1876년 황해도 봉산군 전산방 무릉골에서 태어난 주시경은 한문 공부를 하다가, 15세에 국문(國文) 공부를 하기 시작하면서 국어의 한 이치를 깨닫게 된다.

> 조희와 붓과 먹과 벼루와 칙은 션비의 쓰는 물건이라

대개는 학생들이 공부를 할 때, 문방사우는 '지필묵연(紙筆墨硯)'이므로, 종이, 붓, 먹, 벼루 이 네 가지를 달달 외울 것이다. 그래야 선생님께 칭찬도 듣고 물론, 시험 문제가 나온다면 선비들이 좋아하는 물건 네 가지가 무엇이냐? 하고 물을 것이다. 이것이 보통 학생들이 생각하는 공부다.

주시경은 그런 것에 관심이 없었다. 조희 뒤에는 '와'가 붙는데, 붓 뒤에는 왜 '과'가 붙느냐는 것이 궁금했다.

만일, 수업시간에 학생이 이런 질문을 했다면, 선생님께 꿀밤을 맞을지도 모른다. '이 녀석 공부하기 싫으니까, 별 걸 다 물어.' 문방사우를 열심히 외우든지 아니면 이런 것들이 실제로 어떻게 쓰이는지를 물어보면 모를까, 엉뚱하게도 뜻도 없는 '와'나 '과' 따위를 묻다니, 괜히 공부하기 싫으니까 엉뚱한 질문으로 선생을 곤란하게 만들 작정이겠지.

물론, 주시경은 이렇게 물어볼 선생도 없었다. 그렇지만 홀로 곰곰이 생각하였다. 조희는 홀소리로 끝나니까 '와'가 붙고, 붓은 닿소리로 끝나니까 '과'가 붙는 것은 아닐까? 이런 추리를 한 것이다. 물

론, 그 당시에는 자음, 모음의 개념도 몰랐고 그런 것을 가르쳐주는 문법 선생도 없었다. 국어문법 과목 자체가 없었던 시절이다.

그래서 '이, 에, 아, 오, 우'처럼 홀로 독립해서 소리를 낼 수 있는 것들을 '홀소리(오늘날 모음에 해당됨)'라 하고, 'ㄱ, ㄴ, ㄷ, ㄹ'처럼 홀소리에 닿아서 소리가 나는 것을 '닿소리(오늘날 자음에 해당됨)'라고 하면, 홀소리 뒤에서는 '와'가 오고 닿소리 뒤에서는 '과'가 온다고 추론할 수 있다.

'와'나 '과'는 이름씨와 이름씨를 이어주는 역할을 하는 점에서 기능이 같지만, 홀소리 뒤에서는 '와'가 되고, 닿소리 뒤에는 '과'가 된다는 규칙을 어린 주시경은 귀납하였다. 당시에는 명사(名詞)라는 말을 알지도 못했고, 그냥 '조희, 붓' 등은 사물을 이름을 나타내므로 '이름씨'라 부르는 것이다.

주시경은 나름의 규칙을 세운 다음, 이것을 다른 경우에도 적용해 보았다. '먹'은 닿소리로 끝나므로 '과'가 온다. '벼루'는 홀소리로 끝나므로 '와'가 온다. 소년 주시경은 스스로 한글의 규칙을 발견하였다.

> '와'와 '과'가 나타나는 규칙
> 홀소리 뒤에는 '와'가 나타나고, 닿소리 뒤에는 '과'가 나타난다.

주시경은 이 규칙을 자신이 알고 있는 모든 한글 문장에 적용해 보았다. 이름씨와 이름씨가 이어지는 상황에서 '와' 또는 '과'가 나타나는데, 자신이 만든 규칙이 한글의 모든 문장에 예외 없이 적용됨을 알았다.

얼마나 기뻤을까. 소년 주시경은 스스로 국어에 관한 지식을 깨치게 된 것이다.

'와'와 '과'의 규칙뿐 아니라, 임자씨(주어를 가리킴) 뒤에 붙은 '이'와 '가'도 그 규칙을 확장해서 적용할 수 있었다. 홀소리 뒤에는 '가'가 나타나고 닿소리 뒤에는 '이'가 나타난다. '을/를'이 바뀌는 것도 같은 이치다.

소년 주시경은 한글이 규칙지배적이라는 사실을 스스로 깨닫게 되었다. 한글을 열심히 관찰하여 규칙을 발견해 내고, 그 규칙으로 한글을 설명하면, 누구든 쉽게 한글을 깨치고 한글을 틀리지 않게 쓸 수 있을 것이라는 생각을 하게 되었다.

국어문법의 할아버지

우리말을 잘한다고 해서 국어에 대한 지식을 지니고 있는 것은 아니다. 말을 잘한다는 것은 말을 수단으로 삼아 소통한다는 뜻이지 말 그 자체에 관한 지식을 지니고 있다는 뜻은 아니다. 다시 말해서, 한국인이라고 해서 누구나 국어문법을 알고 있다고 생각하면 착각이다.

국어문법은 따로 배워야 안다. 어머니한테서 말을 배운 아이는 자라서 국어로 말하고 이해하는 데 지장이 없겠지만 공부를 하지 않으면 국어문법을 알 수 없다. 국어에 관한 지식이 문법이다.

'조희와 붓과 먹과 벼루와 칙은 션비의 쓰는 물건이라' 하고 말을 할 줄 안다고 해서, '와'와 '과'는 명사(이름씨)를 연결하는 공동격 조사로서 모음(홀소리) 뒤에서는 '와'가 선택되고, 자음(닿소리) 뒤에서는 '과'가 선택된다는 지식을 설명해 낼 수 있는 것은 아니다. 다시 말해서, 국어의 사용과 국어의 지식은 다른 문제다.

대부분 사람들은 이러한 국어 지식이 내면화 되어 있을지는 모르겠지만 명시적으로 설명하지는 못 한다. 국어에 관한 이러한 종류의 지식들을 모아 놓은 것을 '국어문법'이라고 한다. 주시경은 어릴 때부터 문법 연구에 일생을 바치는 계기가 마련되었다.

17세 때에 한글로 씌어진 글들을 구해 보면서 국어 연구와 '국어문법(國語文法)'의 저술을 시작하였다.

18세(1893년)에 이르러서는 사라진 옛문자 '·(아래 아)'의 발음이 무엇이었는지가 궁금하여 이것을 연구한 끝에 '아래 아'는 /이/라는 소리와 /으/라는 소리의 합음(合音)이라는 결론에 도달한다. 어쩌면 이것이 한국 최초의 분석적, 논리적 사고에 입각한 국어학 논문이라 할 수 있겠다.

주시경에게는 한글 스승이 없었다. 이미 십대 후반에 국어에 관한 지식을 그 누구보다도 많이 가지고 있었다. 바둑을 처음 두어 본 꼬마가 4급 수준이었다는 바둑의 천재 이야기를 들은 적이 있었는데, 국어학에도 천재가 있었다면, 바로 주시경 선생님일 것이다. 그는 십대 후반에 이미 국어 연구의 고수가 되었던 것이다.

18세에는 약 8개월 동안 배재 학당의 강사였던, 옥계 박세양, 회천 정인덕 선생으로부터, 산술(算術), 지지(地誌), 영자(英字), 시사(時事) 등 신식학문을 배우게 된다.

그 후 배재학당에 입학하면서, 독립신문사(獨立新聞社)의 회계 사무 및 교보를 맡고, 21세에는 한글맞춤법 통일안을 연구할 목적으로 한국 최초의 한글 연구단체인 국문동식회(國文同式會)를 만들었다. 말 그대로 국문인 한글을 동식, 즉 동일한 방식으로 쓰는 방법을 연구하는 학회이다. 이것이 결국, 오늘날의 한글학회에 그 학맥(學脈)이 닿아있음은 두말 할 나위 없다.

교과서의 시작

이것은 고종 칙령 이후에 등장하게 되는 교과서들을 살펴봄으로써 확인된다. 1895년의 칙령으로 교육 개혁이 단행되고 근대식 학교가 설치되었다. 과거제도가 폐지되면서 한문을 달달 외는 것이 이제는 더 이상 젊은이들의 출세 수단이 되질 못했다.

학무아문(學務衙門, 오늘날의 교육부에 해당됨)에서는 '국민소학독본(國民小學讀本)'을 편찬하였다.

이어서 소학독본(小學讀本, 1895), 심상소학(尋常小學, 1896) 등이 제작되었다. 이것들은 일종의 독본으로 초기의 국어 교과서라고 할 만하다.

이러한 교육 개혁의 중요 원인이 표면적으로 내세운 자주 독립에 없지는 않았겠지만, 중국의 영향력을 배제하려는 의도가 강했다.

청일전쟁 이후, 중국은 한반도에서 정치적으로 영향력을 상실한다. 숭문 정신(崇文精神)에 입각한 전통적인 교육 방식도 청일 전쟁 이후에 퇴색하기 시작했다.

'국민소학독본'에서도 이러한 변화의 대목이 읽힌다. 중국 중심의 역사관이나 정치관에 대한 비판이 교과서 속에 스며들었다.

중국 고대의 전설적인 요순 황제 시절의 통치는, 한국인들에게 이상적인 정치란 무엇인지를 보여주는, 수천 년 동안 한국인들의 마음속에 깊이 자리 잡고 있었던 이상 국가의 모델이었다.

세종을 칭송할 때도 중국에 근거하여 해동요순이라 일컬었다. 이렇게 지고지순했던 요순의 모델은 애당초 한국에서 숭배의 대상이지, 동등 비교의 대상은 아니었다.

하지만 이러한 금기에 흠이 가기 시작했다.

민족의 스승으로서 세종대왕의 등장

국민소학 독본에 다음과 같은 구절이 있다.

> 支那의 堯舜禹湯이 아모리 聖人이라 ᄒᆞᄂᆞ
> (중국의 요, 순, 우왕, 탕왕이 아무리 성인이라고 하지만)
> 我 世宗大王의 聖神ᄒᆞ신 德을 엇지 當ᄒᆞ리오
> (우리 세종대왕의 성신하신 덕을 어찌 당할 수 있겠는가. 국민소학독본(國民小學讀本) 중에서)

세종대왕의 훌륭함은 의문의 여지가 없겠지만, 칙령 이전에는 대왕이 중국의 성인들보다 우월하다는 주장이, 공개적이고도 교육적 내용의 글에 표현된다는 것은 불가능했다.

심상 소학(尋常小學)에는 여러 가지 삽화가 등장한다. 서울의 남산 근처에 있는 일본인 거류지의 소개(尋常小學 3卷 30張)와 일본 군

인들이 용감하게 싸우는 모습도 있다.(尋常小學 2卷 1張)

한국이 일본군을 칭찬한 것은 유사 이래 이것이 처음일 것이다. 국문위본의 언어 정책에는 이를 후원한 일본의 영향력도 배제할 수는 없었던 것이었다.

하지만 한글 시대는 칙령이나 일본의 후원으로 열린 것이 아니다. 고종이 국문위본을 공표하자 애국지사 혹은 당시의 지식인들이 이에 호응하여 국문 운동의 불길이 타오른 것이다.

지식인들 사이에 한글에 관한 논의들이 활발해지기 시작하였는데 그 대표적인 지식인이 유길준 선생이었다. 이미 언급한바, 그가 지은 서유견문은 새 시대를 예고하였다.

근대적 문체의 탄생과 서유견문

유길준 선생이 국한문체(國漢文體)를 채택한 중요 이유는, 순한문, 국한문 혼용, 순한글 중에서 이것이 제일 읽기 쉽고 이해하기 쉬웠다고 생각했기 때문이다.

一은 語意의 平順홈을 取ᄒᆞ야
(첫째는 말뜻의 평범하고 순조로움을 취하여서)
文字ᄅᆞᆯ 畧解ᄒᆞᄂᆞᆫ 者라도
(문자를 대략 이해하는 사람이라도)
易知ᄒᆞ기ᄅᆞᆯ 爲홈이오,
(쉽게 알도록 하기 위함이요)

二는 余가 書를 讀홈이 小호야

(둘째는 내가 글을 읽은 것이 적어서)

作文호는 法에 未熟호 故로

(글을 짓는 법에 익숙하지 못한 까닭으로)

記寫의 便宜 홈을 爲홈이오,

(기록하고 베끼는 데에 편리하고 마땅히 함을 위한 것이요)

三은 我邦 七書諺解의 法을 大略 效則호야

(셋째는 우리나라 칠서언해의 법을 대략 본받아서)

詳明홈을 爲홈이라.

(자세하게 밝히는 것을 위함이다.)

西遊見聞, 1895.

그가 1881년 일본에 머무를 당시에 접촉한 후쿠자와[福澤諭吉]의 영향도 있었겠지만, 위의 기록에도 나와 있듯이 그는 전통적인 언해의 법(諺解의 法)을 존중했다. 조선의 지식인들 사이에서는 널리 통용되지 않았던, 말하자면 언어생활의 주류가 아니었던, 중세 시대의 언해문에서, 유길준은 새 시대에 어울리는 새로운 문체를 재발견하였던 것이다.

한글 운동과 주시경

한글 운동의 핵심은 주시경 선생이다. 22세에 쓴 논문인 "국문론(1897, 獨立新聞)"에서 선생은 고종 황제의 국문위본 정신을 이어받아야 한다는 주장을 하였다.

……큰 聖人(성인)께서 만드신 글자는 배우기가 쉽고 쓰기도 쉬우니 이 글자들로 모든 일을 記錄(기록)하고 사람마다 젊었을 때 餘暇(여가)를 얻어 實相事業(실상 사업)에 有益(유익)한 學問(학문)을 익혀 각기 할만한 職業(직업)을 지켜서 우리나라 獨立(독립)에 기둥과 柱礎(주초)가 되어 우리 大君主陛下(대군주 폐하)께서 남의 나라 임군과 같이 튼튼하시게 保護(보호)하여 드리며 또 우리나라의 富强(부강)한 威嚴(위엄)과 文明(문명)한 名譽(명예)가 世界(세계)에 빛나게 하는 것이 마땅하도다.(李賢熙 譯)

앞서 말했듯이, 선생은 1896년 독립신문사 내에 국문동식회(國文同式會)를 조직하였다. 신문 편집을 위한 국어 표기법의 통일이 현안 문제였기는 했지만, 여기에서 나아가 선생은 표기법의 통일이 자주 독립의 한 방법이라고 믿었다.

이러한 노력이 사회에 널리 알려지게 되고 선생은 고종 황제가 퇴위하던 해인 1907년 학부(學部)에 설치된 국문연구소(國文硏究所)에서 위원직을 맡아서 국가정책적 차원에서 국문정리 문제를 연구하였다.

국문연구소가 문을 닫게 된 이후에도 계속 국문 보급 운동에 앞장서게 되며 선생의 어문민족주의 사상을 후학들에게 널리 전하였다.

국한문 혼용주의

유길준 선생은 국어 교육에 깊은 관심을 보였다. 황성신문에 발표한 기사문을 통하여 국문전주(國文專主)를 주장하였다.(참고: …… 然則 小學 敎科書의 編纂은 國文을 專主홈이 可훈가 曰 然후다. 然則 漢字는 不用홈이 可훈가 曰 否라 …… 吾人이 漢字를 借用홈이 已久후야 其同化훈 慣習이 國語의 一部를 成후야시니 苟其 訓讀후는 法을 用훈則 其形이 雖曰 漢字이나 則 吾國文의 附屬品이며 輔助物이라. 小學敎育에 대후는 意見, 皇城新聞, 1908)

그는 한자를 완전히 없애자는 급진적 견해를 보이지는 않았다. 한자 차용의 역사가 너무 오래되어서 이미 국어의 일부를 이루고 있다는 점을 깊이 인식하였다.

한자는 국어의 보조물 정도로 삼아 국어 생활에 이용할 수 있다고 보았으며 한자를 보다 쉽게 사용하는 구체적인 방안 중의 하나로 한자를 훈(訓)으로 읽는, 훈독(訓讀)을 하자는 주장을 하였다.

훈독에 대한 선생의 집착은 다음과 같은 저술에서도 이어진다.

> ……天(하날)이 自(스사)로 助(돕)는 人(사람)을 助(돕)는다.(노동야학독본, 勞動夜學讀本, 第一, 八九)"

선생이 지은 "노동야학독본/勞動夜學讀本(1908)"은 한국 최초의 노동자용 국어 교과서다. 여기에 한자 훈독의 실례를 제시하였다.

이 책에서 눈길을 끄는 것은 첫 장의 삽화다. 유길준이 노동자와 악수하는 그림 옆에 다음과 같은 대화가 있다.

여보 나라 위ᄒᆞ야 일ᄒᆞ오 쏘 사람은 배호아야 합니다

민족주의적 색채를 띠기는 하지만, 선생이 민족주의적 성향을 지닌 지식인임을 알게 해 주는 것이라기보다는, 일찍이 미국 유학과 서구 유람에서 얻게 된 만인 평등의 민주주의적인 사상 때문으로 짐작된다.

을사늑약과 국어 운동

을사늑약(1905)과 고종의 퇴위(1907)라는 정치적 사건들은 민족의식을 자각하게 하는 중요한 계기가 되었다.

'국민교육회(國民教育會)' 이름으로 발간된 '초등소학(初等小學, 1906)'에서는 민족주의적인 경향을 보인다.

……우리가 모든 工夫(공부)를 勤勉(근면)ᄒᆞ야 國家(국가)를 富强(부강)케 ᄒᆞᆸ시다(卷五, 一張), ……我朝鮮(아 조선)의 固有(고유)한 獨立(독립)을 保全(보전)ᄒᆞᆷ은 地(지)의 大小(대소)와 人(인)의 多少(다소)에 在(재)치 아니ᄒᆞ니 諸子(제자)들도, 乙支文德(을지문덕)의 忠義(충의)와 勇猛(용맹)을 效(효)ᄒᆞᆯ지어다.(卷五, 十九) ……萬國(만국)이 다 方言(방언)과 文字(문자)가 各有(각유)ᄒᆞ니 我國(아국)은 我國文(아 국문)을 使用(사용)ᄒᆞᆷ이 可(가)ᄒᆞ도다 國文(국문)은 實(실)로 億萬年(억만년)에 獨立自主(독립 자주)ᄒᆞᄂᆞᆫ 表迹(표적)이니라(卷六,三張)

을사늑약은 한국인들에게 큰 충격을 주었다. 당시의 지식인들은 이러한 충격에서 벗어날 수 있는 길이 교육의 향상에 있다고 믿었다.

교육을 통하여 민족의식을 고취하고, 민족의 단결을 통하여 국난을 극복하고자 했다.

이에 '한글은 실로 억만년에 독립 자주하는 표적'이라는 어문 민족주의 사상이 고개를 들었다.

장지연 선생이 숙장(塾長)으로 있었던 시절에, 휘문의숙(徽文義塾)에서는 '고등소학독본(高等小學讀本, 1906)'을 발행한다.

> ……外國(외국)의 言語(언어)와 文字(문자)를 學(학)호딕 必自國(필 자국)의 精神(정신)을 培養(배양)ᄒᆞ며 自國(자국)의 文字(문자)를 貴重(귀중)히 ᄒᆞ고(卷一, 十)

위의 구절에서도 알 수 있듯이, 이 책에는 그의 독립 자주 사상이 짙게 배어 있다.

그 이후에 보이는 '유년필독(幼年必讀, 玄采 著, 1907)'은 범례(凡例)에서 밝혔듯이 국가사상을 불러일으키기 위해 책을 지었다고 했다.

교사용 지도서의 등장

최초의 교사용 지도서라고도 할 수 있는 '유년필독석의(幼年必讀釋義, 玄采 著, 1907)'에서는 학생들에게 애국 사상을 불러일으키게 할 목적으로 한국의 역사와 지리에 교수 주안점을 주도록 교사들에게

당부하였다.

위의 두 책은 1909년 일본 당국에 의해서 치안법 위반이라는 이유로 압수되어 금서가 되었다.

상황이 이렇다 보니 1905년과 1910년 사이에 민족주의적인 의식이나 활동이, 당시 지식인들에게는 절대적 지침으로 되었다.

이러한 양상은 개화기 초기의 교과서와 다른 모습인데, 결국 민족의식이 교과서에 적극적으로 반영된 것은 1905년 을사늑약 이후이며, 한글 운동이 이때부터 들불처럼 번지기 시작하였다.

한글 운동의 발화점은 고종 칙령이었고 이것이 어문민족주의로 이어진 것은 을사늑약 때문이다. 주체적이어야 할 한글 운동이 비자주적인 정치적 사건에 의해 휘말리고, 외세에 대한 반사 작용으로서 한글이 더욱 중요한 민족적 과업으로 민중들에게 인식되기 시작하였던 것이다.

맞춤법 통일안

한국의 고전 중에는 '홍길동 전'이 유명하다. 실력은 있지만 차별받는 홍길동이 '아버지를 아버지라 부르지 못하는' 설움을 안고 산다. 에피소드에 불외(不外)한 것이지만, 한 정치인이 3D프린트를 '삼디 프린트'라 했다가 구설에 오른 적 있는데, '3을 삼이라 부르지 못하느냐'며 홍길동 패러디를 한 적이 있다. 이런 홍길동 이야기가 우리의 역사에서는 곡절이 많다.

교과 과목에서도 국영수로 대변되듯, 국어가 중요한 과목인데, 만일 국어를 국어라 부르지 못한다면 그 억울함을 무엇으로 표현하겠는가.

놀라운 일이겠지만, 그리고 다 아는 사실로서 이런 일이 실제로 일어났었다. 1910년 일본이 한국을 강제로 점령을 하고 조선총독부가 모든 권한을 행사하면서, 지식인들을 탄압하게 시작했다. 한글이나 역사에 관한 책들이 한국인들의 민족의식을 고취시킨다는 이유로 금서(禁書) 처분하였다.

국어를 국어라 부르지 못하게 했다. 1910년 이후부터 국어는 한국어가 아니라, 일본어라는 주장이다. 그러니, 조선어라고 하든지, 다른 말을 붙이든지 하는 건 좋지만 국어(國語)라 할 수는 없다는 억지다.

그러나, 조선(朝鮮)이란 말에는 조심스러움이 있다. 지금도 조선어, 북조선, 이런 말이 쓰이긴 하지만, 북한에서 쓰는 조선이라는 말은 아마도, 단군 시대의 '고조선'에 이은 것이라는 함의를 지닐 수 있기에 유구한 역사와 전통의 의미로 쓸 수는 있겠다.

하지만, 한일합방 당시, 조선이라는 말에는 망국(亡國)이라는 함의가 있다. 그래서 조선인(朝鮮人)이란 '망국민', 그러니까 인권을 보호받지 못하는, 말하자면 2류 민족 따위의 함의가 있었다. 그래서 '조선어, 조선 글'이 국어를 대신하기는 곤란했다.

이에 주시경 선생은 국어를 대신할 새로운 말을 고민했다. 우리 민족은 한민족이니, '한나라말글'이란 만들었다. '국어'라는 말은 공식적으로 쓸 수가 없었기에 이것을 대치하는 것으로써 '한나라말글'이었지만, 여기에는 우리 민족의 이름인 '한'이 들어있고, '한'은 크고 위대하다는 의미가 있으므로, 조선어보다는 '한나라말글'이 국어의 대체어로 좋았다.

하지만 이것이 너무 길어서 줄여 쓰다 보니까, '한글'로 되었다. 그 후로 한동안은 '한글'이란 '국어'를 대체하는 말로 '우리의 말과 글'이라는 뜻을 동시에 지니게 되었다. 그런 까닭에 아직도 한글이란 말을, 문자에만 국한해서 쓰지 않고 국어라는 의미로 쓰이기도 한다. 가령, 한글학교에서는 '기역, 니은, 디귿, 리을……'만을 배우는 것이 아니라 국어를 배우는 학교다.

일본이 물러나자, 우리는 '국어'라는 말을 되찾았다. 그래서 지금은 말을 뜻할 때에 '국어', 글을 가리킬 때는 '한글'로 구분하려 한다. 하지만, 역사적 의미를 생각하면, '한글'은 우리말과 글을 아우르는 뜻으로 쓰인다.

주시경 선생은 국가가 튼튼해지려면, 말과 글을 다듬어야 한다고 생각했다.

말이 오르면 나라가 오른다.

선생님이 남기신 말이다. 이러한 정신으로 선생은 젊은 시절부터 한글 다듬기를 일생의 목표로 삼게 된다. 당시에는 '이것이'를 '이거시'로 쓰기도 하고 '오빠'를 '옵바, 오빠, 옷빠' 등등 한 단어에 여러 개 표기들이 제멋대로 있어서 혼란스러웠다.

표기를 잘 정해서 누구든 이해하기 쉽게 말글살이를 한다면, 소통이 쉽고 나라도 부강해지리라 믿었다.

선생은 '이거시'처럼 쓰는 것은 안된다고 생각했다. '이것이'처럼, '것'이라는 말이 하나로 고정되어 있어야지, 어떤 때는 '것'으로 되었다가 어떤 때는 '거', '거시' 등으로 여러 개 나타나면 한글 사용에 곤란하다고 여겼다.

'꽃이, 꽃도, 꽃만' 등 기본형을 정해야지, '꼬치, 꼳도, 꼰만' 등으로 쓰면 맞춤법이 혼란스럽다는 주장이다. 선생은 일생 동안 한글 연구, 한글 강의에 몰두하시다가, 그 결실을 보지 못하고 1914년에 과로로 급사하셨다. 그 후 최현배 선생을 비롯한 한글학회 회원들이 선생의 뜻을 이어받아, 1933년에 한글 맞춤법 통일안을 완성하였다.

맞춤법의 예민함

이야기를 다시, 처음으로 올라가 보자. 짜장면이 괜찮다면 국어원은 애초에, '자장면'을 왜 옳다고 했을까, 외래어 표기법은 왜 만들었을까? 자장면을 '짜장면'으로도 쓰니까 버스도 '뻐스'로 적어야 일관성이 있지 않을까? 그렇다면 서비스도 '써비스'로 하고 복싱도 '빡씽 혹은 빡씽'으로 해서 실제 발음에 더 가깝게 해야 논리적으로 옳지 않을까? 그렇다면, '오렌지'도 미국인이 못 알아들을지 모르니, 한 유명 인사가 주장한 것처럼 '아린쥐'라 해야 옳지 않을까? 등등의 생각이 꼬리를 문다.

실제로 이런 생각을 말했다가 여론의 뭇매를 맞은 사람도 있다. 생각 자체는 문제될 리 없겠지만, 맞춤법을 맥락 없이 말했다가는 괜한 공분을 살 만큼 민중들은 맞춤법에 예민하다. 물론 한 가지 사유만은 아니었겠지만, 고위관직의 물망에 올랐다가 맞춤법에 관한 발언으로 결정타를 맞았다.

외래어 표기법 때문에, 그것도 '오렌지' 때문에 한 개인이 인생의 정점에서 내려와야 하는 사태는 참으로 드문 일이다. 하지만 짜장면 사태와 더불어 이 사건은 맞춤법에 대해서 한국인들이 얼마나 민감한지를 보여주는 사례임에는 틀림이 없다.

맞춤법은 논리적인가

급기야, 맞춤법은 과연 논리적일까? 하는 지경이 된다. 의심이 깊어지면, '꽃'을 왜 '꽃'이라고 쓸까? '꽃이 핀다'는 '꼬치 핀다'라고 써야 '짜장면'처럼 실제 소리와 맞는 게 아닐까? 등등의 생각이 일어난다. 이러다 보니 맞춤법은, 아무리 똑똑한 사람들이 만들었다 하더라도, 애초부터 하나의 일관된 원리에 의해서 작동되는 것이 아닌 게 아닌가 하는 회의조차 든다.

결론부터 말하자면, 한글맞춤법은 소리글자의 특성에만 맞추어진 것이 아니다. 하나의 원리로 일관된 것도 아니다. 한마디로 논리적 일관성이 없다. 살펴보면 여기저기가 예외 투성이다. 문제가 생길 때마다 누덕누덕 기워 온 게 현실이다. 그나마 다행인 것은 마냥 누더기만은 아니라는 점이다.

맞춤법은 상반된 두 가지 원리가 대종을 이룬다.

첫째, '소리 나는 대로 적는', 말하자면 [짜장면]을 짜장면이라 적는 것, 이것이 '표음적 원리'다. 표음(表音)이란 소리 음(音), 드러낼 표(表)이니 이것은 소리글자의 특징을 최대한 살리는 원리다.

둘째, '어법에 맞게 적는', 말하자면 [꼳] 하고 부르는 것을 '꽃'이라고 적는 표의적 원리가 있다. 표의(表義)란 뜻 의(義), 드러낼 표(表), 한글을 표의적으로 적자는 것이다. 이것은 어떤 문맥에서도 표기가 바뀌지 않고 시각적으로 형태를 고정하는 것을 뜻한다. 그래서 한글 맞춤법의 맨 첫머리에 나오는 최초의 규칙은 아래와 같다.

> 한글 맞춤법 제1항:
>
> 한글 맞춤법은 표준어를 소리대로 적되, 어법에 맞도록 함을 원칙으로 한다.

'꽃만 피었다'를 표음적으로 한다면, '꼰만 피어따'로 적어야 한다. '꽃'을 소리 나는 대로만 적게 되면, '꼬ㅊ, 꼳, 꼰' 등으로 문맥에 따라 그 모습이 달라진다.

하지만 맞춤법에는 실제의 소리와 상관없이 '꽃'이라는 하나의 형태로 고정해서 표기한다. 이것을 달리 말하면, 표의적 표기, 혹은 '어법에 맞는 것'이라 부른다.

한글이 소리글자이긴 하지만, 표의적 표기가 필요한 부분이 상존한다. '꼬치 피니, 꼰만 보고, 꼳꽈 더부러 사라가리.' 등으로만 적는다면, 쓰기는 편리해도 읽기에 불편하다. 하지만, '꽃이 피니, 꽃만 보고, 꽃과 더불어 살아가리.' 해야 '꽃'이라는 말이 시각적으로 다가오고 그 느낌이 확연하다. 다음의 단어들을 살펴보자.

> '시느니, 너므니, 이브니, 훌터, 올하' 등등.

소리 나는 대로만 적은 것들이다. 무슨 뜻일까? 소리 나는 대로만 적으면 그 뜻을 읽어내는 데에 시간이 지체된다. 하지만 이것들을 표의적으로 적어보자.

'신으니, 넘으니, 입으니, 훑어, 옳아' 등등.

그 뜻을 금방 읽어낸다.

그래도 맞춤법이다

읽는 이의 입장과 쓰는 이의 입장을 항상 동시에 고려함이 필요하다. 읽는 이에게는 표의적 표기가 편하고 쓰는 이에게는 표음적 표기가 용이하다. 그래서 맞춤법에는 표의적 표기와 표음적 표기, 두 가지 원리가 공존한다.

맞춤법 제1항이 '소리 나는 대로' 적되 '어법에 맞게' 한다는 것은 상충하는 원리이지만, 한 지붕 아래 두 가지가 공존한다. 대체로 쓰기보다 읽기가 많다. 스마트폰 문자를 읽고, 독서를 하고, 신문, 잡지를 구독한다. 읽는 양에 비해 하루 동안 우리는 얼마를 쓰는가?

작가나 교수, 학생, 문서를 작성해야 하는 공무원, 회사원 등등을 제외하고 대부분 읽기에 비해 쓰기가 약하다. 이미 언급했듯이 읽기에는 '꽃'처럼 형태가 시각적으로 고정되는 게 효율적이다. '꼬치, 꼰만, 꼳꽈'처럼 시각적으로 형태가 고정되지 않고 여러 가지로 흩어진다면 독서 속도가 느려진다.

한자는 기본적으로 표의적 표기다. 가령, 한자의 '花'는 모든 문맥에서 형태가 시각적으로 고정된다. '꽃'도 표기의 관점에서는 '花'와 마찬가지로 표의적 표기다. 다시 말해서 실제 발음과 다르더라도 시각적으로 형태를 고정하는 것이 표의적 표기다.

한글의 자음자, 모음자는 소리글자이지만, 이것들을 운용하여 초성, 중성, 종성을 합쳐서 음절을 이루고, 표의적 원리에 따라 기본형을 고정시키면 결과적으로 한자와 그 기능이 같아진다.

물론, 한글은 한글이다. 처음부터 소리글자로 만들어졌으며, 지금도 변함없이 소리글자다. 다만, 한글 자모의 운용법에 있어서 한자와 동일한 기능으로 구실한다는 뜻이다.

알다시피 현행 맞춤법에서는, '차자, 업서, 이써' 하지 않고, '찾아, 없어, 있어'처럼, '찾, 없, 있'을 고정해서 표기한다.

이것은 한자의 '심(尋, 찾을 심), 무(無), 유(有)'와 같은 효과를 지닌다.

세종은 한글을 만들 때에 초성, 중성, 종성을 합쳐서 항상 음절을 이루도록 모아서 쓰는 방식을 선택했다.

'꽃'을 알파벳의 flower처럼, 한 줄로 연결하여 'ㄲ ㅗ ㅊ'으로 쓸 수도 있었겠지만, 세종은 이것들을 합쳐서 '꽃'으로 쓰는 방법을 택했다.

15세기 국어로는 '꽃'이 아니라 '곶'이었지만, 표기의 기본원리는 15세기나 21세기가 크게 다르지 않다. 다만, 대왕께서 백성들이 쓰기에 불편할까봐 원칙적으로는 '곶'이지만, 소리 나는 대로 해서 '곳'으로 적어도 괜찮다고 허용한 것이다.

세종의 뜻을 100% 헤아리기는 어렵지만, 아마도 'ㄲ ㅗ ㅊ'으로 쓰는 것보다, '꽃'으로 모아서 쓰면 읽기도 좋고, 한자와도 어울려서 쓸 수 있을 것으로 생각했지 싶다.

한편, 세로쓰기가 알파벳으로는 드물다. flower를 세로로 쓰게 되면 읽기에 까다롭다. 이에 비해, 중세 한국에서는 현판글씨나 제액 등을 가로쓰기 했지만, 보통의 텍스트에서는 세로쓰기가 일반적이었다.

가로쓰기와 세로쓰기에 모두 어울리는, 적절한 문자 형태는 정방형의 네모꼴이다.

한자가 기본적으로 방형인 이유도 여기에 있다. '花'가 하나의 음절로 이루어진 방형의 문자이듯이, 한글도 초중종을 모아서 '곶'처럼 하나의 음절로 된 네모꼴로 기본형을 삼았다.

이처럼 표의적 표기 방식은 이미 15세기 당시에도 한글에 존재했다. 거듭 말하지만, 표의적 표기를 달리 표현하면, '어법에 맞게'라고 할 수 있겠다. '소리 나는 대로'와 반대 개념이다.

이 정도의 배경 지식을 갖추었다면, 독자 여러분들은 한글 맞춤법의 기본 원리를 담고 있는, 한글 맞춤법 총칙, 제1항을 이해하기에 충분하다.

한글 맞춤법의 역사는 한마디로, '소리'와 '어법'이라는 두 축에 대한, 갈등과 조화의 역사이다. 이것을 담고 있는, 한글맞춤법 제1항에 대한 이해가 한글맞춤법의 절반이라 해도 과언이 아닐 정도로 중요하다.

명문화된 '한글 맞춤법 통일안'이 역사에 등장한 것은 1933년 일제 강점기 시절이었지만, '소리 나는 대로' 적을 것이냐, '어법에 맞게' 적을 것이냐 하는 문제는 이미 언급한 바 있듯이, 세종 시대에도 있었던 것이다.

이 부분에 대해서 뒤에서 좀 더 자세히 이야기 하겠지만, 당장에 '어법'이 왜 필요하냐고 반문하는 독자들도 있을 것임에는 틀림 없다.

한글은 소리글이니, 소리 나는 대로 적으면 복잡한 맞춤법도 필요 없고, 국어시간에 맞춤법 배우느라 시간 소비할 필요도 없고, 그 시간에 더 생산적인 일 혹은 창의적인 분야에 공부를 할 수 있지 않겠느냐는 의심이다.

그런데, 한글을 꼭 한국에만 국한시켜 생각할 필요는 없다. 동아시아 문자사의 흐름 속에서 조망하는 것도 의미가 있다.

한·중·일 삼국은 언어적 차이에 따라 민족 고유의 문자들을 창안하고 발전시켜 나갔다. 한자, 한글, 가나를 문자 그 자체로만 본다면 체계와 그 운용에 있어서 상호간에 상당한 차이가 있음에 틀림 없다. 그렇지만 동아시아와 문화권이 다른 미주·구라파의 알파벳과 비교·대조해 보면 공통점도 크다는 사실을 새롭게 인식할 필요가 있다.

한자 문화권의 문자들은 방형이 기본이다. 알파벳 문화권의 문자들이 선형인 것과는 대조적이다. 알파벳은 선형으로 설계된 까닭에 서사방식에 제약이 따른다. 가로쓰기와 세로쓰기가 모두 가능한 한자 문화권의 문자와는 달리, 알파벳은 그 서사방식은 가로쓰기와 일방향 쓰기로 고정된다. 글쓰기 방향이 왼쪽에서 오른쪽, 오른쪽에서 왼쪽 등 한 방향으로 고착된다.

알파벳도 의식적으로는 세로쓰기를 할 수 있겠지만 부자연스럽다. 이에 비해서 漢字·한글·가나는 가로쓰기와 세로쓰기가 모두 가능하다. 글을 쓰는 방향도 왼쪽에서 오른쪽으로만 고정되는 것이 아니다. 오른쪽에서 왼쪽으로도 쓸 수가 있다.

쓰는 방향에 대한 제한이 없는 까닭에 한자문화권에서는 공통적으로 깃발문자 문화가 발달되었다. 큰 깃발에 글씨를 쓸 때에는 세로쓰기가 좋다. 가로로 쓰려고 하면 아무래도 깃발 폭이 길어져서 곤란할 때가 많다. 깃대가 높고 폭이 긴 깃발은 바람이 불 때는 깃발을 잡고 움직이기가 힘들며 바람이 잔잔할 때에는 깃발이 접혀져서 글씨를 알아보기 어려운 때도 많다.

마을 축제나 큰 행사에 으레 등장하는 것이 깃발이다. 깃발에는 큰 글씨가 세로로 씌어져 있다. 아주 높은 깃대에 세로로 글씨가 씌어져 있으면 거기에는 문득 굉장한 힘이 솟아난다. 그리고 세로쓰기로 되어 있으면 글자가 멀리서도 잘 보인다.

알파벳문화권에 비해서 한자문화권에서는 문자를 쓰는 방식에 제약이 덜하기 때문에 문자메시지를 전하는 광고판들이 다양한 형태로 제작될 수 있다. 한국의 경우는, 간판이 너무 다양해서 규제를 하지 않으면 안 될 정도로 간판들이 도시를 뒤덮고 있다. 그야말로 광고 문자의 천국이다.

알파벳은 광고 문자 제작에 가로쓰기라는 한계가 주어진다. 한자·한글·가나는 가로든 세로든, 광고할 수 있는 공간이 주어지고 그 위치가 사람들의 눈에 잘 띌 수만 있다면 광고판이 가능하다.

가로쓰기와 세로쓰기를 모두 할 수 있다는 한자문화권의 장점은 비단 광고 글씨에만 적용되는 것이 아니다. 책꽂이에 책이 꽂혀 있을 때, 한자·한글·가나로 된 책이라면 책등에 적혀 있는 제목이 한눈에 들어온다.

알파벳은 책등의 제목을 가로로 써야 하고 이 때문에, 책이 책꽂

이에 누워있는 경우를 제외하고서 고개를 조금이라도 갸우뚱 하지 않을 수 없다.

가로쓰기의 경우에도, 읽는 순서에 있어서 왼쪽에서 오른쪽으로 읽는 경우가 있고 그 반대의 경우도 있을 수 있다. 영어는 좌우 순서이지만 아랍어는 그 반대로 오른쪽에서 왼쪽으로 읽어야 한다. 한자 · 한글 · 가나는 왼쪽에서 오른쪽으로 읽지만, 큰 간판 글씨나 현판 등은 오른쪽에서 왼쪽으로 쓸 수도 있다. 그렇게 해도 전혀 아무런 문제가 없다.

영어 문장을 오른쪽에서 왼쪽으로 쓴다고 상상해 보자. 독자들에게 글쓰기의 새로움을 줄 수는 있겠지만 인식 속도는 그만큼 느려질 것이다. 좌우읽기, 우좌읽기 등, 그 어떤 운용 방향에도 제약을 받지 않고 쓸 수 있는 편리한 문자로 운용할 수 있는 것은 한자 · 한글 · 가나가 모두 네모꼴이라는 공통점을 지녔기 때문이다.

이러한 공통점은 어디에서 왔는가? 이것은 동아시아 문자 문화가 한자문화권이라는 공동의 역사를 지님에 기인한다. 한자와 이두, 훈민정음과 한글, 가타가나와 히라가나 등, 삼국의 문자들이 모두 한자문화권이라는 한 울타리에서 상호간에 연속성을 지니고 있기에 가능하다.

중국뿐 아니라, 한국, 일본에서도 통용이 가능한, 한자가 지니는 역사성, 예술성, 도상성(圖象性)은 이것이 과거의 시간에만 머무는 것이 아니라, 미래의 정보화 사회에서도 잘 어울린다. 공동의 오랜 역사는 서예 혹은 서도로 불리는 모필 문화의 생명력과 예술성, 도상성이 주는 문자와 의미 간의 유연성(有緣性) 등이 21세기의 문자 시대에도 살아나 한자는 예술성과 기능성 등을 고루 갖춘 현대적

소통 체계로 거듭 발전하게 될 것이다.

이두가 한민족의 독창이라는 점을 애써 강조하는 학자들도 있다. 좀 더 말하자면 이두가 한국어를 표현하기 위해 한문과는 달리, 조상들에 의해 독창적으로 창안된 것이라는 주장에 대부분의 학자들은 의심을 하지 않는다.

하지만 앞에서 살펴본 바와 같이 이두의 출현이 '한자의 충격'에 따른 모방·선택·변형의 결과임을 증명하는 문헌 자료, 일차 자료들을 우리는 확인할 수가 있었다.

한편, 일본의 가타가나도 8~9세기 무렵, 일본과 신라의 불교문화 교류와 전파 과정에서 발생되었다는 증거들이 나타난다.

한글도 마찬가지다. 세종에 의한 중성의 발견이나 초성·종성의 동일성 확인 등, 음운학적 독창성이 있음에도 불구하고 한글이 탄생할 수 있었던 그 바탕에는 한자 문화권이라는 울타리가 있었기 때문이다.

세종과 당대의 학자들이 한글을 자방고전(字倣古篆)이라고 했던 그 의미도 동아시아의 전통적 문자관에 기대어 해석해 낼 수 있다.

한글을 음절합자(音節合字)에 의한 방형(方形, 네모꼴)의 글자로 고정하고 이것을 현대까지 한글의 표준서체로 유지하고 있는 까닭도 한자문화권의 맥락에서 설명가능하다.

알파벳이 한 국가나 한 민족에 머물지 않듯이 한자도 일개 민족이나 특정 국가에 귀속된 유물이 아니다. 한자는 동아시아의 문화자산으로 한·중·일 간의 소통도구이자 공통의 정신적 기반이다.

문자의 길

이제는 디지털 시대다. 한글학회에서 고심했던 1933년의 시대가 80년도 훌쩍 넘었다. 당시의 어르신들이 오늘날 말글살이를 본다면 적응이 쉽지 않을 터이다.

하지만, 한글도 변한다. 좀 더 구체적으로 말하자면, 그것의 운용법인 맞춤법도 변한다. 시대의 흐름에 부응할 수밖에 없는 것이 문자의 길이다. 문자를 사용하는 도구가 달라지면 한글의 문체나 문법, 맞춤법도 거기에 영향을 받는다. 전달하는 매체, 즉 방송이나 스마트폰이 맞춤법에 영향을 준다. 매체의 변화에 따라 한글 맞춤법도 유연히 대처해야 대중과 멀어지지 않는다.

대중의 요구에 맞지 않는다면 맞춤법의 의미도 퇴색한다. 앞서 언급한바 '짜장면'은 대중의 요구가 얼마나 엄중한지를 보여준다. 그런데 누군가가 힘써 교육하지 않았다 하더라도 맞춤법에 관한한, 이것이 쉽사리 바뀌어서는 안 된다는, 보수주의적 정서가 보통 사람들에게도 배어 있다. 정치적 신념과 별개의 문제로 대부분 언중들은 맞춤법에 대해서 보수적 경향을 띠는 것이다.

그래서 종종 맞춤법에 대한 저항과 반대 현상도 나타난다. 즉, 맞춤법에 안 맞는 듯한 표현이 나오면 '이게 뭐지?' 하는 생각부터 치솟는다. '짜장면'은 성공했지만 그 외에도 또 다른 의문들이 꼬리를 물기 때문이다. 예를 들어, '안냐세여, 겨털, 안습' 등등 새로운 말들이 생겨났는데 이것들은 맞춤법에 맞는 것인지, 혹은 통용돼도 좋은지 하는 물음이다.

필자가 처음으로 '안냐세여'라는 문자를 받았을 때, 적이 당황했었다. 처음 읽는 순간, 이게 '안녕하세요'의 변형이라는 점은 금방 눈치챘다. 하지만 '왜 이런 말을 쓰지?' 하는 상념에 빠지게 되었다.

대개 문자로 인사할 때, '안녕'처럼 반말을 쓰거나 '안녕하세요'와 같이 높임말로 시작한다. 아는 친구 사이라면 '안녕, 잘 지내?' 등으로 간결한 인사말을 주거니 받거니 할 터이지만, 그렇지 않다면 이러한 반말들이 곤란하다.

한편, 모르는 사람이나 혹은 어렴풋이 아는 사람으로부터 '안녕하세요? 저는 누구누구입니다.'로 시작하는 문자를 받는다고 하자. 여기에는 심적 부담이 느껴진다. 게다가 '드릴 말씀은 다름이 아니오라……' 이렇게 이어지면 부담백배다.

아마도 '안냐세여'를 처음 쓴 사람은 상당히 창의적이었음에 틀림없다. '안녕'이라는 반말도, '안녕하세요'의 높임말도 쓰기 곤란한 상황에서, 적절한 인사말이 무엇일지를 깊이 고민했을 것이다. 안녕이라는 똑똑한 발음보다는 안냐 정도로 약간 허물허물한 게 덜 부담이고, '요'보다는 '여'가 규칙에 벗어난 듯하고 촌스럽긴 하지만 정겨운 느낌이다.

그래서 그런지 '안냐세여'로 시작하는 문자를 받으면 일단 안심은 된다. 읽어도 그만, 안 읽어도 그만, 문자 내용 무시해도 부담이 덜할 것 같은 느낌이다. 최소한 '안녕하세요' 보다는 편하다.

그런데 이게 맞춤법에 맞는지, 이렇게 다소 찌그러진 어법을 일상화해도 되는지가 고민이다. 사실, '안냐세여'는 뭐라 규정하기조차 어렵다. 사투리도 아니요, 표준어도 아니다. 한글 맞춤법 제1항은 "표준어를 소리 나는 대로 적되……"로 명시했다. 표준어가 아니라면, 맞춤법을 적용할 수도 없는 노릇이다. 그러니 이것을 맞다고도 할 수 없고, 딱히 틀린 것도 아니다.

임시어의 정착

그래도 '안냐세여'가 문자로만 통용이 되고, 일상 구어체에는 쓰이지 않는 듯하다. 골막한 표현이겠지만 반말과 높임말의 중간이라는 나름의 구실도 있다.

'겨털'은 또 다른 사정이 있다. 이 단어는 생긴 지가 제법 된 것으로 짐작되는데, 이것은 의복의 유행이 바뀜에 따라 만들어졌다. 더운 여름에 민소매 옷을 즐겨 입다 보니, '겨드랑이의 털'이 노출되는 사태가 벌어진다.

다소 민망한 상황인데, 이것을 '겨드랑이에 있는 털이 보인다'고 하면 곤란하다. 만일 방송이나 공개 장소에서 이런 사태가 벌어졌다면 낭패다. 뭔가의 지적이 필요한데, '겨털'은 상대가 좀 덜 곤란해질 수 있는 표현에 대한 배려일는지도 모른다. 어색한 상황을 악화시키지 않고 의미를 다소 비밀하게 말한다는 것, 그래서인지 '겨털'이란 임시어는 지금도 쓰인다.

표준어 자격을 취득할지는 미정이지만, 이제는 제법 언중들 사이에 자리를 잡아서 '겨땀'이라는 파생어도 만들어졌다. 겨털에 익숙한 사람은 겨땀이 무엇인지도 금방 알아챈다. 파생어도 만들어 낼 정도의 생산성을 지녔다면, '겨털'은 우리말 사전 목록 속으로 정착될 가능성이 크다.

'안습'은 이것과 상황이 달라 보인다. 말인즉슨, '안구에 습기가 찬다'는 신생어인데, 이것도 역시 겨털처럼 어정쩡한 상황에 사용된다. '눈물이 난다' 혹은 '안됐다, 슬프다' 혹은 '안쓰럽다' 따위의 상황에서, 눈물은 너무 강한 표현일 수 있다. 슬프다, 안쓰럽다도 표현하는 순간, 그 대상은 정말로 안쓰러운 사람으로 낙인될 수 있다. 그래서 위로의 말도 조심스럽다. 상대를 무겁게 만들지 않고, 그렇지만 상대에 대한 자신의 감정을 표현할 수 있는 말, 이런 것을 찾기가 쉽지 않다.

방송이나 공개된 장소에서 상대가 좀 안 되어 보일 때, 눈물이 난다 할 정도는 아니지만, 상대에 가벼운 동정표를 던질 때, '안습이다' 정도가 오히려 가볍고도 적절할 수 있겠다. '에그, 안 됐어.'라고 한다면, 듣는이의 낙인 효과로 될 수 있다. 동정을 받는 사람도 부담스럽다. '안습이다'는 생경한 말이긴 하지만, 그래서인지 듣는이가 부담은 덜 하면서, 상대가 내게 호의적이구나 하는 느낌마저 받을 가능성이 있다.

'안냐세여'는 대체로 문자 표현에 국한되지만, 겨털, 안습 등의 신생어들은 문자뿐 아니라 일상어로도 쓰인다. 빈도가 만만치 않지만 이것이 이어질지 의문이다. 짜장면은 우여곡절 끝에 표준어 진입에 성공했지만, '안냐세여'와 '겨털, 안습'의 운명은 아직 모른다.

대통령의 맞춤법 저항

실제로 그런 주장이 있었다. 그것도 일반 국민이 아닌, 대통령께서 말씀하셨다. 한글맞춤법은 쓸데없이 복잡하니, 소리 나는 대로 적자고 한 것이다.

이승만 대통령께서 그러셨다. 그는 미국유학이 꿈같던 시절이었던 20세기 초에 명문대학인 프린스턴에서 박사 학위를 받았다. 후에 미국의 대통령이 되었던 윌슨이 그의 지도 교수였다. 국제적으로 쟁쟁했던 이승만 박사는 대통령이 된 이후에 한글로 담화도 발표하고 연설문도 쓰는 등, 여러 가지 한글살이를 해야만 했다.

하지만 한글맞춤법을 가끔씩 틀렸다. 대통령으로서는 면모가 서지 않는 형국이다. 맞춤법을 만들 당시 그는 해외에서 독립 운동을 하고 있었다. 1933년에 맞춤법이 정해졌으니 엄밀히 말하자면, 이승만 대통령은 한글맞춤법을 배운 적이 없었다.

그렇게 보면, 대통령이라 해도 실수할 수도 있겠거니 하고 넘어갈 수 있었겠지만 그의 생각은 달랐다. 한글 맞춤법 제1항을 불합리하고 까다롭게 여겼다. 그래서 한글을 소리 나는 대로만 적자는 명령이다.

하지만 한글학자들이 맞섰다. 일제 강점기, 그 어려웠던 시절에 선학들이 피땀으로 이룬, 주시경 정신을 일시에 무너뜨릴 순 없었다. 게다가 어법에 맞추어 적지 않으면, 쓰기에는 좋겠지만 읽기가 나쁘다. 이미 언급한바, '꽃이, 꽃도, 꽃만'으로 써야 한다. 이게 힘드니까, 소리 나는 대로 '꼬치, 꼳또, 꼰만'이라 쓴다고 해 보자. 쓰는 사람이야 쉽겠지만 읽는 사람은 힘들다. '꽃'이라고 고정하면 실제 발음과 달리 쓰이더라도, 시각적으로 형태가 일정하여 읽기가 쉬운 법이다.

학자들의 저항에 대통령은 손을 들었다. 전문가들의 의견을 존중한 것이다. 일반인들은 쓰기활동보다 읽기활동이 더 많다. 하루에 100장을 읽을 수 있겠지만 100장 쓴다는 것은 거의 불가능이다. 대체로 쓰는 양은 읽기의 1%도 못 미친다.

갈등은 그런 것이다. 기본형을 정할 것이냐 말 것이냐에 대한 선택이었다. '어법에 맞게' 원칙을 정해놓고 여기에 따를 것이냐, 아니면 자유롭게 적을 것이냐의 문제였다.

외래어표기법의 길

외래어도 마찬가지다. 이것은 바깥에서 들어온 낱말들인데, 이로 인해 국어 표기법이 복잡해지면 곤란하다. 되도록 간략하게 해서 맞춤법의 부담을 줄여야 한다.

그래서, 국어 자모 중에서 가장 자주 쓰이는 24자모로만 한정하자는 원칙을 정했다. 고유어에서 자주 사용되는 것이므로, 외래어도 이에 준하여 쓴다면 외래어의 증가로 인한, 표기법의 복잡도 증가 현상이 초래되지 않는다.

24자모 속에는 ㄲ, ㄸ, ㅃ, ㅉ와 같은 된소리가 없다. [뻐스]를 '버스'로, [써비스]를 '서비스'로 적어야 한다. 이에 따라 [짜장면]이 '자장면'으로 된 것이다. 실제 발음이 [짜장면]이면 '자장면'으로 써더라도, 발음대로 읽으면 된다. 한글 맞춤법이 발음과 늘 일치하는 것은 아니다. 가령, '꽃만'은 한글 철자의 고유 발음과는 달리, 그냥 [꼰만]으로 읽는다. 그러니 '자장면'을 [짜장면]으로 읽는다 해서 문제될 리 없다.

순수한 저항 운동가들이 '자장면'으로 표기되면 [자장면]으로만 읽어야 하는 줄 알았을는지도 모르겠다. 다시 한 번 강조하지만, 실제 발음과 표기법이 늘 일치하는 것은 아니다. '꽃'이 문맥에 따라서 [꼬치], [꼳], [꼰] 등으로 읽힌다. '자장면'도 [짜장면]으로 읽는다 해서 문제될 리 없다.

'서비스'를 [써비스]로 읽는다고 해서 아무도 틀렸다 하는 사람은 없다. 우리가 외래어 표기법 제1항을 이해하고 받아들이게 되면, 한글의 '표기와 발음은 늘 일치하는 것이 아니다'라는 사실을 자연스레 수용하게 된다. 물론, 원칙적 적용만으로 모든 걸 해결할 수는 없다. 맞춤법 속에는 우리의 문화와 역사도 담겨있기 때문에 언어학적 원리만으로 모든 것을 재단할 수 없는 노릇이다. 비언어학적 이유로 맞춤법이 바뀐다 해도, 혹은 단어가 바뀐다 해도 그것 역시, 언중들이 선택하는 것이다. 사회적 약속이 이루어져 구성원 대다수가 수용한다면 그것 또한 문제될 리 없다.

어제의 틀림이 오늘의 맞음이다.

다소 혼란스러운 과정에 직면할 수 있겠지만, '변하지 않는 사람은 바보다'라는 말도 있다. 맞춤법에 관한 한 이것이 진실이다. 이런 점에서 '짜장면'은 오늘의 맞음이다.

요약

이제까지 한 이야기들을 연결하여, 한국의 문자사를 하나의 그림으로 나타내면 다음과 같다.

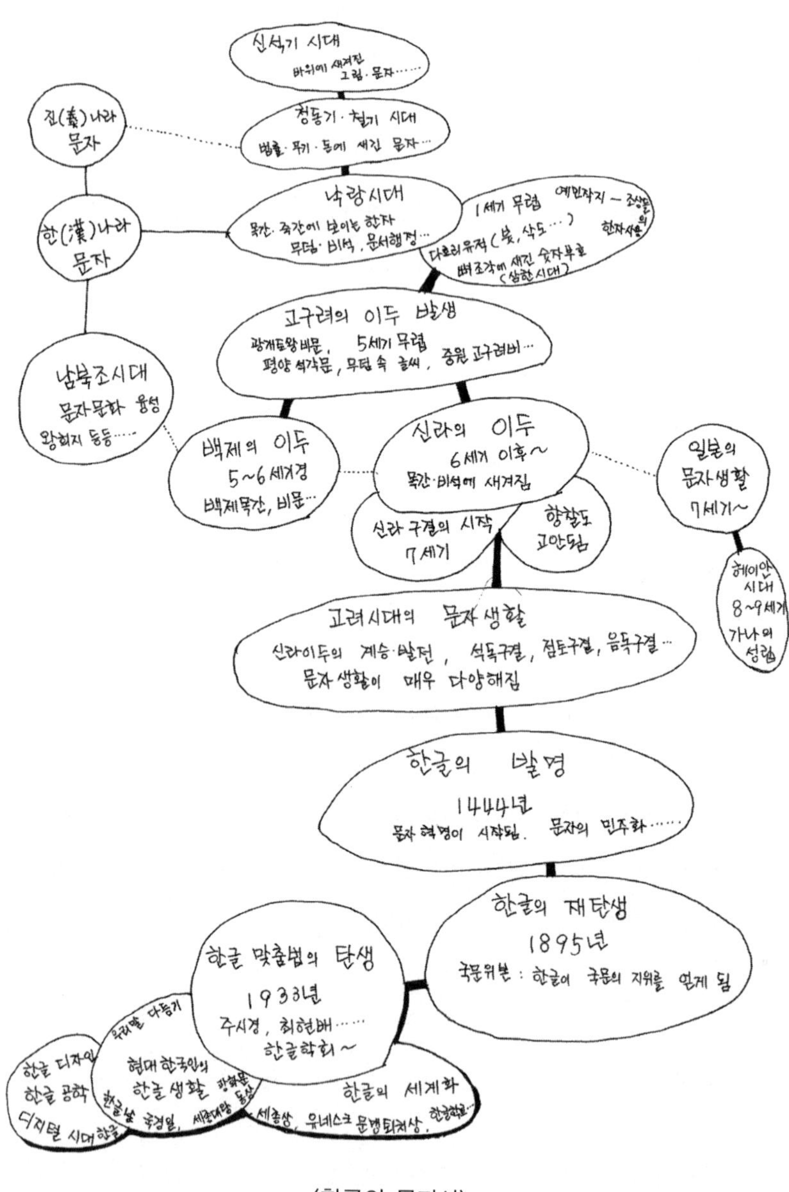
신석기 시대
바위에 새겨진 그림·문자……
진(秦)나라 문자
청동기·철기 시대
법률·무기·돌에 새긴 문자…
한(漢)나라 문자
낙랑시대
목간·죽간에 보이는 한자
무덤·비석, 문서행정…
1세기 무렵 예민작지 — 조상들의 한자사용
다호리유적 (붓, 삭도…)
뼈조각에 새긴 숫자부호 (삼한시대)
남북조시대
문자문화 융성
왕희지 등등……
고구려의 이두 발생
광개토왕비문, 5세기 무렵
평양 석각문, 무덤 속 글씨, 중원 고구려비…
백제의 이두
5~6세기경
백제목간, 비문…
신라의 이두
6세기 이후~
목간·비석에 새겨짐
일본의 문자생활
7세기~
신라 구결의 시작
7세기
향찰도 고안됨
헤이안 시대
8~9세기
가나의 성립
고려시대의 문자생활
신라이두의 계승·발전, 석독구결, 점토구결, 음독구결…
문자 생활이 매우 다양해짐
한글의 발명
1444년
문자 혁명이 시작됨. 문자의 민주화……
한글의 재탄생
1895년
국문위본 : 한글이 국문의 지위를 얻게 됨
한글 맞춤법의 탄생
1933년
주시경, 최현배……
한글학회~
우리말 다듬기
현대 한국인의 한글 생활
광화문 동상
한글날 국경일, 세종대왕
한글 디자인
한글 공학
디지털 시대 한글
한글의 세계화
세종상, 유네스코 문맹퇴치상, 한글학교…

〈한국의 문자사〉

맺음말: 다시, 세종대왕을 생각한다

진시황제

동아시아 지역 문자사에 큰 흔적을 남긴 사람을 한 명 선택하라면, 진시황제(秦始皇帝)를 생각할 수 있겠다. 정치적인 관점에서 부정적인 평가가 없지는 않았겠지만, 문자사에 남긴 그의 업적은 결코 간과할 수 없다. 동아시아 역사상 최초로 문자를 통일했기 때문이다.

시황제는 신하였던 이사(李斯)에게 명하여, 이전의 문자들, 전서(篆書)를 통일하고(이사가 통일한 문자를 소전(小篆)이라 하였다) 국가 문서 행정을 위한 신하들의 문자로서 예서(隸書)를 만들었다. 소전과 예서를 확립함으로써 '하나의 중국'이라는 개념이 형성되었다.

이로써 문자가 신과의 대화보다는, 인간 중심으로 이어지게 되었다. 국가를 통치하는 도구로서 문자가 확립되고, 왕과 영웅들의 치적(治積)을 후세에 전하는 기록의 도구로서 문자의 길이 열렸다.

진(秦)의 문자문화가 한(漢)에도 이어졌는데, 이것이 한자(漢字)의 시작이었다. 문자의 통일이란 여러 민족 간의 소통에 활기를 불어넣었다. 다른 지역의 문자들을 번역하고 해석하기 위해서 수많은 사관(史官) 혹은 식자(識者)들을 동원할 필요가 없었다. 언어가 달라도 통일된 문자로써 중국은 하나가 되었다.

이러한 질서는 한국, 일본에까지 이어졌다. 역내(域內)에서 한자

(漢字)를 공유함으로써 동아시아 지역의 공통적인 한자문화권이 형성되었다. 그러한 질서는 수천 년간 이어졌다. 한국의 이두(吏讀)나 일본의 가나[假名]도 한자의 물결 파(波)이다.

구텐베르크

문자와 관련하여 서구 지역에서 한 명만 선택하라면, 구텐베르크를 들 수 있겠다. 알다시피 그는 15세기 후반기에 활자 인쇄술을 개발하였다.

활자 인쇄가 있기 이전, 유럽에서는 필경사(筆耕士)들의 손글씨에 의존했다. 그들은 하루에 2장 정도 필사할 수 있었다. 구텐베르크 이후, 인쇄공들은 하루에 200장이나 찍어낼 수 있었다. 인쇄기 발명 이후, 노동생산성이 100배나 향상된 것이다. 필사를 위한 전문적 교육도 필요 없었다. 인쇄기를 작동시킬 근육의 힘만 있으면 전문적인 필경사보다 100배나 일을 더 잘 할 수 있었다.

혁신은 기존 질서를 파괴한다. 인쇄기는 중세유럽을 무너뜨렸다. 생산성이 100배나 올랐으니 책값이 싸질 수밖에 없다. 인쇄기 이전의 책이란, 너무 비싸서 교황청 사제들이나 왕족, 귀족이 아니면 소유가 어려웠다.

인쇄기 덕분에 책을 상업화할 수 있었다. 지방 귀족들이나 상인들도 책을 소유할 수 있었다. 종교개혁가, 과학자, 계몽 지식인들이 책을 저술할 수 있었고, 책의 판매를 통해 노력의 보상도 받을 수 있게 되었다.

책을 통한 정보가 없었던 시절에는 교황청의 명령에 따르지 않을 수 없었다. 아무 것도 모르면 살아남기 위해서 권력자를 무조건 따르게 마련이다. 성서가 대량으로 인쇄되고, 지방의 귀족들이나 상인들도 성서를 읽게 되자, 사람들은 교황의 면죄부를 의심하기 시작했다. 성서 어디에도 면죄부에 대한 근거는 없었다.

교황청 사제들이야 로마의 성전을 크고 화려하게 짓는 것이 의미 있을지 모르겠지만, 로마로부터 수백 킬로미터나 떨어져 있는 독일의 지방 귀족들이나 상인들은, 평생에 한번 가볼까 말까 한 로마의 건물 때문에 자신의 재산을 바치고 싶지는 않았을 것이다.

종교 개혁이 일어나고, 과학자들의 책도 출판되었다. 천체의 운행을 하느님께 물어보지 않아도 수학적 법칙에 따라 예측할 수 있었다. 개인의 이기적 욕망을 윤리적으로 인정해 주는 고전 경제학 서적이 유통되었다. 계몽주의자들의 근대국가론, 교육론, 인간 존엄성에 관한 철학 서적들이 쏟아졌다. 한마디로 세상이 바뀐 것이다.

세종대왕

세종이 한글을 발명하지 않았다면 무슨 일이 벌어졌을까? 우리는 여전히 한자, 이두, 구결, 향찰 등을 이용하여 문자 생활을 하였을 것이다. 일본을 예로 들면, 일본은 오늘날까지도 9세기 무렵에 만든 가나 문자를 사용하고 있다. 물론, 부분적인 진화가 있어서 오늘날에는 가나를 보다 편리하게 사용한다 할지라도, 가나 외에 기초 한자들을 초, 중, 고등학교에서 교육받아야 한다. 가나만으로는 일본어를 완전하게 표현함에 모자라기 때문이다.

한국도 일본과 별반 다를 게 없다. 한글이 없었다면 전래되는 이두를 배워야 하고, 책을 읽을 때에는 구결이 필요하고, 향찰에 보이는 문자 운용 원리들을 활용하여 문자생활을 할 수밖에 없다. 그것도 부족해서 일본처럼 생활에 필요한 한자들은 학교에서 교육을 받아야 한다.

한국인으로 태어나 이른 식으로 문자 생활을 할 수 있기까지 얼마나 많은 시간들이 필요할까?

10,000시간의 법칙이 있다. 어떤 한 분야에 정통하려면 만 시간 정도 투자를 해야 한다는 주장이다. 어떤 분야든 전문성을 지니려면 그 정도의 노력은 기울여야 할 것이다.

한자나 이두, 구결, 향찰로써 한국어를 자유자재로 표현할 수 있으려면 그 만큼의 시간은 소요된다. 필자는 고대국어를 공부하기 위하여, 한자, 이두, 구결, 향찰을 공부하였다. 아마도 10,000시간을 훌쩍 넘겼을 것이다. 그럼에도 불구하여 위의 문자들을 이용하여 한국어를 표현하라고 한다면, 아마도 한글보다 서툴 것이다.

그렇다면 한글을 익히는 데에는 얼마의 시간이 필요할까?

훈민정음 해례본에는 한글 교육에 걸리는 시간이 얼마 정도인지 서술한 부분이 있다. 똑똑한 사람이면 한 나절 만에, 둔한 사람일지라도 10일이면 충분히 익힐 수 있다 하였다. 현대인의 생활양식이나 표현 영역이 15세기보다는 훨씬 복잡해졌을 것이라는 점을 감안하더라도 한글을 익히는 시간은 한자, 이두의 10%에도 못 미칠 것이다.

1,000시간 정도만 투자해도 문자 생활에 지장이 없을 것이다. 하루 1시간 한글 공부를 해서 3년 정도 매일같이 꾸준히 한다면, 한글

맞춤법은 물론이요, 자기의 의사를 한글로 표현하는 데에 어려움이 없을 것이다.

무학(無學)의 할머니들이 뒤늦게 한글을 깨쳐서, 읽고 쓰는 즐거움을 감동적으로 묘사한 글을 읽은 적이 있다. 늦게 배운 할머니 중에 시(詩)를 짓는 분도 계셨다. 이 분들이 한글을 깨치는데 필요했던 시간은 아마도 1,000시간이 넘지 않았을 것이다.

문자 생활은 현대인에게 필수적이다. 까막눈으로는 더 이상 현대사회에 적응할 수 없다. 어차피 문자를 익힐 수밖에 없는데, 쉬운 한글의 발명으로 인하여, 세종은 우리 모두에게 9,000시간의 자유를 준 셈이다. 뿐만 아니라, 앞으로 이 땅에서 태어날 수많은 후손들에게, 차별 없이, 문자 생활을 위한 시간들을 단축시켰다.

한자나 이두에 의한 문자 생활이 그토록 불편했다면, 굳이 세종이 아니더라도 그 누군가가 새로운 문자를 만들지 않았겠느냐고 반문할 수도 있겠다.

사실, 콜럼부스가 아니라도 아메리카 대륙은 존재했었고, 다른 유럽인이 그 존재를 확인할 수 있었을 것이다. 진시황제가 아니었어도 문자 통일은 필연적이었을 것이다. 더욱이 진시황제는 소전(小篆)을 만들고 예서(隷書)를 고안해 낸 것도 아니다. 이사(李斯)에게 문자 통일을 명령을 했을 따름이다.

활자 인쇄술도 구텐베르크가 최초로 발명한 것은 아니다. 알다시피 고려시대에도 그 기술이 있었다. 구텐베르크가 아니더라도 누군가가 서적의 상업화를 위해 새로운 인쇄술을 활용했을 것이다.

하지만 세종의 업적은 대체불가능(代替不可能)하다. 이미 언급한 바 있듯이, 창제 당시에 수많은 반대가 있었다. 최만리를 비롯한 신하들을 일일이 설득하여 한글을 일반인들에게까지 널리 퍼뜨린 일은 세종 아니면 불가능했다. 이후의 어떤 사람도 새로운 문자를 만들어서 퍼뜨리는 것은 상상하기 어렵다.

세종의 업적은 세계 문자사에서 유례를 찾아볼 수 없다. 우리 조상들은 한자나 이두 등을 사용하고 있어서, 한글이 발명되지 않았더라면, 일본과 마찬가지로 그러한 문자 생활들을 현대에까지 이어나갔을 것이다. 일본인들은 가나만으로 일본어를 완전히 표현하기 어려워 한자를 버릴 수가 없다. 이제는 문자생활이 아무리 복잡해져도 유지, 보수할 밖에, 달리 도리가 없다.

세종은 28개의 문자로써 한국어를 완벽하게 표현할 수 있는 방법을 찾아냈다. 이것은 한낱 '가나다'를 디자인함에 그친 것이 아니다. 화학자들이 세상을 구성하는 원소가 무엇인지를 찾아내듯이, 그래서 새로운 원소를 발견한 과학자들이 교과서에도 등장하고 과학사에서 영원히 기억되듯이, 세종은 한국어를 이루는 기본 원소들이 무엇인지를 발견해 내고 이것을 표현할 수 있는 문자를 만들었다. 음소의 발견에서부터, 한글의 디자인, 한글을 운용하는 방법 등, 말글살이의 알파와 오메가를 전부 설계했다.

'사랑한다'고 말했을 때, 자음과 모음을 모르는 상태에서는 그것이 하나의 뭉치 소리에 지나지 않는다. '사'는 자음과 모음이다. 자음 '시옷', 모음 '아', 그리고 '리을, 아, 이응'. 그래서 우리는 '사랑'이라는 존재를 머릿속에 똑똑하게 새긴다. 그 기억으로 사랑한다고 말하며, 사랑을 써 내려간다.

화학에서는 물질을 이루는 기본 단위를 원소라 부른다. 그래서 원소에 고유한 기호들을 부여한다.

국어학에서는 우리말을 이루는 기본 요소를 '음소(音素)'라고 부른다. 소리 음(音)에 바탕 소(素)이다.

세종은 한국어의 기본 음소가 무엇일까에 대해서, 우리 민족 최초로 심각한 고민을 했던 분이다.

대왕은 어릴 적부터 책읽기를 좋아했다. 왕이 되고도 끊임없이 독서하고, 신하들과 학술 토론을 이어갔다.

세종 25년, 즉 1443년 무렵에는 왕의 업무를 아들인 문종에게 거의 떠맡기다시피 하고서는 우리말의 음소 발견에 전념하였다.

그리하여 28개의 음소들을 찾아내었다. 발견된 28개를 화학의 원소주기율표처럼, 자음체계 모음체계에 맞추어서 하나씩 하나씩 정리하였다.

발견된 원소에 기호를 부여하듯, 우리말의 자음과 모음들을 훈민정음이라는 문자로써 시각적 디자인을 해 내었다. 그것이 '기역, 니은, 디귿 리을'이다.

원소의 발견이 중요한가? 아니면, 발견된 원소에 부여된 기호가 중요한가? 모두들 두말 할 나위 없이 원소의 발견이라고 대답할 것이다. 우리말 음소의 발견이 중요한가? 아니면, 발견된 음소에 부여된 'ㄱ, ㄴ, ㄷ, ㄹ'이 중요한가? 당연히 음소의 발견이라 소리칠 것이다.

음소의 발견처럼 국어학적으로 위대한 업적이 있을까? 국어학의 역사 속에서 수많은 별들이 명멸했지만 그 중에서도 그 분은 북극성이었다. 한국어를 이루는 궁극의 요소들이 무엇인지를 하나하나 탐구하여, 이것들을 모두 발견해 내고는 한국어의 음소체계, 즉 자음 및 모음 체계를 수립했기에, 대왕께서는 수많은 국어학자들 중에서 단연 으뜸이시다.

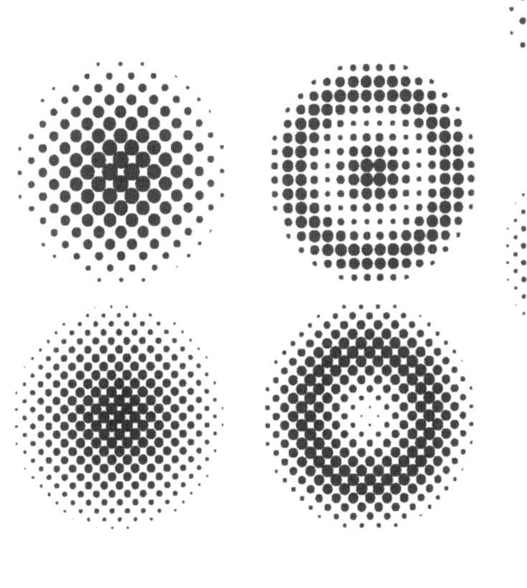

참고논저

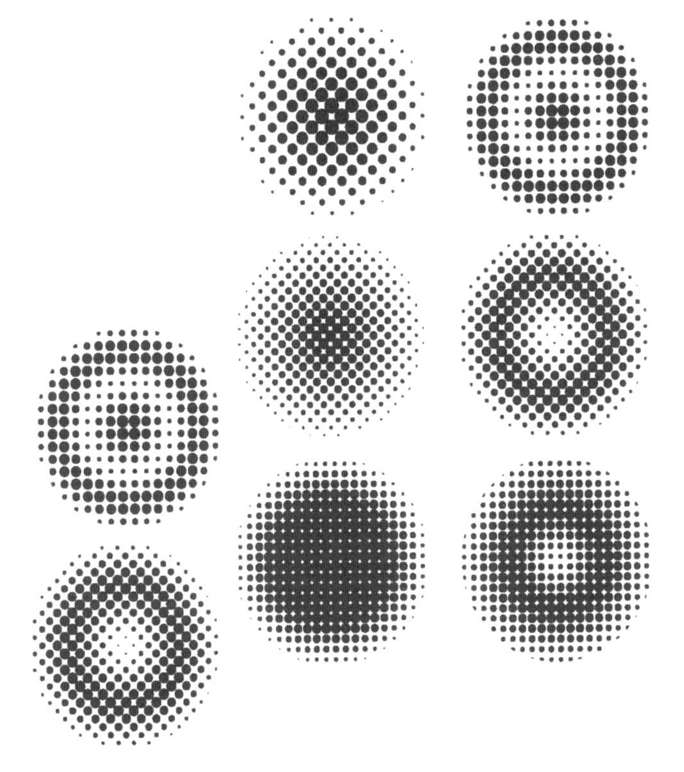

甘肅人民美術出版(1995), 敦煌漢簡書法精選, 蘭州新華印刷廳: 中國 甘肅省.
犬飼隆(2005), 木簡による日本語書記史, 東京: 笠間書院.
高句麗研究會 編(1999), 廣開土好泰王碑 研究 100年, 학연문화사.
高句麗研究會 編(2000), 中原高句麗碑 研究, 학연문화사.
高永根(1981), 中世國語의 時相과 叙法, 塔出版社.
國史編纂委員會(1987), 中國正史朝鮮傳, 국사편찬위원회 발행.
國立慶州博物館(2002), 文字로 본 新羅, 학연문화사: 서울.
國立慶州博物館(2011), 문자, 그 이후, 통천문화사: 서울.
國立扶餘博物館(2002), 百濟의 文字, 國立扶餘博物館.
國立歷史博物館/高雄市立美術館(1994), 王朝秘錄-古中原考古文物展, 國立歷史博物館編輯委員會.
國立昌原文化財研究所(2004), 韓國의 古代木簡, 藝脈出版社.
權仁瀚(2006), 武寧王陵 出土 銘文들에 대한 語學的 考察, 口訣研究 17: 91~128면.
權仁瀚(2007), 正倉院藏 '第二新羅文書'의 正解를 위하여, 口訣研究 18: 141~172면.
權仁瀚(2008가), 함안 성산산성 목간 속의 고유명사 표기에 대하여, 史林 31: 31~62면.
權仁瀚(2008나), 백제식 속한문을 찾아서, 口訣學會 月例研究發表會 發表文(2008.12.13).
權仁瀚(2010), 목간을 통해서 본 동아시아 문자문화, 韓國木簡學會 發表文(2010.11.19).
권택장(2010), 慶州 傳仁容寺址와 '大龍' 木簡, 韓國木簡學會 發表文(2010.여름).

口訣學會 編(2005), 漢文讀法과 아시아의 文字, 太學社.
國立慶州博物館(2002), 文字로 본 新羅, 학연문화사.
國立歷史民俗博物館 編(2002), 古代日本 文字のある風景, 朝日新聞社.
國立中央博物館 編(2001), 낙랑, 國立中央博物館.
國立昌原文化財研究所(2006,改訂版), 韓國의 古代木簡, 藝脈出版社.
國史編纂委員會 編(1987), 中國正史 朝鮮傳 譯註一, 大韓民國文教部國史編纂委員會.
金東華(1987), 三國時代의 佛教思想, 民族文化社.
金秉駿(2008), 樂浪郡 初期의 編戶過程과 '胡漢稍別', 木簡과 文字 創刊號: 139～186면.
金秉駿(2009), 樂浪의 文字生活,《古代文字資料로 본 동아시아 文化 交流와 疏通》, 東北亞歷史財團, 35～51면.
金永旭(2003), 百濟 吏讀에 對하여, 口訣研究11: 125～151면.
金永旭(2004), 判比量論의 國語學的 研究, 口訣研究12: 81～98면.
金永旭(2007가), 한글, 루덴스.
金永旭(2007나), 古代韓國木簡에 보이는 釋讀表記, 口訣研究 19: 171～189면.
金永旭(2008), 西河原森ノ內 유적지의 '椋直' 목간에 대한 어학적 고찰, 木簡과 文字 創刊號: 213～232면.
金永旭(2009), 和化漢文의 起源에 관한 一考察, 口訣研究 22: 179～195면.
金永旭(2010), A Basic Understanding of Hyangga Interpretation, 코리아 저널 50권 2호: 72～96면.
김영황(2006), 민족문화와 언어, 과학백과사전출판사: 평양.
김완진 외(1985), 국어연구의 발자취(1), 서울대학교 출판부.
남권희(2002), 高麗時代 記錄文化 研究, 清州 古印刷 博物館.

南豊鉉(2000), 吏讀研究, 太學社.
南豊鉉(2002), 新羅時代口訣의 再構를 위하여, 口訣研究 8: 77~109면.
南豊鉉(2006), 上古時代에 있어서 借字表記法의 發達, 口訣研究 16: 5~26면.
도수희(2005), 백제어 연구, 제이엔시.
藤本幸夫(1986), 中字攷, 日本語研究(二), 明治書院: 東京.
리득춘(1992), 한조언어문자관계사, 동북조선민족교육출판사: 延吉.
木簡學會 編(1990), 日本古代木簡選, 東京: 岩波書店.
박진석(1996), 고구려 호태왕비 연구, 아세아문화사.
배대온(2002), 吏讀文法素의 通時的 研究, 경상대학교 출판부.
伏見冲敬編/車相轅 訓譯(1976), 書道大字典, 凡中堂.
三上喜孝(2007), 日本古代木簡の系譜, 韓國木簡學會第1回國際學術大會論文集.
小林芳規(1998), 日本の 漢字, 東京: 大修館書店.
小林芳規(2002가), 韓國의 角筆點과 日本의 古訓点의 關係, 口訣研究 8輯: 50~76면, 口訣學會.
小林芳規(2002나), 大谷大學藏新出角筆文獻について-特に,'判比量論'に書き入れられた新羅の文字と記號-, 書香 第19號: 4~6面, 京都: 大谷大學圖書館報.
小林芳規(2006), Stylus(尖筆·角筆) 文獻のみちびく世界-研究の現狀と課題, 平成18年度國際學術シンポジウム, 廣島大學大學院文學研究科.
小倉進平(1929/1974), 鄕歌及び吏讀の研究, 京城帝國大學法文學部/亞細亞文化社影印.
여호규(2004), 고구려 건국설화가 모두루 무덤에 묻힌 까닭은, 고대로부터의 통신, 푸른역사.

鈴木靖民(1999), 日本における廣開土王碑拓本と碑文の研究, 광개토호태왕비연구100년, 학연문화사.
오희복(1999), 리두, 김일성종합대학출판사.
尹善泰(2000), 新羅 統一期 王室의 村落支配-新羅古文書와 木簡의 分析을 中心으로-, 서울대학교 박사학위 논문.
尹善泰(2005), 월성해자 출토 신라 문서목간, 역사와 현실 제56호.
尹善泰(2006), 한국고대목간의 연구현황과 전망, 한국역사연구회 기획 발표 논문집.
李基文(1970), 開化期의 國文硏究, 一潮閣.
李基文(1981), 吏讀의 起源에 대한 一考察, 震檀學報 52.
李基文(1998), 新訂版 國語史槪說, 태학사.
李成市(1998), 韓國出土の木簡について, 日本木簡學會發表原稿.
李宇泰(2005), 金石文을 통하여 본 漢字의 導入과 使用, 한국고대사연구 38: 113～34면.
이은규(2006), 고대 한국어 차자표기 용자 사전, 제이엔시.
李浚碩(1998), 國語 借字表記法의 起源 硏究, 高麗大學校 博士學位 論文.
임기환(2000), 중원고구려비를 통해 본 고구려와 신라의 관계, 中原高句麗碑 硏究, 서울: 학연문화사.
전호태(2004), 고구려는 정말 유주를 지배했는가, 고대로부터 통신, 푸른역사.
鄭光(2003), 韓半島에서 漢字의 受容과 借字表記의 變遷, 口訣硏究 11: 53～86면.
鄭光(2006), 이문과 한이문, 구결연구 16: 27～70면.
정상균 외(2001), 국어교육이란 무엇인가, 혜안.

鄭永鎬(2000), 中原高句麗碑의 發見調査와 意義, 中原高句麗碑 硏究, 학연문화사: 서울.

鄭在永(2003), 百濟의 文字 生活, 口訣硏究 11: 87~124면.

鄭在永(2008), 월성해자 149호 목간에 나타나는 이두에 대하여, 木簡과 文字 創刊號: 93~110면.

鄭在永(2009),《韓國 古代文字資料에 나타나는 終結語尾 '之'에 對하여, 古代 文字資料로 본 동아시아의 文化交流와 疏通》, 東北亞歷史財團.

鄭喆柱(1988), 新羅時代 吏讀의 硏究, 啓明大學校 博士學位論文.

叢文俊(1999), 關於高句麗好太王碑文字與書法之硏究, 광개토호태왕비연구100년, 학연문화사.

최장열(2004), 중원고구려비, 고대로부터의 통신, 푸른역사.

퇴계학연구소(1997), 논어언해 색인, 태학사.

한국역사연구회 편(2006), 목간과 한국고대의 문자생활, 한국역사연구회 기획 발표 논문집.

韓國學文獻硏究所 編(1975), 吏讀資料選集, 서울: 亞細亞文化社.

韓國學硏究院 影印(1987), 三國史記, 國語國文學叢林37, 大提閣.

Kwon, In-Han(2010), The Evolution of Ancient East Asian Writing Systems as Observed through Early Korean and Japanese Wooden Tablets, Korean Journal, Vol.50, No.2.

Lee, SeungJae(2010), On the Early Korean Numerals Inscribed on Wooden Tablet no.318, *Writings And Civilizations(Proceedings of the SCRIPTA 2010)*, *The Hunminjeongeum Society*, pp.129~172.